어떤 죽음의 방식

THE ARCHAEOLOGY OF LOSS: LIFE, LOVE AND THE ART OF DYING
ⓒ Sarah Tarlow, 2023

Korean translation ⓒ Bokbokseoga. Co., Ltd., 2025
All rights reserved.
The Korean language edition published by arrangement with Picador, an imprint of
Pan Macmillan through Shinwon Agency.

이 책의 한국어판 저작권은 Shinwon Agency를 통해 Picador와 독점 계약한 복복서가(주)에 있습니다.
저작권법에 의해 한국 내에서 보호를 받는 저작물이므로 무단 전재와 무단 복제를 금합니다.

사랑과 상실의
고고학

어떤 죽음의 방식

세라 탈로 지음
정지인 옮김

THE ARCHAEOLOGY OF LOSS

일러두기

1. 주석은 모두 옮긴이주다.
2. 원서에서 이탤릭체, 대문자로 표시된 부분은 고딕체로 처리했다.

레이철, 애덤, 그레그를 위하여
그리고 당연히, 마크를 기억하며

"모든 것은 이야기로 연결된다.
우리를 하나로 묶어주는 것은 오직 이야기와 연민뿐이다."

―배리 로페즈(생태 작가 겸 여행 작가)
2011년 10월 30일의 페이스북 포스트

차례

작가의 말　　　　　　　　　　　　　　010

1　병든 사람을 위한 연고　　　　　　　012
2　이야기를 끌어나가는 다른 여러 방법　027
3　너무 많이 사랑한 고고학자들　　　　040
4　상실의 고고학　　　　　　　　　　　050
5　다시 메우기　　　　　　　　　　　　071
6　중기 구석기의 연민　　　　　　　　　093
7　주차장의 성 리처드　　　　　　　　　103
8　철기시대의 문제적 물건　　　　　　　117
9　테르미누스 안테 쾜　　　　　　　　　128
10　사천 살의 사지마비 환자　　　　　　139
11　현장 학교　　　　　　　　　　　　　154

12	블루 피그	182
13	아마도 한 명, 하지만 확실히는 모름	196
14	양립할 수 없는 믿음들	220
15	펠로 데 세	234
16	카파코차	258
17	땅의 인류학	270
18	사별의 슬픔과 헤드헌터의 격분	279
19	무덤 Bj581	296
20	틀니의 역사	302
21	두번째 유해	318
22	수렵채집인	332
	감사의 말	340

작가의 말

죽어서 누워 있는 남편을 발견했다면 그 순간의 세세한 것들을 하나도 잊지 못할 거라고 사람들은 생각하겠지만, 벌써 나도 확실히는 모르겠다 싶은 것들이 있다. 고고학자인 나는 사실을 정확히 해두는 것을 좋아하고 그러려고 최선을 다하겠지만, 2016년의 그날로부터 오 년이 지난 지금 나는 그리 신뢰할 수 없는 내 기억을 뒤적이는 중이다. 그 순간으로 돌아가 확인해볼 수도 없는 노릇이고. 우리 막내가 열한번째 생일을 맞이하고 이틀 뒤 마크가 죽었을 때, 라디오는 꺼져 있었다. 이 점은 확실히 말할 수 있다. 그는 왜 월드서비스를 꺼둔 채 죽기로 한 걸까? 이건 평소 그의 성격과는 맞지 않아 보인다. 다른 뭔가를 듣고 있었던 걸까? 그의 노트북 컴퓨터는 켜져 있었을까? 모르겠다. 그때는 확인해보지 않았고, 지금은 확인하기에 너무 늦었다.

1
병든 사람을
위한
연고

나는 성인기 내내 죽음을 공부했다. 죽음을 연구하는 일을 직업으로 삼았고 거기 푹 빠져 몰두했다. 옛날에는 사람들이 어떻게 죽었는지, 아직 살아 있는 사람들은 친구의 죽음을 어떻게 생각했으며 자신의 종말은 어떻게 준비했는지에 관한 글도 썼다. 나는 매장과 추모의 관습을 전문적으로 연구하는 고고학 교수다. 중세 후기부터 20세기까지의 죽음과 죽은 사람들에 관해, 그리고 산 자와 죽은 자 사이의 관계가 어떻게 변화했는지에 관해 수십 편의 논문과 몇 권의 책을 썼다. 죽음의 역사와 고고학을 학생들에게 가르치고, 세계를 돌아다니며 강연하고, 발굴된 매장지들과 기념비들에 관한 논문을 쓴다. 나는 묘지의 역사나 화장의 발전에 관해 이야기할 수 있다. 혹은 사람들이 죽은 사람의 몸을 알코올에 담가 처리하는 곳, 새들과 날씨 변화에 노출해두는 곳, 또는 살아 있는 나무 속에 넣어두는 곳에 관해, 그리고 재매장과 2차 매장 의식에 관해서도 말할 수 있다. 이 주제에 관한 여러 전시회를 큐레이션하고 콘퍼런스를 주최했으며 박사논문도 썼다. 거기다 몇 년 전에는 인본주의 장례식 주례 훈련도 받아, 갓 유족이 된 사람들에게 그들이 잃은 사람에 관해 이야기하고 비종교적 장례식에서 건넬 적절한 말을 찾는 부업까지 생겼다.

깨어 있는 시간의 상당 부분을 시체들에 관해, 그리고 과거에 사람들이 시체를 처리한 방식에 관해 생각하며 보내지만 그 일을 침울하거나 기괴하다고 생각하지는 않는다. 나는 고고학을 사랑한다. 현장 연구가 즐겁고, 대학에서 가르치는 일도 좋아하며, 새로운 사실을 알아내는 것도 좋아한다. 하지만 무엇보다도, 불완전하고 불충분한 데이터를 가지고도 말할 수 있는 게 무엇인지 알아내려 노력하는 과정이 좋다. 우리 고고학자에게는 부분적인 증거, 실제 사실을 온전히 반영하지 못하는 증거밖에 없고, 맥락도 불충분하다. 누군가 얼핏 보았거나 실수로 왜곡한 작은 조각들만 약간 있을 뿐, 전체적인 그림은 없고 심지어 전체 그림을 짐작게 하는 간략한 스케치조차 없다. 이런 조건에서 추론하는 과정, 그것이 진짜 고고학이다. 사람들은 발굴이 곧 고고학이라고 생각하지만, 발굴은 고고학의 작은 일부일 뿐이다. 발굴은 증거를 모으는 방법 가운데 하나일 뿐 유일한 방법은 아니다. 고고학의 절묘함은 이 모든 증거 조각—땅 밑에서 꺼내 온 것, 구조물의 잔해, 풍경에 남은 흔적, 현미경으로 봐야만 보이는 흙이나 뼈나 도기 속 미세한 흔적—을 가져다가 그것들이 무엇을 의미하는

지, 또 우리가 그것들을 어떻게 활용해야 신빙성 있거나 개연성 있는 과거의 이야기를 들려줄 수 있을지 생각하는 과정에 있다. 우리에게 증거가 충분한 적은 없으며, 우리가 확보한 증거가 얼마나 실제를 표상하는지도 우리는 전혀 확신하지 못한다. 다른 분야의 과학자들에게는 우리의 데이터가 허섭스레기로 보일 것이다. 하지만 그게 우리가 가진 전부이며, 우리는 실험이나 시험을 통해 증거를 더 생성할 수도 없다. 고고학의 재미는 우리의 변변찮은 데이터를 활용해 옛사람들에 관해 뭔가 흥미로운 이야기를 들려주는 데 있다. 과거에 관한 우리의 앎이란 언제나 불충분한 재료들을 끼워맞춰 만들어낸 것이자, 꼭 정확한 과거를 반영하는 것도 아니며 과거를 왜곡하는 일도 흔하다. 나의 개인적 기억도 이와 그리 다르지 않다.

나는 죽음에 대한 사람들의 이해, 사람들이 죽음의 의미를 읽어내는 방식, 남겨진 사람들이 죽은 사람과 자신의 관계를 보살피는 방법에 매혹을 느낀다. 박사논문은 사별에 관해 썼다. 산 자와 죽은 자의 정서적 관계, 사람들이 죽음에 대해 사용하는 은유들은 지난 수 세기에 걸쳐 변화했다. 어떤 사람이 여행을 떠났다고, 잠들었다고, 다른 세상으로 갔다고, 흙으로 돌아갔다고, 또는 친지들과 다시 만났다고 말하는 것에는 정서적으로 어떤 의미가 있는 걸까?

내가 박사과정 때부터 줄곧 고민해온 질문 하나는, 산 사람과 죽은 사람 사이의 정서적 관계에 관해 고고학자가 할 수 있는 말이 무엇일까 하는 것이다. 역시나 고고학자였던 나의 파트너 마크는 우리가 언덕을 걷거나 저녁을 먹거나 삶의 자잘한 일을 처리하면서 나눈 수많은 대화를 통해, 내가 이 인식론적 문제에 관해 이야기할 방법 하나를 찾도록 도와주었다. 우리가 초기에 나눈 대화가 기억난다. 파리에서 고된 주말을 보낸 뒤 카디프공항에서 집으로 차를 몰아 돌아가던 중이었다. 나는 몽마르트르, 몽파르나스, 페르 라셰즈, 보지라르 등지에 있는 18~19세기의 '새로운' 묘지들을 연구하고 있었다. 1786년, 이노상 공동묘지Le cimetière des Innocents의 옛 묘지에 있던 유골들은 한밤중에 짐마차에 실려 환하게 밝힌 횃불과 함께 행렬을 지어 파리의 폐쇄된 지하 채석장으로 옮겨졌다. 옛 묘지 부지에는 이제 볼 것이 거의 없었다. 그래도 지하 묘지에는 가볼 수 있었는데, 그곳에는 유골이 정교한 패턴으로 쌓여 있고 죽음에 관한 인용문을 쓴 나무판들이 장식으로 걸려 있었다. 훌륭하게도 마크는 갤러리와 박물관 구경을 포기하고 사자들을 찾아가는 나와 동행해주었다. 집으로 돌아가는 길에 우리는 내가 감정의 고고학에 관해 쓰고 있던 논문 이야기를 나눴다.

"하지만 과거 사람들이 당신과 똑같은 감정을 느꼈을 거라고 단정할 수는 없잖아, 안 그래?" 마크가 말했다. "그건 그냥 투사지."

"난 현재 사람들도 나와 똑같은 감정을 느낄 거라고는 생각 안 해." 내가 대답했다. "그래서 이게 어려운 거야. 모든 사람이 똑같은 정서적 경험을 하고 매사에 똑같은 감정적 반응을 한다면 연구할 거리가 하나도 없겠지. 우리도 이미 알아. 그러니까 옛사람들이 나하고도, 자기들끼리도 서로 다르게 느꼈을 수 있다는 걸 인정하는 게 제일 먼저 넘어야 할 걸림돌이야. 내가 친구들이나 가족들의 감정을 잘못 해석할 수 있고, 그 사람들도 내 감정을 잘못 해석할 수 있잖아. 생각해보면 내 감정조차 반쯤은 확실히 모르겠는걸. 당신 감정도 분명 그렇고 말야."

"그렇다면 옛날 사람들, 특히나 실마리가 될 만한 어떤 글도 안 남긴 아주 먼 옛날 사람들의 감정을 이해할 수 있으리라는 희망은 어떻게 가질 수 있는 거야?"

"그건 분명 한 개인보다는 사회 전체가 감정을 얼마나 가치 있게 여기느냐와 관련 있을 거야. 나는 당신이 나를 정말로 사랑하는지는 알 수 없지만, 우리 둘 다 낭만적 사랑을 가치 있게 여기는 문화에서 살고 있다는 건 알지. 그 온갖 영화와 책을 좀 봐. 우리가 낭만적 커플을 중심으로 삶을 조직하는 방식 말이야. 우리 사회는 낭만적 사랑에 특권을 부여하는데, 이건 다른 장소와 다른 시대에 존재한 사회들이 세상사를 보는 방식과는 다르거든. 그리고 사회마다 누군가가 죽을 때 어떤 감정을 느껴야 마땅한지에 대해서도 서로 다른 생각을 갖고 있어. 슬픔이나 분노나 두려움이나, 뭐든. 그러니까 비록 내가 한 사람이 어떻게 느꼈을지 혹은 느낄지는 정확히 알지 못한다고 해도, 더 넓은 범위에서 '감정'을 연구할 수는 있다고 생각해."

"알았어. 하지만 당신, 내가 당신을 정말로 사랑한다는 건 꼭 알아야 돼."

세세한 부분은 인류학적 맥락이나 연대기적 맥락에 따라 다르지만, 누구나 좋은 죽음을 원한다는 건 맞는 것 같다. 중세 후기의 최고 베스트셀러는 순전히 이 점을 염두에 두고 쓴 안내 책자였다. 바로 '아르스 모리엔디ars moriendi', 즉 죽음의 기술을 알려주는 책이다. 이 책자의 주된 관심사는 종교와 영적인 문제라서, 죽어가는 사람이 마지막 순간에 신학적으로 용인되는 희망과 두려움과 소망을 표현하는 것을 이상화된 완벽한 죽음으로 묘사한다. 14~15세기에 출판된 초창기 아르스 모리엔디 책자들은 나오자마자 평소에도 책을 읽던 수도원의 학자뿐 아니라 평신도 사이에서도 인기를 끌었다. 라틴어로 된 원본은 금세 독일어와 프랑스어로 번역되었다. 윌리엄 캑스턴*은 1490년에 영어 번역본 『잘 죽기 위해 알아야 할 기법과 기술The Arte and Crafte to Know Well to Dye』을 펴냈다. 죽음의 기술에 관한 책들은 1800년 무렵까지도 계속 출판되었다. 16세기 종교개혁 이후로는 가톨릭과 신교 둘 다 각자의 교리에 맞춰 이런 책들을 계속 판매했다. 사실 이런 종류의 책들이 가장 높은 인기를 누린 것은 17세기의 마지막 사분기에 접어든 후였다.

토머스 비컨은 당대의 신학 논쟁에 대해 강력한 의견을 열렬히 피력했던 16세기의 신교도였다. 그는 메리여왕 치세의 가톨릭 지배기에 외국으로 달아났다가, 신교도인 엘리자베스 1세가

---

* 영국에 최초로 활자 인쇄기를 도입하여 영어 인쇄물을 만든 인물. 1471년에 독일 쾰른에서 인쇄술을 배워와 1476년에 웨스트민스터성당 근처에 인쇄소를 차리고 책을 제작하기 시작했다. '근대 인쇄술의 아버지'라고 불린다.

왕위에 오르자 영국으로 돌아왔다. 그가 쓴 몇 권의 종교서 가운데 가장 인기 있는 책은 『병든 사람을 위한 연고The Sicke Mannes Salve』라는 어마어마하게 긴 아르스 모리엔디였다. 16세기의 영국인들이 그 책을 어찌나 좋아했던지, 1560년부터 1620년까지 17쇄를 찍었다. 전성기에는 지극히 헌신적인 팬이 많아서 그 책을 통째로 암송할 수 있는 사람들도 있었다. 이 책은 355페이지에 걸쳐서 펼쳐지는 단 하나의 임종 장면을 다루며, 죽어가는 사람이 흔히 맞닥뜨리는 유혹들, 요컨대 교만과 절망, 조바심, 신앙의 상실, 탐욕과 맞서 씨름하는 에파프로디투스의 생애 마지막 몇 시간을 담고 있다. 가톨릭의 아르스 모리엔디는 사제와 전례 의식에 의지하는 반면, 신교도인 에파프로디투스는 자신을 신학적 노정에 남아 있게 해줄 평신도 친구들의 기도와 위로에 전적으로 의지한다. 생의 끝에 가까워지면서 에파프로디투스는 오감이 하나씩 사라지는 것을 경험한다. 이는 당시 죽음을 묘사하는 전통적 서사의 일부였다. 그는 친구들에게 자신을 좀 부축해 침대에서 일으켜달라고 부탁한다. "기력이 아주 쇠약해지기 시작했고, 호흡이 짧아지면서 줄어들고" 있었기 때문이다. 곧 그는 친구들에게 이제 아무것도 보이지 않는다고 말하고, 이어서 "신께서 내 시력을 가져가신 것처럼 다른 감각들도 사라진다"라고 말한다.

　다음으로 그는 말할 힘을 잃었다고 주장하며, 그런데도 몇 페이지에 걸쳐 계속 경건한 희망을 말하고 기도하기를 멈추지 않는다. 그리고 마침내, 그가 더는 말을 하지 않자 친구들은 그에게 아직 신앙심을 입증하는 신호를 보여줄 수 있겠느냐고 묻는다. 이에 에파프로디투스가 보인 마지막 행동은, 다른 모든 능력이 떠난 순간에 그 신호로 한 손을 들어 보인 것이었다.

사람들은 청각이 가장 마지막에 사라지는 감각이라고 말한다. 세상이 젖은 비누처럼 손에서 빠져나갈 때조차 주변의 일상적인 소리가 들린다면 참 위안이 될 것 같다. 지나가는 기차 소리, 아래층의 세탁기가 웅웅거리며 돌아가는 소리, 그리고 운이 좋다면 자기가 사랑하는 사람들의 목소리가. 그리고 어쩌면 라디오 소리도.

마크는 죽기 전 몇 년, 몇 달, 몇 주에 걸쳐 너무나 많은 걸 잃었다. 그의 마지막 몇 분은 아직 남아 있던 감각들과 능력들이 스르르 사라져간 시간이었을까? 마크를 이 세상에 붙박아주던 체계들이 하나씩 그에게서 떠나갔다. 처음에 떠나간 건 그의 능력이었다. 운전 능력, 그다음에는 달리는 능력, 이어서 걷고 옷을 입는 능력, 심지어 화장실에 가는 능력까지. 그다음에 빠져나간 것은 그의 삶을 이루는 것들에 대한 지각작용 자체였다. 후각과 미각을 잃은 일은 그의 일과 관련된 계획을 무산시켰을 뿐만 아니라 삶을 채우던 색채와 기쁨도 상당 부분 앗아갔다.

촉감을 느끼는 능력은 손상되지 않았지만—그의 손가락은 사망할 때까지도 그 예민한 감각을 유지했다—느낄 수 있는 능력에 서서히 변화가 일어났다. 신경학검사에서는 핀으로 찌르는 것이나 진동에 대한 감수성이 떨어지고 있음이 포착되었다. 집에서는 그가 예전에 좋아했거나 무시했던 감각—예를 들어 폭삭한 면수건의 촉감—을 잘 느끼지 못하게 되거나, 통증이나 거슬림으로 느끼게 되었다. 피부가 계속 따끔거리거나 가려웠다. 이 느낌은 피부가 아니라 뇌에서 만들어지는 것이므로 크림이나 로션도 그 증상을 없애지 못했지만, 그래도 모이스처라이저를 피부에 바를 때의 시원한 느낌은 일시적이나마 그에게 위안을 주었다. 나는 하루에 적어도 두 번은 그의 등에 보디로션을 발라주었다. 나는 중요한 건 로션이 가려움을 해소해준다는 점이라고 생각했지만, 지금 생각하면 사람 손이 닿는 감촉이 느껴지고 잠깐이나마 혼자라는 느낌이 덜어지는 것도 중요했으리라.

생애 마지막 몇 달에는 눈도 제 기능을 잃기 시작했다. 1월에 가벼운 뇌졸중이 일어난 뒤로 마크는 간혹 시력에 문제가 생겼다. 어떤 때는 마치 곧 기절이라도 할 것처럼 시야가 확 오그라들었고, 어떤 때는 눈이 헤엄치거나 춤을 추는 것 같았다. 그럴 때는 글을 읽을 수도 없었고, 다른 사람을 보려고 눈을 뜨고 있는 것조차 놀이기구를 타는 일 같았다. 눈이 마음대로 되지 않자 그가 할 수 있는 일은 침대에 누워 라디오를 듣는 것뿐이었고, 점점 이것이 그가 남은 삶을 보내는 방식이 되어갔다.

중세와 근대 초기의 아르스 모리엔디 책들은 종교 서적이었다. 이 책의 목적은 기독교인의 영혼이 죽음에 대비하게 하고 구원의 가능성을 최대한 높이는 것이었다. 이 모든 본보기용 저술에 담긴 좋은 죽음이란, 죽어가는 사람이 정통 신앙을 유지한 채로 필요한 모든 기도와 전례 행위를 수행한 뒤, 두려움 없이 부활에 대한 견고한 희망을 품고 차분히 죽는 것이다. 그 텍스트들은 때로 '모리엔스(죽어가는 사람)'라 불리는 한 사람이 죽어가는 과정으로 우리를 안내한다. 책에 담긴 대부분의 단어는 기도와 죽어가는 사람의 신앙 확인, 죽음과 부활에 관한 교리문답을 묘사하는 데 쓰였다. 현대의 세속적 죽음에 대해 말하자면 마지막날에 이르러 염려에 빠진 우리 필멸의 영혼에게 이 종교적 내용이 해줄 수 있는 것은 별로 없겠지만, 이 아르스 모리엔디에는 여전히 우리에게 좋은 죽음의 본보기가 될 만한 여러 특징이 있다.

중세 말에 가장 인기 있던, 삽화가 있는 아르스 모리엔디에는 복작거리는 임종 장면이 담긴 목판화가 실려 있다. 그림의 중심에는 죽어가는 사람이 침대에 누워 있고, 친구들과 이웃들이 그를 에워싸고 있다. 그가 죽어가면서 입을 벌리자 그의 영혼이 발가벗은 아이의 형상으로 빠져나온다. 천사들이 그렇게 나타난 영혼을 받으려 대기하고 있고, 우리 필멸의 존재들 시야 너머에, 하지만 아마도 죽어가는 자의 눈에는 보이는 곳에 성인들이 모여 이 중요한 순간을 지켜보고 있다. 중세 아르스 모리엔디의 주인공에게 죽음이란 적어도 외로운 것은 아니었다. 이 임종 장면에서 친구들이자 위로자들은 중요한 역할을 하나 맡고 있는데, 그것은 죽어가는 사람이 종교적으로 곧고도 좁은 정도에서 벗어나지 않도록 지켜줄 뿐 아니라 두려움을 몰아내며 그를 위로하고 안심시키는 일이었다. 그들은 그에게 아주 잘하고 있다고, 인생을 완벽하게 마무리하고 있다고 말해준다. 그에게서 보고 말할 수 있는 능력이 사라진 뒤에도 그들은 계속 말을 건넨다. 그 사람이 아직도 들을 수 있다고 생각하면서. 모리엔스가 홀로 죽음을 맞이하는 일은 없다.

　중세 죽음의 기술 책들이 오늘날 우리의 눈길을 끄는 점은 죽음을 의학적으로 설명하는 일에는 아무 관심도 없다는 것이다. 그들은 죽음을 회피하거나 늦추려는 시도는 전혀 하지 않는다. 죽어가는 인물은 무언가 때문에 죽는 게 아니다. 그냥 그의 시간이 다해서 곧 죽을 예정인 것뿐이다. 우리가 알아야 할 건 그게 전부다. 그의 친구 중 그에게 낫는 일에 집중하라거나 아직도 여러 해 더 행복하게 살 수 있다고 말하는 이는 아무도 없다. 물론 이는 자신의 죽음에 관해 솔직하고 상세하게 말할 수 있기 위한 전제조건이다.

　죽어가는 사람과 주변 사람 모두 무엇을 예상해야 할지 알고 있다. 오늘날 우리 대부분에게는 죽음에 대한 이런 익숙함이 없다. 게다가 대체로 우리는 일반적으로 죽음이 어떻게 전개되는지도 모른다. 이런 상황은 출생을 둘러싼 공적·사적 담론과는 완전히 다르다. 나는 출산을 세 번 했는데, 매번 내가 읽어야 할 각종 책과 들어야 할 온갖 수업이 있었다. 모두 단계별로 어떤 일이 벌어질지, 잘못될 수 있는 일은 무엇이 있으며 어떻게 바로잡아야 하는지 미리 알고 나서 그 경험에 돌입하기 위한 것이었다. 그 과정을 수월하게 해줄 장비와 도구 체크리스트도 있었다. 출산시에 듣고 싶은 음악을 생각해두라는 조언도 들었고, 에센셜 오일을 쓰거나 따뜻한 물속에서 출산하거나 출산중에 마사지를 받는 일을 고려해보라는 말도 들었다. 몸을 풀 시간이 왔을 때 마크는 처음부터 끝까지 내 곁에 있어줬고, 산파는 내가 잘하고 있으며 모든 게 계획대로 되고 있다고 안심시켜주었다. 하지만 우리가 죽음에 접어들 때는 어둠과 공포에 사로잡혀 있는 경우가 너무 많다. 죽음에 대해 잘 알고 경험이 많은 사람들조차 종종 죽음이 다가오고 있다는 사실을 부인한다. 죽음에는 실패, 심지어 수치의 기미가 어려 있다. 건강과 젊음을 되살리지 못한 의학의 실패, 충분히 열심히 싸우지 못했거나 충분히 건강한 삶을 살지 못한 죽어가는 사람의 실패, 때로는 병이 자라나고 있음을 충분히 일찍 알아차리지 못했거나 제대로 된 도움을 구하지 못한 주변 사람들의 실패까지. 죄책감은 죽음 뒤에 남은 사람들에게 만연한 감정이다. 그들은 대개 자기가 그 사람에게 혹은 의사들에게 좀더 주장을 강하게 밀고 나갔더라면, 조금 더 노력했더라면, 더 열심히 사랑했더라면 죽음을 막을 수도 있었을 거라고 느낀다.

우리 세대 사람들은 죽을 때 어떤 일을 예상해야 하는지, 혹은 우리가 어떻게 그 일을 통제할 수 있는지 모르는 이들이 많다. 우리는 그 고통을 감당하지 못할 거라고, 자기가 간호사에게 욕을 하거나 가족들의 속을 뒤집으며 엇나간 행동을 할 수도 있다고 두려워한다. 우리가 혼자 있거나 아무 도움도 받을 수 없는 상태일 때, 혹은 약에 취해 정신이 혼미하거나 공포에 질려 있을 때 죽음이 닥쳐올지도 모른다는 걱정도 든다. 마크가 자기 죽음의 시간과 방식을 통제하기로 결정한 것도 놀라운 일은 아니다.

어쩌면 우리에게는 새로운 아르스 모리엔디가, 세속적 시대를 위한 죽음의 안내서가 필요한지도 모른다. 자신의 죽음에 대비하기 위한 책뿐 아니라, 우리가 사랑하는 사람들의 마지막 나날을 좀더 편하게 해줄 방법을 가르치고 안내해줄 책도 필요하다. 그런 책에는 신체가 죽음을 맞이할 때 일어나는 일들은 무엇이며, 우리가 어떤 신호를 예상하고 어디에 주의를 기울여야 하는지에 관한 사실적 지식이 담겨 있어야 할 것이다. 또한 그런 책은 닥쳐오는 죽음을 겪고 있는 당사자에게 그 경험이 어떤 느낌일지도 말해줄 것이다. 가능한 한 좋은 죽음이 될 수 있도록 우리가 할 수 있는 일이나 말도 제안해줄 것이다. 나는 가장 가까운 사람들의 임종을 지키지 못했다. 남동생과 나는 함께 차를 타고 노샐러턴으로 달려갔지만 아버지가 돌아가시고 한 시간 뒤에야 병원에 도착했다. 어머니와 여동생은 아버지 곁에 계속 있었는데 말이다. 마크가 혼자서 죽은 건, 기소될 위험으로부터 나를 지키기 위해 어마어마한 용기를 낸 결과였다. 그가 선택한 일이지만, 그가 좋아서 한 일은 아니었다.

중세 죽음의 기술 책에서 죽어가는 사람은 자신에게 일어날 일들을 수동적으로 기다리지 않는다. 그는 적극적으로 죽어간다. 그는 그 장면의 주역이다. 그 책들이 쓰인 시대에 자살은 종교적 범죄일 뿐 아니라 민사 범죄이기도 했다. 자신의 생을 스스로 끝내는 것은 절망에 굴복하는 일, 신의 마땅한 결정권을 빼앗아가는 일, 만물의 자연스럽고 신성한 질서를 거부하는 일이었다. 하지만 우리를 위한 현대의 아르스 모리엔디는 자신의 죽음을 맞이하는 과정에 대해 우리가 어느 정도라도 통제권을 가질 수 있는 방안을 제시해야 한다. 우리는 이런 일을 가능하게 할 의학 지식을 갖추고 있고, 더이상 중세의 종교적 규범을 따라야 할 의무도 없으므로, 우리가 갖고 있는 통제력은 모리엔스의 통제력과는 다를 것이기 때문이다. 마지막 시간이 왔을 때, 나는 나를 사랑하는 누군가가 내 곁에 앉아서 내가 중요한 존재였으며 적어도 한동안은 사람들에게 기억될 것이라고, 내가 있어서 세상이 조금은 다른 곳이 되었다고 말해주길 바랄 것 같다. 나는 우리집의 소리나 그 계절의 소리를, 새소리나 빗소리, 바람소리나 차들이 지나다니는 소리를 듣고 싶다. 내 아이들이 괜찮을지 알고 싶고, 내 친구들이 나를 사랑할지 알고 싶다. 내가 저지른 잘못이나 내가 입힌 상처에 대해, 내가 했어야 했지만 하지 못한 일들에 대해 용서받을 수 있기를 바랄 것이다. 무엇보다도 마크를 위해 이런 마지막을 만들어주지 못한 것에 대해 용서받고 싶다.

마크는 자정쯤에 마지막 문자를 보냈다. 자기가 뭘 하고 있는지는 설명하지 않았다. 만약 그랬다면 내가 구급차를 부르거나 그를 저지하려 했을 테니까. 그가 그런 일을 원치 않았다는 건 나도 잘 알고 있다. 또는 그의 죽음을 막지 못했다는 이유 혹은 자살을 돕거나 부추겼다는 이유로 내가 법정에 서게 되었을 것이다.

그럴 때마다 울게 된다는 걸 알지만, 그래도 그의 마지막 시간을 상상하는 걸 그만둘 수가 없다. 테이블 위에 유서를 가지런히 놓아두면서 그는 차분한 마음이었을까? 겁이 나지는 않았을까? 그가 마지막으로 한 생각과 마지막으로 떠올린 기억은 무엇이었을까? 라디오는 왜 꺼져 있었을까? 이건 마크에게는 드문 일이었다. 내가 그를 알고 지낸 시간 내내 그는 라디오에 집착했고, 밤새 BBC 월드서비스 채널을 틀어놓지 않으면 쉽게 잠들지 못했다. 수년 전 그는 나를 방해하지 않으면서도 밤새 라디오를 들을 수 있도록 베개 밑에 놓아둘 작은 스피커를 하나 샀다. 하지만 밤에 잠에서 깰 때마다 나는 여전히 그 작게 줄인 목소리나 매일 밤 열두시 사십오분에 라디오 4가 그날의 마지막 해상 기상 예보를 내보내고 주파수를 월드서비스에 넘겨줄 때 나오는 음악 〈항해 중Sailing By〉이 희미한 유령처럼 조그맣게 흘러나오는 소리를 들을 수 있었다. 마크가 병이 났을 때, 라디오는 그에게 모든 것이 되었다. 침실 밖 세상과의 연결선이자 모든 대화의 토대였고, 나를 포함한 다른 사람들이 곁에 있어주지 못할 때 그의 가장 진실하고 가장 참을성 있고 지치지 않는 동반자였다. 그런데 왜 그는 라디오를 껐을까? 자기 생각에 집중하고 싶었던 걸까? 내가 돌아왔을 때를 예상해, 침실의 정적이 나에게 거기서 발견하게 될 장면을 경고해주도록 계획한 것일까? 아니면 그냥 늘 그랬듯 실천하는 환경보호론자로서 전기를 아끼려 했던 걸까?

그래서, 마크는 내게 문자를 보내고 라디오를 끈 다음, 아마도 물과 함께 펜토바르비탈을 삼켰을 것이다. 그 약은 효과가 빠르다. 그는 몇 분 안에 잠들었을 것이고, 아마 한 시간 안에 사망했을 것이다.

마크는 나를 생각했을까? 외롭고 버려진 기분을 느꼈을까? 나를, 자기 어머니를, 누구라도 그 어둠이 스며드는 동안 그의 손을 잡아줄 사람을 외쳐 불렀을까?

나는 이런 생각을 견딜 수 없지만, 머릿속에서 몰아낼 수도 없다.

2

이야기를
끌어나가는
다른 여러 방법

 2016년 5월 7일 아침 아홉시 십오분경 나는 집에 돌아와, 이 주 동안 내 남편이었고 십팔 년간 내 파트너였던 그가 침대에서 죽어 있는 것을 발견했다. 토요일이었다.
 아직도 나는 그날 아침이 어떻게 전개되었는지 계속 다시 돌려본다. 나는 동생 벤의 집에서 자고 일어났다. 몇 달 만에 처음으로 마크를 혼자 두고 밖에서 밤을 보낸 참이었고, 그가 아침식사나 약을 스스로 챙길 수 없었기에 나는 옷을 입고 차를 한 잔 마신 뒤 최대한 빨리 집으로 출발했다. 아이들은 벤이 저녁에 집으로 데려다줄 예정이었다. 마크에게 출발한다고 문자를 보냈지만 답장은 오지 않았다. 전날도 그랬지만 이날 역시 찬란할 정도로 따뜻하고 맑은 날이었고, A1 도로는 텅 비어 있어 빠르고 수월하게 갈 수 있었다. 나는 주차를 하고 정문으로 걸어갔다. 밖에 상자 하나가 놓여 있었고—내가 주문한 문구류였다—물론 마크는 문을 열어주러 나올 수 없었다. 나는 안으로 들어가 상자를 현관에 내려놓고는 이층을 향해 "안녕, 나 돌아왔어!" 하고 큰 소리로 말했다.

답이 없었다.

"마크?" 나는 계단을 오르기 시작했다. 무척 고요했다. 갑자기 뱃속의 모든 장기가 30센티미터쯤 아래로 떨어진 것처럼 멀미가 날 것 같고 속이 텅 빈 느낌이 들었다. 어느 정도 느낌이 왔지만, 확신은 아니었다. 그때까지는. 나는 속으로 생각했다. 지금이 우리의 세상이 달라지기 전 마지막 순간이라고, 이것이 내 옛 인생에서 마지막으로 걷는 걸음이라고.

침실 문은 평소처럼 열려 있었다. 마크는 늘 집안과 가족의 소리가 들리도록 침실 문을 열어두었다. 그는 식기세척기가 그릇을 씻는 소음과 주방 라디오에서 나는 작은 대화 소리에서도 편안함을 느꼈다. 하지만 사실을 말하자면 나는 그 방에 들어가기 전에 이미 알았다. 우리가 함께한 삶의 마지막 걸음을 떼어 과부의 삶으로 발을 들여놓기도 전에, 무슨 일이 일어났는지 알아버린 것이다. 나는 침대에 있던 그의 모습을 거의 다 기억한다. 회색 티셔츠를 입고 노란 깃털이불을 가슴까지 끌어올려 덮고 반듯이 누워 있던 모습. 눈은 감겨 있고 턱은 느슨하게 늘어지고, 피부는 보슬비가 내리는 하늘 같은 색이었다. 움직임이 전혀 없었다. 완전히 마크인데 완전히 죽어 있었다. 아아, 마크. 아아, 여보.

나중에 도착한 경찰관은 내가 시신의 신원을 확인해줘야 한다고 했다.

"이 남자분이 남편이신 마크 플루체닉이라는 걸 확인해주실 수 있습니까?"

내가 아주 잘 아는 몸이었지만, 동시에 내가 알던 생기 넘치던 때의 마크와는 너무도 달라진 몸이었다. 이건 마크가 아니야. 진짜 마크는 아니야. 그냥 일종의 갑옷 같은 거야. 병이 진행될수록 온전했을 때 마크를 이루던 층들이 차례로 벗겨져나갔다. 먼저 페인트와 광택제의 층이 떨어지고 이어 날카롭던 가장자리가 마모되면서, 그는 더 흐릿한 사람이 되어갔다. 기쁨과 유머가 점점 닳아 사라졌고, 사려 깊은 지성은 명백한 사실들의 덩어리 같은 것으로 쪼그라들었다. 다음으로는 신체의 활력이, 자신감 넘치던 체력이 빠져나갔고, 마지막으로 살아남은 건 모든 게 다 벗겨지고 남은 이 고갱이뿐이었다. 똑 부러지던 자기확신조차 없어져버린 마크. 그저 고통, 그리고 사랑과 용기. 그리고 지금은, 그조차도 없다. 그냥 기억들뿐. 이야기들뿐. 이야기와 연민.

우리의 관계가 시작되던 파리 여행 시기에, 나는 감정의 고고학에 관한 책을 마무리하고 있었고 마크는 「고고학적 서사와 이야기를 끌어나가는 다른 여러 방법Archaeological narratives and other ways of telling」이라는 논문을 쓰는 중이었다. 우리가 현재와 과거를 해석하는 방식은 우리가 갖고 있는 조각들을 꿰매 붙여 이야기로 만들어내는 방식에 달려 있다고 그는 말했다. 우리도 소설가들과 똑같이 플롯과 인물과 사건으로 서사를 만들어내는 것이라고. '○○의 기원'이나 '○○의 진화' '무엇으로부터 다른 무엇으로의 변화' 등을 검토하는 고고학의 모든 논점은 우리에게 이미 익숙한 이야기의 흐름을 펼쳐내는 것이라고도 했다. 마크는 중석기에서 신석기로 넘어가던 시기, 사람들이 도기 제작 같은 새로운 기술을 쓰기 시작하면서 수렵, 채집, 낚시 대신 농사를 경제의 기본 토대로 삼고 규모가 더 큰 정착지에서 공동체를 이뤄 살기 시작한 시기에 깊은 매력을 느꼈다. 유럽에서는 사회적·문화적 변화가 새로운 인구의 확산에 어느 정도 기인했고, 생각과 믿음의 변화에는 어느 정도 기인했는지를 두고 많은 논의가 있었다. 사람들의 삶의 방식에 나타난 변화를 설명할 때, 여러 집단 사이의 상호작용과 사람과 환경 사이의 상호작용 중 어떤 종류의 상호작용이 가장 중요한 걸까? 하지만 마크가 알고 싶어한 것은 문학이나 민담, 역사를 이해하기 위해 개발된 이론들이 중석기에서 신석기로 이행한 과정에 관한 고고학의 이야기 방식도 설명해줄 수 있을지였다. 우리의 캐릭터에는 독특한 물질적 관습에 따라 식별되고 명명된 고고학적 문화도 포함된다고 그는 말했다. 예컨대 선형토기 문화의 가족들이나 중석기 수렵채집인들이 그런 예였다. 또 우리가 아는 크고 작은 사건들은 일어난 작은 일들을 모아 특정한 시간과 공간의 제한된 범위 안에 일관성 있게 배열한 것이다. 사건은 전쟁일 수도 있고, 사람들의 대규모 이동일 수도 있으며, 평소보다 추운 기후가 오래 지속된 시기일 수도 있다. 플롯은 복잡하다. 순차적인 사건들의 단순한 연대기를 이야기로 만드는 것이 플롯이다. 플롯은 한 인생, 한 세기, 한 시대를 구성하는 뒤죽박죽된 수많은 일에 질서와 일관성을 부여한다. 우리는 언제나 다른 순간과 다른 사건을 선택할 수 있고 다른 방식으로 배열할 수도 있다. 이 말이 우리가 이야기를 꾸며낸다거나 우리가 하고 싶은 아무 말이나 할 수 있다는 뜻은 아니지만, 과거에 관한 한 서사를 결정적 진실로 보는 건 너무 단순한 생각이라는 뜻이기는 하다. 언제든 또다른 이야기를 들려줄 수 있는 것이다. 우리의 고고학적 서사들은, 깨진 도기 한 조각이나 어느 가축의 뼈 또는 곡물 낱알 하나가 있거나 없다는 아주 작은 요소들을 가지고 사후에 생각으로 구축한 구성물이다.

농사의 기원에 관한 이야기조차, 상대적으로 더 평등했던 황금시대가 불평등을 만연시킨 체제에 의해 무너지는 서사로 풀어내면 비극적인 이야기가 될 수 있다는 것이 마크의 설명이었다. 여기서 악당들은 신석기 말기에 자신을 드높이고 나머지 사람들을 억압할 수단을 손에 넣은 자기과시적 책략가들과 수완가들이다. 이 이야기에서 농업은 상황을 개선할 잠재력만 열어놓은 것이 아니라, 원자를 쪼개는 것처럼 훨씬 더 악화할 잠재력까지 열어놓은 기술이 된다. 한번 쏟아진 우유는 잔에 도로 주워 담을 수 없다. 아니면 우리의 이야기는 로맨스가 될 수도 있는데, 여기서는 살아가는 방식을 더 새롭고 더 넓고 더 정교하게 만듦으로써 결국 승리를 거두는 똑똑하고 결연한 사람들이 주인공이 된다. 어떤 식으로든 이미 익숙한 이야기 형식을 피하기는 쉽지 않다. 명백한 비유들이 저절로 우리 머릿속으로 들어올 뿐 아니라, 우리가 어떤 이야기를 듣길 원하고 기대하는지도 우리는 이미 알고 있다. 그런데 지금 나는 훨씬 가까운 과거의 이 조각들로 어떤 이야기를 하려는 걸까? 보통 애도 회고록이라고 뭉뚱그려 불리는 책의 형식은 비극적 로맨스, 사랑 이야기를 선호한다. 하지만 이건 애도 회고록이 아니다. 그리고 이 이야기 속에 사랑이 들어 있기는 하지만, 분명히 로맨스도 아니다.

이야기와 연민. 내 머릿속을 떠나지 않는 이야기가 하나 있다. 많은 사람들이 아는, 찰스 디킨스의 『두 도시 이야기』이다. 이 소설에는 낭만적인 남자 주인공과 이타적인 여자 주인공이 나오지만, 나에게 가장 흥미로운 인물은 이들이 아니다.

시드니 카턴은 술꾼에 냉소적인 사람이다. 날카로운 재치와 민첩한 정신을 지니고 있지만 개인적으로는 거의 성공을 거두지 못했을 뿐 아니라, 다른 사람들의 경력을 쌓는 데에 자기 능력을 착취당하기만 했다. 행동거지가 거칠고 세련된 사교술이라곤 없는 그는 중년에 이르러 고독하고 다소 불쌍한 사람이 된다. 이 실망스러운 인생에 루시 마넷이라는 아름답고(여자 주인공들은 다 아름답지 않나?) 온화하고 친절하며, 자신의 나이든 아버지에게 헌신적인 젊은 여성이 들어온다. 냉소적인 성격에도 불구하고 카턴의 마음은 루시에게서 깊은 영향을 받는다. 그는 완전히는 아니지만 거의 그를 구원하고 바꿔놓기 충분할 정도의 열정으로 루시를 사랑한다. 하지만 자신이 루시의 사랑을 받을 가치가 없고, 자기 방식을 바꿀 수도 없다는 것 역시 알고 있다. 결국 루시에게 사랑을 밝히기는 하나, 자기가 루시에게 걸맞지 않다는 걸 잘 알고 있기에, 그건 청혼을 위해서가 아니라 단순히 봉사를 제안하기 위해서다.

> 당신을 위해, 그리고 당신에게 소중한 모든 이를 위해 나는 무슨 일이라도 할 겁니다. 나의 일이 뭔가 희생할 수 있는 기회나 능력을 주는 그런 더 나은 종류의 일이 된다면, 나는 당신과 당신에게 소중한 이들을 위한 어떤 희생도 기꺼이 받아들일 거요. 언젠가 가만 떠올려볼 때, 나를 이 한 가지 마음에서만큼은 열렬하고 진실했던 사람으로 생각해주시오. 그럴 때가 올 겁니다. (…) 당신이 사랑하는 삶을 지켜주기 위해 제 목숨도 바치려 하는 남자가 있다는 걸 이따금 생각해주시오!

그의 사랑에는 사심이 없다. 그는 루시를 자기 사람으로 만들겠다는 희망을 단 한 번도 품지 않는다. 그 생각을 번복하지도 않는다. 그는 한결같다. 루시는 카턴을 사랑하지 않고, 그가 자기에게 느끼는 감정을 그에게 느낄 수도 없다. 하지만 그에게 연민을 품고 친절하게 대한다. 왜냐하면 루시는 두루 친절하고 상냥한 빅토리아시대의 이상적 여성상이기 때문이다. 루시는 카턴을 위해 울 수도 있다. 하지만 결국 루시의 마음은 찰스 다네이라는 다른 남자를 향한다. 찰스는 모든 면에서 카턴과는 다른 사람이다. 매력적이고 도덕적으로 올곧으며 경건하다. 이야기에 나오는 고결한 사람들이 으레 그렇듯 덜 흥미롭기는 하지만, 어쨌든 루시는 그를 사랑하고 루시와 결혼하게 되는 사람은 다네이다. 거절당한 카턴의 아픔은 찰스와 그의 외모가 이상할 정도로 쏙 빼닮았다는 사실 때문에 한층 더 쓰라리다. 찰스는 카턴이 자기 재능을 낭비하지만 않았다면 어떤 모습이 되었을지를 보여주는 예시와도 같다.

수년이 흐르고 카턴은 여전히 루시와 찰스의 친구로 남아 있다. 찰스가 혁명 이후 프랑스 공포정치의 나락에 붙잡혀 있을 때 그가 파리로 온 것도 그래서였다. 경멸당하는 귀족의 아들인 찰스는 시민의 적으로 몰려 체포되었다. 혁명의 영웅이었던 루시의 아버지가 사위를 변호하면서 잠시 군중의 분노에서 벗어나는가 싶었지만 찰스는 다시 체포되고, 이번에는 군중의 분노를 달랠 수 없다. 그는 처형을 피할 수 없어 보인다. 루시가 절망에 빠진 이 순간, 카턴은 수년 전 자기가 루시에게 했던 맹세를 실행할 용기와 초연함을 끌어낸다. 그는 자신을 저지하지 못하도록 친구들에게도 계획을 감추지만, 각자 해야 할 역할들은 지시해둔다. 카턴은 간수 한 명을 협박해 찰스의 감방에 들어가고, 찰스에게 강제로 자기와 옷을 바꿔입게 한 뒤 에테르로 그가 정신을 잃게 만든다. 그런 다음 의식을 잃은 찰스를 술에 취한 자신인 것처럼 꾸며 감방에서 내보낸다. 찰스는 루시 부녀와 친구 한 명이 기다리고 있는 마차로 보내지고, 친구는 카턴이 지시했던 대로 가능한 한 빨리 그들을 데리고 프랑스를 빠져나가 영국으로 돌아간다.

처형의 시간이 왔을 때, 간수나 관리 중 죄수가 다른 사람으로 바뀌었음을 알아채는 사람은 아무도 없다. 그래서 카턴은 루시의 남편 대신 기요틴으로 간다. 이는 더할 수 없이 숭고한 용기와 사랑의 행위다.

마크는 찰스 디킨스의 어마어마한 소설들을 사랑했지만, 나는 부끄러울 정도로 늦은 나이에야 디킨스를 읽게 되었다. 예전에는 사투리 억양을 표현하기 위해 바꾼 철자들과 길고 불필요한 부차적 플롯들을 참아낼 인내심이 없었다. 그러다 마크가 병에 걸리기 몇 해 전에 라디오 드라마로 각색된 〈두 도시 이야기〉를 들었다. 나는 그 프로그램을 다운로드해서 엠피스리 플레이어에 넣고 일요일 아침 장거리 달리기를 할 때마다 한 회분씩 들었다. 원래도 빅토리아시대의 감성이라면 사족을 못 쓰고, 원대하고 낭만적인 플롯에는 마음을 홀딱 빼앗기는 편이다. 이어서 디킨스의 다른 소설들도 읽었고 다 마음에 들었지만, 내게는 모든 등장인물 중에 여전히 카턴이 가장 강렬하게 남아 있고, 마크의 죽음 이후 몇 달 동안 내 머릿속에 박혀 있던 것도 그의 이야기였다.

여기 또 하나의 이야기가 있다. 이건 내가 마르고 닳도록 하고 또 하는 이야기다.

한 남자와 한 여자가 사랑에 빠졌다. 여자는 남자의 지성과 따뜻한 갈색 눈, 그가 들려주는 여러 이야기 때문에 남자를 사랑했다. 남자는 여자의 기민한 정신과 얼굴 옆선 때문에 여자를 사랑했다. 어느 날 남자는 가슴속에 손을 넣어 심장을 꺼내더니 여자에게 가지라며 건넸다. 그리고 다시는 돌려달라고 요구하지 않앗다. 여자는 거기 보답하려고, 그리고 자신도 남자를 사랑했기에 남자와 삶을 함께하고 충실한 애정을 주었다. 항상 상황이 완벽했던 건 아니다. 여자는 부루퉁해지기도 하고 원망하거나 질투하기도 했다. 남자는 오만하거나 경솔하거나 퉁명스러워지곤 했다. 하지만 대개는 서로 사랑했다. 음식을 만들고, 텔레비전을 보고, 아이들을 키우고, 일에 관해 투덜대고, 산책하고, 뉴스 이야기를 나누고, 계획을 세우고, 십자말풀이를 했다. 평범한 일을 했다.

    어느 날, 그들이 만난 지 십오 년쯤 지났을 때 남자는 이상한 감각을 느끼기 시작했다. 여러 의사가 검사해보고 그의 뇌 일부에 손상이 생긴 것을 발견했다. 의사들은 온갖 검사를 해봤지만, 아무도 그 손상을 초래한 게 무엇이고 어떻게 멈출 수 있는지 정확히 알지 못했다. 몇 년이 더 흘렀다. 그는 이상한 감각을 점점 더 많이 느꼈고, 상태도 점점 더 나빠졌으며, 어떤 치료법도 찾지 못했다. 병은 그를 가렵고 아프게 만들었고, 춥고 비참하게 만들었다. 머리를 아프게 하고, 발에 쥐가 나게 하고, 시력을 앗아갔다. 그에게서 걷는 능력을, 심지어 방광과 내장을 통제하는 능력까지도 앗아갔다. 그는 겁이 났고 슬퍼졌다. 여자는 남자를 걱정했고, 미래를 걱정했다. 여자는 서서히 둘이 함께했던 모든 일을 혼자서 하게 됐다. 일하고, 요리하고, 아이들을 돌보고, 집을 보살피는 일들을. 여자는 지쳤고 자주 화를 냈다. 남자는 고맙게 여기기도 했지만 시기심이 올라오는 걸 느끼기도 했다. 그 때문에 이따금 잔인해지기도 했다. 병은 둘에게서 최고의 모습을 끌어내지는 못했다.

남자는 여자가 얼마나 피곤하고 불안한 사람이 되었는지 알았다. 아이들의 삶이 얼마나 달라졌는지도 알았다. 둘 다 그의 병이 언제 어떻게 끝날지 알지 못했지만, 나빠지기만 한 몇 년을 보내고 나자 이 이야기가 해피엔딩으로 끝나지 않으리라는 건 불 보듯 뻔했다. 그는 죽을지도 몰랐다. 아니면 눈이 안 보이고 움직이지도 못하는 채로 고통 속에서 계속 살아갈 수도 있었다.

　　어느 날 아이들이 사촌들을 만나러 가고 싶어했다. 여자는 걱정도 되고 죄책감도 약간 들었지만, 그 병과 곤두선 신경에서 잠시라도 벗어나 동생 부부와 와인을 마시며 온화한 여름 저녁을 보내고 싶은 마음도 굴뚝같았던지라, 마지못한 듯이 설득을 받아들였다. 그리하여 어느 금요일 늦은 오후, 여자는 남편의 식사와 그가 혼자 보낼 저녁에 필요한 물건들을 쟁반에 챙겨두고는 아이들을 데리고 집을 나섰다.

　　따뜻하고 환한 5월의 저녁으로 남자가 일 년 중 제일 좋아하는 시기였고, 그건 여자도 마찬가지였다. 아내와 아이들은 약간 들떠 있었다. 그들은 차에서 라디오를 틀어놓고 노래를 따라 불렀다. 그런 다음 아이들은 저녁 햇빛 속에서 놀았고, 엄마는 동생 집 정원에 앉아 웃고 얘기를 나누며 와인을 마셨다. 그러다 여자는 동생 집의 손님 침대에 자러 갔고, 동생네 고양이는 여자의 발치에 몸을 동그랗게 말고 누웠다. 자정 무렵 여자의 전화기에서 문자메시지가 도착하는 안내음이 울렸지만, 잠들어 있던 여자는 그 소리를 듣지 못했다.

　　한편 그들의 집에서 여자의 남편은 커피를 마시고 식사를 했다. 그는 라디오를 들었다. 그런 다음 두 통의 편지를 써서 침대 옆 테이블에 놓아두었다. 자정에는 아내에게 잘 자라는, 아이들에게 사랑을 보낸다는 문자메시지를 보냈다. 그런 다음 치명적인 용량의 펜토바르비탈을 꺼내 쟁반 위 병에 담겨 있던 과일주스와 함께 삼켰고, 라디오를 껐고, 눈을 감았고, 의식을 잃었고, 그리고 죽었다.

어떤 이야기들은 딱 알맞은 순간에 우리 삶에 들어온다. 어떤 책의 어떤 문장이 우리 마음에 남는 것은, 우리 안에 이미 존재하던 어떤 질문이나 감정, 욕구에 답을 해주거나 혹은 그냥 그걸 명확히 표현해주기 때문이다. 마크가 죽은 후 몇 달 동안 나는 『두 도시 이야기』의 마지막 장을 거의 외울 때까지 읽고 또 읽었다.

"내가 하는 일은 내가 했던 어떤 일보다 훨씬, 훨씬 더 좋은 일이며 내가 맞이할 휴식은 지금껏 누려본 어떤 휴식보다 훨씬, 훨씬 더 좋은 휴식이다."

나는 아무 후회도 없다고 말하는 사람들을 믿지 않는다. 그들은 거짓말쟁이거나 아니면 사이코패스다. 내 삶은 후회의 연속이었고, 마크와 관계를 맺고 살아온 십팔 년 동안 내가 한 많은 행동이 후회의 원인이지만, 무엇보다도 가장 슬프고 미안한 건 마지막에 그의 곁에서 손을 잡아주지 못한 일이다. 회고록 작가 로버트 매크럼은 『세 번에 한 번은 그 생각Every Third Thought』에서 이렇게 묻는다. "자신의 마지막 출구에 가까이 다가가고 있는 사람을 과연 무엇이 위로할 것인가? 어떤 이야기 혹은 어떤 말이 진짜 위안 혹은 진지한 위안을 줄 수 있을까?" 매크럼은 그 답을 찾으려 시, 에세이, 소설, 인터뷰, 회고록을 뒤졌다. 자신의 필멸성에 관해 찬찬히 성찰할 때든, 사별의 경험을 곰곰이 되짚어볼 때든, 죽음은 종종 위대한 문학을 낳는 영감이 된다. 우리가 표현할 말을 찾고자 할 때, 모든 사람의 사랑은 똑같이 들리지만 모든 사람의 죽음은 저마다 다른 죽음이 된다. 마크 말마따나 그와 나는 둘 다 '말 많은 작자들', 그러니까 언어로 자신을 표현하고 지성으로 감정을 표현할 때 가장 행복해하는 사람들이었다. 하지만 마지막에는 그 어떤 시나 훌륭한 산문 또는 제아무리 듣기 좋은 소리라 해도, 그를 사랑한 누군가의 입술에서 나와 애정으로 마음을 다독여주는 말보다 그의 마지막 마무리를 편안하게 해줄 수는 없을 것이다.

3

너무 많이
사랑한
고고학자들

역사학자 질 러포어는 역사학의 미시사적 접근법이 지닌 문제점을 다룬 논문을 쓰고 「너무 많이 사랑한 역사가들Historians Who Love Too Much」이라는 제목을 붙였다. 개개인에 관한 세밀한 연구를 통해 과거로 접근하는 역사가들은 자신이 쓴 전기 주인공의 삶에 너무 깊이 몰입한 나머지, 그들에게 동조하거나 심지어 자기를 그들과 동일시하게 된다는 것이 러포어의 주장이다. 그 때문에 과거에 대한 균형 잡힌 평가를 내리기가 어려워질 수 있다는 얘기였다. 고고학자 가운데에도 자신이 다루는 대상에 유비적으로 접근할 수 있다고 여기고 들떴던 이들이 있는데, 이 경우에도 비슷한 위험이 따를 수 있다. 미시사는 저항할 수 없는 매력을 발산한다. 한 사건, 한 순간, 한 사물 또는 한 삶을 가능한 한 많은 맥락적 세부를 취해 아주 면밀하게 검토하는 일에서 시작하여, 점점 더 큰 범위로 나선을 그리며 뻗어나와 정치사, 문화사, 사회사라는 더욱 넓은 범위의 사안들을 살펴보는 일. 이러한 접근법의 선구자인 역사학자 로버트 단턴은 1730년 파리에서 도제 한 무리가 장인의 고양이들을 재판하고 처형한 유별난 사건에 초점을 맞췄다. 이 사건에서 갈등의 원인은 도제 인쇄공들이 장인의 아내가 기르는 고양이들보다 하찮은 대우를 받는 데 앙심을 품은 것이다. 인쇄공들은 고양이가 자기들보다 더 좋은 음식을 먹고 더 친절한 대접을 받는다며 불평했다. 이 분쟁은 점점 열기를 띠다가, 결국 도제 소년들이 장인이 애지중지하는 고양이들을 습격한 다음 모의재판을 열고 고양이들을 처형하는 데까지 이르렀다. 한 번으로 그친 소규모의 기묘한 사건이었지만, 단턴은 이 일을 두고 사람들이 의식과 의례에 공통으로 사용하는 여러 어휘로 열악한 노동환경에서 비롯된 긴장을 표현했을 뿐 아니라, 애정과 안락함으로 동물의 응석을 받아주는 부르주아 문화와 결코 그런 일은 있을 수 없는 노동계급 문화의 충돌까지 표현한 상징적 행위라고 주장했다. 단턴은 이 작은 사건에서 출발해 근대 초 프랑스의 노동관계, 계급정체성, 의식과 의례의 기능, 사람과 동물의 관계에 관한 질문으로 논의를 옮겨갈 수 있었다.

내게는 과거에 대한 이런 접근법이 매력적으로 느껴진다. 이 접근법이 고고학자들에게 공감을 불러일으키는 이유는, 일반적으로 우리가 다루는 소재도 소규모의 사건이나 개인의 생사와 관련된 것이라서가 아닐까. 우리 고고학자들 또한 한 가지 인공유물을 가져다가 그 유물에 관한 객관적 전기를 써볼 수도 있지 않을까. 그러면 그 전기는 기술과 교환, 상징적 의미와 실재적 의미, 변화와 퇴화의 소우주가 될 수도 있을 것이다.

이는 고고학자들이 매력을 느낄 법한 이론이다. 우선 이런 방식에서는 우리의 증거가 지닌 비재현적이고 불완전한 성격도 그리 큰 문제가 되지 않는다. 우리는 형편없고 신뢰할 수 없는 데이터로 절묘한 통계학적 결과를 만들어내려고 무리하는 대신, 그냥 우리가 지닌 것을 가지고 시작해볼 수 있다. 특정 순간이나 한 사건, 한 사물 또는 한 개인의 법의학적 세부사항을 들여다보며 "왜 그런 일이 일어났을까? 이것은 무엇을 의미할까?"라는 질문을 던짐으로써 지역적이고 특수하고 소규모인 것을 전국적인, 아니, 심지어 전 세계적인 문화적 패턴과 연결할 수 있게 되는 것이다. 내 이야기는 사실 내 머릿속에 들어 있는 순간과 대상과 장면들이 담긴 자루에 지나지 않는다. 내 미시사의 중심 대상 가운데 하나를 꼽자면 전기이발기를 들 수 있다. 이 이발기는 머리카락이 두피에 달라붙지 않게 어느 정도 띄워주는 여러 크기의 클립형 헤어롤과 함께 검은색 지퍼 케이스에 들어 있다. 2004년인가, 예약 없이 찾아가도 5파운드에 이발을 해주던 동네 이발소가 이발비를 올렸을 때 마크가 멜턴 모브레이에 있는 아고스* 매장에서 사 온 물건이다. 이발기로 길이만 치는 기본적인 이발은 기술적으로 그리 어렵지 않으며, 처음에 들인 약간의 비용은 금세 만회할 거라는 게 그의 생각이었다. 틀린 생각은 아니었다. 이발을 맡게

---

* 영국의 대형 판매점.

될 사람은 나였다. 이 이발기는 내가 사용하기 수월했고, 게다가 나는 전에도 이발을 해본 적이 있었다. 학창시절에 친구에게 모히칸 커트를 해준다고 나섰다가 사선 모히칸을 만들고 말았지만, 그 뒤로는 이발 실력도 꽤 늘었다. 하지만 2004년에는 이미 너무 많은 일들을 하느라 시간 여유가 없었다. 나는 만만치 않은 직군에서 전업으로 일하고 있었고, 아이가 둘인데다가 또 한 명이 태어날 참이었다. 처리해야 할 직장일과 집안일, 가족의 일이 있었다. 그 일들을 꾸려간다는 것이 그 자체로 엄청나게 버겁거나 어려운 건 아니었지만, 일의 가짓수 자체와 하나하나 기억하고 과정을 챙기는 일이 기력을 앗아갔다. 모두의 생일선물을 사고 포장하고 보내야 했고, 아이들 옷 상태를 점검하고 바꿔줘야 했으며, 클럽활동 및 수업 신청을 하고, 명절, 방문, 약속을 챙기며 친구관계도 유지해야 했다. 집안일과 빨래에 더해 이런 일 대부분을 이미 나 혼자 전담한다고 느끼던 차라, 정말이지 아무리 작은 일이라도 더 이상 일거리를 늘리고 싶지는 않았다. 게다가 마크가 나와 의논하지 않았다는 사실에도 화가 났다. 아마도 이건 우리 둘 다 공감 능력이 모자랐음을 보여주는 증거일 것이다.

나는 이 이발기로 마크의 남은 평생 그의 머리를 깎았다. 우리가 더 젊었을 때 나는 손으로 그의 짧은 머리카락을 훑으며 따뜻한 머리를 쓰다듬는 걸 좋아했다. 그의 작은 귀와 깔끔한 헤어라인을 바라보는 것도 좋았다. 둘 다 나에게는 없는 특징이었다. 하지만 우리 사이가 안 좋아지면서 나는 동물학자들이 사회적 그루밍이라 부르는 일을 예전처럼 좋아하지 않게 되었다.

언제부턴가 나는 신체가 닿는 일을 하지 않았고, 그러다가 아예 회피하기 시작했다. 이발 주기도 길어졌다.

　이 이발기에는 의심의 여지 없이 마크의 물리적 흔적이 남아 있다. 최근 몇 년 동안 그 이발기로 아이들의 머리도 깎아주었지만, 나는 검은 지퍼 케이스 바닥에 아직도 그의 짧은 회색 머리카락이 분명 남아 있을 거라고 생각한다. 이 이발기는 마크가 돈에 얼마나 신중했는지를 말해주는 물건이기도 하지만, 우리 관계에 의사소통 또는 공감능력 부족의 문제가 있었음을 드러내는 증거이기도 하다. 또한 열정에서 원망으로 옮겨가는 내 감정의 추이를 기록하며, 우리의 일체감이 무너져가는 과정을 담은 미시사에서 핵심축을 담당하기도 한다. 이 이발기를 포함해 내가 아직 가지고 있는 몇 가지 물건은 내 기억이 무너지지 않게 받쳐주는 비계다. 그러나 동시에 역사를 실제 그대로보다는 자기가 원하는 모습으로 만들려는, 너무 많이 사랑하는 고고학자가 될 여지, 그러니까 역사를 날조할 여지도 품고 있다.

　그렇기에 나는 계속 글을 써야 한다. 글을 쓰지 않는다면 기억하지 못할 것이다. 나는 계속 기억해야 한다. 왜냐하면 내가 기억하지 않는다면 누가 기억하겠는가? 어떤 것들은 이미 다 사라졌거나 거의 다 사라졌다. 아이들은 잊어가고 있다. 혹은 질척질척하고 뒤죽박죽된 기억뭉치 전체가 끊임없이 무두질을 반복해 반질반질 윤이 나는 몇 알의 반짝이는 보석으로 결정화되도록, 혹은 호박 속에 갇힌 곤충만큼이나 믿을 수 없는 목격자인 사진

속에만 보존되도록 방치하고 있다. 마크가 건강했을 땐 아이들이 너무 어렸기에, 함께 나뭇가지를 모으던 일이나 잠들기 전 이야기를 들려주던 일 같은 것들은 아이들의 머릿속에서 슬슬 빠져나가고 있다. 막내 그레그는 아빠가 첫 발작을 일으키고, 당시 우리는 알지 못했지만 그의 긴 죽음의 과정이 시작되었을 때 여섯 살인가 일곱 살이었다. 아이들이 잊는다면, 우리 부모님도 안 계시고 이제는 마크도 없으므로 나의 역사에는 공유할 사람이 아무도 없는 영역이 거대하게 남을 것이다. 아무도 나의 이야기를 뒷받침해줄 수 없고, 나의 회상을 확인해주거나 이의를 제기할 수 있는 사람도 없다. 누군가 "그때 기억나……?" 하고 물으며 흐릿해져가는 순간들을 다시 기억 속에 살려내줄 일도 없을 것이다.

……레이철이 당신 어깨에 목말을 타고 있다가 토해서 당신 티셔츠 속 등으로 다 들어갔던 때?

……우리가 주방 창으로 밖을 내다봤더니 겨우 1~2미터 떨어진 파티오에 엄마 여우와 새끼 여우 두 마리가 들어와 있던 때?

……두엄통에 쥐들이 둥지를 지었던 때?

……일 년 반 동안 우리가 두 도시에 떨어져 살면서 당신이 주말마다 네 시간씩 운전해 오다가 마침내 당신이 레스터에 있는 일자리를 제안하는 전화를 받았던 때를 기억해?

……당신이 룰라덴을 만들었던 때는? 그 레시피는 어디서 알아낸 거였지?

……내가 초음파검사로 유산 사실을 알게 됐던 그 끔찍한 날은?

……레스토랑 테라스에서 내 샌들에 뒤영벌 한 마리가 들어가서 나는 비명을 질러대고 모든 사람이 그 난리를 지켜보는 가운데 당신이 내 샌들을 벗겨야 했던 때는?

이제는 내가 기억의 유일한 수호자인 때가 종종 있다. 그가 했던 말, 우리가 보았던 것, 그가 요리했던 레시피를 내가 적어두지 않는다면, 죽음이나 치매가 나를 데려갈 때 그것들도 함께 다 사라져버릴 것이다. 이미 사라진 게 너무 많아서 때때로 내가 모든 것을 써놨어야 했다는 생각이 들 때도 있다. 평범한 삶을 구성하던 모든 대화와 식사와 사소한 사건 들을. 이따금 기억의 한 조각이 내 머릿속 울퉁불퉁한 모서리에 툭 걸리는데, 거기 무언가 있다는 건 알지만 그 전체 이야기는 도저히 기억나지 않을 때가 있다. 세무서에서 온 그 서류는 무슨 일 때문에 왔던 거였지? 수련이 수면을 다 덮은 그 호수는 어디 있던 호수였더라? 마크가 건강하고 예리했던 시절, 나를 웃게 만들고 생각하게 만들던 행복한 시절이 있었다는 걸 알지만—이 점은 분명히 안다—그 다이아몬드처럼 찬란하고 선명하던 순간들도 시간이 흐르면서 이제 너무 많은 부분이 흐릿하게 뭉그러져 내 옛 인생의 전반적인 색채 속으로 섞여 들어가버렸다. 어떻게 마크나 우리의 관계를, 우리가 가족으로 보낸 세월을 한 가지 분위기나 감정으로만 간직할 수 있겠는가? 그게 무슨 꿈에서 깨어난 후 남은 흐릿한 기억이라도 되는 것처럼 말이다. 내 기억력이 더 좋았으면 좋겠다고 생각하다가, 이게 치매의 시작일지도 모른다는 걱정으로 빠져든다. 회고록의 시작치고 그리 좋은 조짐은 아니다.

마크가 죽은 뒤로 나는 그가 예전에 어땠는지 기억하려고 버둥거렸다. 우리가 함께한 초반의 삶은 수년 동안 이어졌지만 이젠 안개처럼 흐릿해져 멀게만 느껴지고, 사이사이 이정표만 몇 개 남아 있다. 복도를 걸어가다가 모퉁이를 돌아 시야에서 사라지기 전 뒤돌아보며 내게 미소를 보여주던 순간의 얼굴이 한 장의 사진처럼 떠오른다. 머리 위 프로젝터 빔만이 어둑하게 조명을 밝힌 세미나실에서 뭔가를 주장하며 집중하느라 양미간을 찡그린 그를 기억한다. 내가 주황색을 좋아한다고 오해한 그가 커트뉴위드 집의 욕실에 불타는 듯한 주황색 페인트를 칠했던 일을 기억하고, 어쨌든 그 색깔을 그냥 두고 쓰기로 했던 일을 기억한다. 우리가 커플로 지낸 세월은 순서대로 기억하지 못하면서, 얼토당토않게 마크가 옛날에 몰던 회색 볼보 자동차는 뚜렷이 기억한다. 문을 닫을 때마다 어디선가 무슨 부품인가가 떨어져서 우리가 광대차라고 불렀던, 조심스레 다뤄야만 하는 성미 까다로운 고물 차였다. 성미가 까다롭다는 점에서는 내가 그 차에 돌을 던질 입장은 아니지만 말이다. 애덤이 태어나던 날 밤, 얼어붙을 듯 추웠던 병원 주차장에서 이미 진통이 시작된 상태로, 마크가 이튿날 아침 시동이 안 걸리는 불상사를 방지하려고 볼보의 엔진에 WD40•을 분사하는 동안 옆에서 기다리던 일도 기억난다. 첫째 아이 레이철이 두 살 때, 웨일스에서 집 근처를 산책하다가 블루벨로 뒤덮인 찬란하고 생동감 넘치는 숲으로 들어갔던 어느 봄날 아침을

• 윤활, 녹 방지, 방수 용도로 사용하는 스프레이.

기억한다. 레이철은 그 많은 꽃을 보고 너무나 좋아하며 달려갔고, 마크와 나는 말 많은 평소와 달리 그 장관에 할말을 찾지 못하고 입만 벌린 채 그저 바라보기만 했던 걸 기억한다. 행복과 사랑과 실망이 있었고, 땀에 젖은 밤들과 우리끼리만 통하던 농담이 있었으며, 심오하고 어려운 토론과 평범하고 사소한 일들과 가십이 있었다는 걸 나는 안다.

우리는 십팔 년 동안 함께했는데, 결혼해서 부부로 산 시간은 이 주였다. 그동안 네 곳의 집에서 살았고, 각자 두 가지 직업을 가졌다. 이후에는 대략 다음과 같은 인생을 살게 될 거라고 예상했다. 우선 우리는 링컨셔에 있는 크고 싸고 오래된 집, 마크가 살라미를 만들 별채 건물이 있는 집에서 살 생각이었다. 나는 적어도 한 주의 절반은 집에서 일할 작정이었다. 아침이 절반쯤 지났을 무렵, 창고에서 고기를 다지고 양념하던 마크가 집으로 건너오면 우리는 함께 커피를 마셨을 것이다. 우리는 그가 살라미를 만들며 라디오에서 들은 뉴스 이야기를 나눴으리라. 마크는 못마땅해하며 정치에 관해 투덜댔을 테고. 저녁이면 텔레비전을 보거나 음악회에 갔을 것이다. 어떤 날은 산책을 가거나 함께 달리기도 했을 거고. 처음에는 아이들 때문에 외출은 교대로 하는 일이 많았겠지만, 아이들이 자라서 집을 떠나면 둘이 함께 외출했을 것이다. 학기중에 휴가를 내서 빈의 카페에 함께 앉아 있을 생각이었다. 우리는 잘 먹고 운동도 많이 할 계획이었다. 우리는 아이들의 졸업식에 참석하고, 아이들의 집을 방문했을 것이다. 그리고 여러 해가 지나 적당한 때가 되면 건강한 할머니 할아버지가 됐을 것이다. 하지만 그건 우리에게 주어진 미래가 아니었다.

4

상실의
고고학

내가 오크니제도에 처음 간 것은 박사과정을 시작한 해인 1991년이었다. 나는 오랜 세월에 걸쳐 사람들이 사자를 매장하는 방식에 일어난 변화를 연구하러 그곳에 갔다. 특히 죽음에 대한 은유와 그 은유들이 물질적 형태로 재현된 방식에 초점을 맞췄다.

나는 대학원 신입생다운 자기과신과 무지로, 연구 대상으로 삼을 합리적인 시대 범위는 선사시대 초기부터 1991년까지라고 생각했다. 당시 고고학에서 뜨거운 주제는 과거의 권력과 불평등 문제여서, 사회학의 구조화이론에서 나온 신마르크스주의의 개념과 통찰을 널리 활용하여 권력관계를 협상하고 유지한 방식을 검토하고 있었다. 그에 따라 나도 지난 오륙천 년 동안 오크니에서 존재한 죽음 및 죽음에 대한 은유의 모든 선사와 역사를 연구하겠다고 마음먹었다. 그런 다음 그것을 해석하여 매장과 추모가 어떻게 지위와 권력, 정통성에 관한 진술의 장이 되어왔는지를 보여줄 작정이었다.

계획은 훌륭했다. 결국 나의 박사학위 논문은 무척 다른 것이 되었지만. 우선 오크니의 선사시대 고고학에 대해서는 나보다 훨씬 훌륭한 고고학자들이 수십 년간 해온 해석적 연구가 있었고, 거기에 내가 더 기여할 방법을 찾기는 어려웠다. 동시에 나는 커크월에 있는 세인트마그누스대성당의 종교개혁기 이후 여러 경이로운 기념물에 나도 모르게 끌렸는데, 이 기념물들에 대해서는 그때까지 쓰인 글이 거의 없었다. 또한 내가 원래 얘기하고 싶던 권력과 지위에 관한 이야기에는 맞지 않는, 전혀 언급된 바 없는 묘지의 묘비들에도 관심이 쏠렸다. 오크니제도의 묘지들을 돌아다니며 비문을 기록하고 묘석을 스케치하는 나날을 보내는 동안 여러 묘비에서 가장 눈에 띈 것은 권력을 과시하는 표현이 아니라, 슬픔과 애정 그리고 때로는 어리둥절함, 한마디로 사별에서 가장 두드러지는 감정들이었다.

문득 깨닫고 보니 나는 주저하면서도 천천히 다른 이야기 형식을 잡아가려 애쓰고 있었다. 멋진 선사시대사를 포기하고, 그랬다가는 절대 직장을 구하지 못할 거라는 지도교수의 경고에도 불구하고 역사적으로 더 가까운 시기에 초점을 맞추었다. 그리고 권력의 물질문화 대신 감정의 물질문화를 연구할 방법을 찾고자 궁리했다. 나의 새로운 접근법은 모두에게 칭찬받지는 못했다. 다른 박사과정 학생들에게 우리가 고고학에서 애도와 두려움, 사랑을 등한시해서는 안 된다고 열렬히 주장하다보니, 어느새 나는 고고학과의 바버라 카틀랜드*라는 평판을 얻게 됐다. 여전히 남성이 지배하던 학문계에 속한 여자라는 나의 입지는 이로 인해 더욱 불리해질 뿐이었다.

다른 학문 분과의 감정 연구는 한쪽 끝에 '심리학'이, 반대쪽 끝에 '구성주의'가 자리한 하나의 스펙트럼 위에 넓게 분포한다. 스펙트럼의 '심리학' 쪽 끝에는 감정을 신체적 동요로 이해하는 접근법이 자리하고 있다. 감정은 뇌와 호르몬의 작용에 해당하며, 따라서 모든 해부학적 현생인류가 널리 공유하는 하나의 생물학적 기능이라는 관점이다. 실제로 어떤 사람들은 감정이 인간에게만 있는 것은 결코 아니라고 주장한다. 개, 코끼리, 쥐, 심지어 물고기와 벌도 이런 종류의 감정을 지니고 있다는 것이다. '구성주의'의 기둥에서는 감정을 인간에게 보편적인 것으로 보지 않는다. 예컨대 집을 떠나 여행하는 것은 어떤 문화에서는 즐겁고 신나는 경험으로 여겨지지만, 또다른 문화에서는 무섭고 외로운 경험으로 여겨지는 것처럼, 한 상황에 담긴 감정적 내용은 문화적 맥락에 따라 다를 뿐 아니라 실제 감정적 경험은 사회적인 것이며 학습된다는 주장이다. 이런 접근법은 감정을 나타내는 단어들은 모든 문화 전반에 걸쳐서, 그리고 각 문화와 문화 사이에서 번역될 수 없는 방식으로 사용된다는 것을 보여주는 언어학적 연구

---

*   20세기 영국의 소설가로. 빅토리아시대와 에드워드시대를 배경으로 한 로맨스소설을 칠백 권 이상 써서 매우 큰 인기를 얻었다.

와도 밀접하게 연관된다. 심리학과 구성주의라는 두 접근법은 넓게 보자면 각각 생물학적이고 보편적인 관점과 문화적이고 맥락적인 관점에 더 가깝다.

공공정책은 감정의 보편성을 상정하는 접근법에 더 쉽게 영향을 받는다. 대중문화도 그렇다. 시대극과 역사소설, 심지어 텔레비전 다큐멘터리까지도 사랑, 슬픔, 분노, 두려움 같은 감정을 현대 관객과 과거 사람들 사이를 잇는 다리로 사용하며 본질적 연속성의 메시지를 앞세운다. 그런 작품들의 성공을 뒷받침하는 것은 과거 사람들도 현대인과 같은 보편적 감정을 지녔으리라는 믿음이다. 옛날 사람들은 긴 새틴 드레스를 입거나 동물 모피로 만든 비키니를 입었을 뿐 나머지는 우리와 똑같다고 말하는 것이다. 현대의 감정으로 과거를 해석하는 일은 강력한 매력을 발휘하지만, 현대 유럽인과 미국인의 감수성을 보편적인 것처럼 제시하는 위험이 있다. 인류학이 알려주다시피 그건 결코 사실이 아닌데 말이다.

진실은 늘 그렇듯 '감정은 생물학적'이라거나 '감정은 문화적'이라는 말보다 더 복잡하다. 감정은 둘 다이다. 감정은 몸으로 경험하는 것이며 실제 신경학적 동요와도 연관된다. 우리가 올빼미를 무섭다고 느끼거나 귀엽다고 느끼는 것, 소똥을 역겹다고 여기거나 숭배의 대상으로 여기는 것은 분명 문화적으로 학습된 결과다. 그런데 우리가 감정을 경험하고 감정의 가치를 매기는 방식 역시 문화다. 인간의 경험에 맛과 형태와 냄새를 부여하는 것이 감정이다. 감정은 우리의 일상생활과 중요한 순간들을 더욱 풍요롭게 하고 의미 있게 만든다. 나 같은 고고학자들에게 주어지는 도전은 과거의 사람들이 느꼈던 감정의 다양성을 탐구하는 일이다. 고고학적 맥락에서 고대의 신발 하나를 발견한다면, 그 신발은 우리에게 신체에 관한 관념, 습관적 활동, 미적 취향, 기술, 성별, 교역 상황 등 다양한 종류의 정보를 말해줄 수 있다. 그 신발이 들려주는 것 중 가장 따분한 이야기는 옛날 사람들에게도 발이 있었다는 사실일 테고. 이와 유사하게, 과거에도 두려움이나 사랑 같은 감정이 존재했다는 기본적 인식은 우리의 앎을 그리 진전시키지 못한다. 하지만 특정한 시기나 장소에 특정한 집단이 공포 분위기 안에서 살았다거나, 가족 사랑 이데올로기를 응집력 있는 집단의 형성이나 특정 믿음에 대한 순응으로 유도하는 환경에서 살았음을 밝혀내는 것은 과거에 대한 우리의 지식을 살찌우는 중요한 일이다.

베드베크는 코펜하겐에서 북쪽으로 몇 킬로미터 떨어진 부유한 교외 동네다. 항구가 있고 트립어드바이저에서 좋은 평점을 받는 호텔과 세련된 레스토랑이 몇 군데 있다. 고고학자들에게는 육천 년 전의 묘지가 있는 곳으로 유명하다. 현재 초등학교가 있는 위치에서 1970년대에 발굴된 그 묘지는 모두 열아홉 기의 무덤으로 이루어져 있는데, 그중 한 무덤에는 열여덟 살 정도의 젊은 여성이 아기와 함께 묻혀 있었다. 둘의 나이를 보면 출산 도중 또는 직후에 함께 사망한 엄마와 아기일 가능성이 커 보인다. 하지만 이 묘지가 유난히 가슴 아프고 감동적인 까닭은, 죽은 갓난아기를 백조의 날개 위에 눕혀 엄마 바로 옆에 꼭 붙여놓았기 때문이다. 육천 년 전에 두 시신을 이렇게 묻은 사람들이 정확히 어떤 감정을 느꼈는지 우리는 단언할 수 없지만, 정확히 어떤 의미였는지 확신할 수는 없다 하더라도 이 무덤은 오늘날 우리에게까지 감정적 울림을 일으킨다. 백조 날개는 부드럽고 아름답다. 백조와 물새는 중석기시대 스칸디나비아인에게 중요한 의미를 지녔던 것으로 보인다. 백조는 육지와 물을 건너 이동한다. 백조가 아기를 어디로 데려갔든 거기는 좋은 곳일 것만 같다.

고대인들의 감정은 죽음과 매장, 사별의 흔적에서 가장 쉽게 '볼' 수 있기는 하지만, 감정적 의미는 흔하고 평범한 물건에도 깃들 수 있다. 나의 친구이자 동료인 린 폭스홀은 장소와 사물이 감정적 의미를 획득하는 방식에 관심이 깊다. 린의 말에 따르면, "사물은 감정적으로 중요한 관계를 표현하는 물건일 뿐 아니라, 그 자체에도 감정이 깃들 수 있는" 것이다. 린이 살펴본 것 중 하나는 고대 그리스 세계의 점토로 만든 베틀추였다. 베를 짤 때 날실이 수직으로 팽팽하게 당겨지도록 날실에 매다는 베틀추는 감정의 명백한 증거가 발견되리라 예상할 수 있는 장소는 아니다. 하지만 린의 연구는 베틀추가 여성에게 속하고 여성과 함께 다니며 여성 가계를 따라 대물림된 여성의 인공물이었음을 보여준다. 베틀추는 여자가 원가족을 떠나 남편의 집안에서 사는 것이 당연시되던 부계 거주 사회에서 여성을 고향과 어머니, 자신의 유년기, 자기가 받은 교육과 감정적으로 연결해주는 물건으로, 고향집의 한 조각과 다름없었다.

나는 분명 1995년 이전에도 마크를 본 적이 있었을 것이다. 훨씬 나중에야 알게 됐지만, 우리는 같은 시기에 셰필드대학의 학부생이었고 심지어 공통으로 친한 친구까지 몇 명 있었기 때문이다. 그 시절 마크는 술을 많이 마셨고 연애도 열심히 했으며 정치에 빠삭했고 어려운 재즈와 블랙커피를 좋아했다. 나는 19세기 소설을 쌓아놓고 읽는 히피 유형이었는데, 환경문제에 진지하게 열정을 불태웠으며 흉측한 헤어스타일을 하고 다녔고 자정이면 잠자리에 드는 원칙을 고수했다. 심지어 우리는 같은 시간에 깨어 있지도 않았을 것 같다. 어쨌든 내가 그를 처음으로 보았다고 기억하는 건 우리가 대학을 졸업한 지 칠 년 후, 내가 타고 있던 열차 칸에 그가 들어왔을 때였다. 그때 나는 웨일스의 카마던으로 가는 길이었고, 카마던에서 램피터로 가 취업 면접을 볼 예정이었다. 얼마 전 박사과정을 끝내고, 가르치는 일과 연구를 병행할 수 있는 제대로 된 학계의 일자리에 처음으로 지원한 참이었다. 그 면접을 보기 위해 케임브리지에서 기차를 타고 런던으로 갔고, 런던에서 다시 기차를 갈아타고 카마던으로 갔으며, 이어서 웨스트웨일스에 있는 그 작고 외딴 대학*까지 마지막 48킬로미터는 택시를 타고 갔다. 기차에서 나는 모든 채용자료를 읽고 대학 안내서에 나온 모든 정보를 암기하고, 예상되는 모든 질문에 대한 답변을 연습하고 발표할 내용을 검토하며 면접을 준비했다. 스완지에서 블랙진에 크림색 리넨 재킷을 입은 한 남자가 탔다. 호리호

• 1995년부터 2000년까지 저자가 근무한 웨일스 램피터대학.

리하고 잘생겼으며, 피부는 올리브색이고 갈색 머리가 막 회색으로 세기 시작한 참이었다. 그는 똑똑하고 세상사에 훤한 사람처럼 보였으며, 매력적이었다. 내가 카마던에서 내렸을 때 그도 내렸고, 우리 둘 다 택시 승강장으로 걸어갔다. 그가 나를 보며 미소를 지었다. "램피터로 가세요? 아까 보니까 거기 안내서를 보고 계시던데요." 알고 보니 우리 둘 다 같은 일자리, 그러니까 고고학 이론을 가르치고 연구하는 정규직 일자리를 얻기 위해 면접을 보러 가는 길이었다. 그가 함께 택시를 타고 가자고 제안했다. 그날 우리가 무슨 이야기를 했는지는 기억나지 않는다. 경쟁이 치열한 영국 학계의 취업시장이라는 기이하게 내밀한 환경에 어쩌다 함께 던져진 낯선 사람들 사이에서 오고갈 만한 잡담이었을 것이다. 나는 그가 로마에서 박사 후 연구원 과정을 마치고 최근에 돌아왔으며, 여자친구와 함께 런던에서 살고 있고, 이력서에 힘을 보태줄 논문을 쏟아내고 있다는 걸, 그리고 나처럼 제대로 된 정규직 대학교수라는 최고의 상을 따내기 위해 노력하고 있다는 걸 알게 됐다. 그는 나보다 나이가 많았고, 캔버스 책가방과 말아 피우는 담배, 긴 보폭으로 느긋하게 걷는 걸음걸이까지 나보다 백 배는 더 여유로워 보였다. 그의 연구에 관한 이야기를 나누다가, 나를 포함해 다른 지원자들은 가망이 없겠다는 걸 오 분 만에 깨달았다.

면접은 오후에 프레젠테이션 형식으로 진행되었고, 그날 저녁에 고고학과의 모든 직원과 함께하는 저녁식사(나는 속으로 이 행사가 볼로방*을 먹으며 견뎌야 하는 시련이라고 생각했다)가 이어졌으며, 마지막으로 이튿날 아침에 심사위원단 면접이 있었다. 내 면접이 끝날 즈음 그들은 며칠 안으로 결과를 알려줄 거라고 했다. 이튿날 고고학과 간사인 모린이 케임브리지의 우리집으로 전화를 걸어서, 그 사람 성을 뭐라고 읽는지는 모르겠지만 아무튼 이름이 마크인 남자(마크는 플루체닉이라고 말했지만 진짜 폴란드식 발음은 또 달랐다)가 그 자리에 채용되었다고 확인해주었다. 역시 그랬다. 제일 뛰어난 사람이 확실히 그 자리를 차지했구나, 내 그럴 줄 알았지. 나는 그게 이야기의 끝이라고 생각했지만, 알고 보니 그건 이야기의 시작에 지나지 않았다. 얘기를 들어보니 나는 차선으로 선택된 후보고, 넉 달 후에 같은 과에 자리가 하나 더 날 거라고 했다. 나는 영국을 떠나 미국에서 임시직으로 한동안 일하기로 했고, 미국으로 떠나기 전날에 지원서를 제출했다. 한 달 뒤, 텍사스주 갤버스턴의 어느 헌책방에서 램피터의 학과장이 건 전화를 받았다. 그가 내게 영국으로 돌아와 면접을 보면 좋은 결과가 있을 거라고 말했고, 그래서 나는 그렇게 했다. 이번에는 지난번보다 운이 좋았고, 그리하여 1995년 여름에 마크와 나는 직장 동료가 되었다.

마크는 내가 아는 남자 중 가장 똑똑한 축에 속했다. 그와 나는 약 이 년 사이에 새로 채용된, 모두 젊고 혈기왕성하며 아이디어가 풍부한 대여섯 명의 교직원 무리에 속했다. 우리는 모두 자신의 명석함을 필사적으로 과시하고 서로에게, 그리고 선배들

• 바삭한 페이스트리 껍질 안에 다양한 속 재료를 채운 파이.

과 동료들에게 증명해 보이려 무리하게 노력했다. 번지르르한 지식의 장식물로 눈길을 끌려 애쓰고 다채로운 주장을 화려하게 펼치던 것이, 꼭 둥지 꾸미기로 이름난 바우어새 같았다. 나를 봐! 날 우러러봐줘! 마크는 웅얼웅얼 말하는 버릇이 있었는데, 팔꿈치를 테이블 위에 받치고 턱을 괸 채 자기 손바닥에 대고 우물대며 말했다. 처음에는 그의 그런 버릇이 짜증스러웠다. 그래도 그가 하는 말은 늘 진지했으며 제대로 된 정보를 바탕으로 삼아 연결점을 명석하게 찾아내서 사안의 핵심을 꿰뚫었다. 우리는 젊었고 야망이 넘쳤고 실험적이었다. 또한 미숙함에서 나오는 열성과 자신감으로 충전되어 무모하고도 당당했다. 새로운 토론 그룹을 결성하고, 예술가들이나 연기자들과 협업하는 새로운 출판 방식을 실험했다. 우리는 열정적으로 온갖 아이디어를 논의했으며, 난해한 프랑스 철학자들의 책에 코를 박고 읽었다. 웨스트웨일스에 걸쭉한 어둠이 내리면 서로의 거실 혹은 학교 앞 선술집이나 카페에서 모였다. 그 집 이름이 뭐였더라? '소시지 가든'이 떠오르긴 하는데, 그런 이름은 분명 아니었다. 일요일이면 이따금 언덕을 산책하거나, 차를 몰고 사십오 분을 달려 카마던이나 에버리스트위스에 가서 함께 영화나 연극을 봤다. 한번은 10월의 어두운 저녁에 다 같이 깊은 숲속에 들어가 실험극을 보았다. 우리 과의 상주 배우가 참여하는 극이었는데—우리 과는 상주 예술가를 두는 그런 학과였다—웨일스어로 말하는 극단 단원들이 나무들과 그 사이에 설치해둔 비계에서 그네를 타듯 움직였다. 난해한 연극이었다.

목요일 밤은 연구 세미나의 밤이었다. 다섯시에 초대 강연자의 강연이 있고 원탁 토론이 이어졌으며, 그런 다음 다 함께 선술집으로 몰려가 저녁으로 감자튀김과 맥주를 먹으며 계속 이야기를 나눴다. 내가 램피터에서 일하기 시작한 지 일 년쯤 지난 어느 목요일 저녁, 우리 여남은 명은 작은 테이블 두 개를 서로 당겨 붙이고 그 주위에 다닥다닥 붙어 앉아 있었다. 테이블 위는 반쯤 마신 맥주잔들과 다 함께 게걸스레 먹고 있던 감자칩 봉지들로 어지러웠다. 나는 문에서 가장 가까운 위치에 앉아 있었다. 마크는 무리 중 문과 가장 먼 자리의 스툴에 앉아 담배를 말고 있었다. 그 시절에는 우리 과 사람 중 절반 정도가 궐련을 피웠다. 나는 그때까지 담배를 피운 적이 없었고, 흡연 습관을 새로 들이기에는 너무 모범생 과였다. 그날 그 술집에서 마크는 평소처럼 블랙진에 회색 스웨터를 입고 다리를 꼬고 앉아 있었다. 담배에 라이터를 가져다대자 그 불빛에 그의 얼굴이 희미하게 밝아졌고, 그 따뜻한 불빛은 그의 턱을 어루만지면서 누군가가 가리키는 뭔가를 바라보는 그의 갈색 눈동자에 닿았다가 반사됐다. 순간 가슴이 덜컹하면서 그의 볼을 만지고 싶다는 강한 욕망을 느꼈다. 비틀한 그 한순간에 나는 내가 푹 빠져버렸음을 알았다.

일을 할 때 마크와 나는 동지이자 공모자였다. 그는 상대가 하는 말을, 특히 그 얘기에 이론적이거나 비판적이거나 철학적인 주장이 담긴 경우 매우 유심히 듣는—설레게 하는 동시에 불안하게 하는—버릇이 있었으며, 그렇게 듣고는 잠시 말없이 숙고한 다음 질문하거나 의견을 내놓았다. 이때 그의 말을 들어보면 그가 이미 상대가 한 주장의 핵심을 꿰뚫어보았고, 약점을 살펴보고 독창성을 평가했으며 이제 그 논의를 더 길게 이어가고 싶어 한다는 걸 알 수 있었다. 그는 대강당에서 하는 거창한 연설이나 과시적 웅변에는 별 관심이 없었고, 오히려 소규모 그룹 토론에서 뛰어났다. 내 생각에 마크가 훌륭한 선생님, 특히 똑똑한 대학원생들에게 그토록 훌륭한 선생님이었던 것은 바로 이런 점 때문인 것 같다. 마크와 대화를 나누는 건 긴장을 풀 수 있는 일은 아니었지만 그럼에도 나는 그와 이야기 나누기를 갈망했다. 그건 체스를 하는 것과 비슷한 느낌이었다. 나는 그가 내게 호감을 갖고 있다는 걸 알고 있었다. 이따금 그는 내 연구나 내가 한 발언을 인정하는 말을 건넸다. 나는 내 무지의 영역이 얼마나 많고도 광범위한지, 혹은 내 뇌의 바퀴들이 그에 비해 얼마나 천천히 돌아가는지 그가 눈치채면 어쩌나 전전긍긍했다.

마크가 학문적 열정을 품은 대상은 유럽에서 중석기가 신석기로 넘어가는 변천 과정이었다. 그러니까 농사의 도입, 정착집단의 증가와 새로운 기술의 등장, 농사나 거석 기념물 건설을 위한 토지 개간 등 자연경관에 일어난 대규모 변화에 그는 관심이 있었다. 내가 중석기의 어떤 면이 그렇게 매력적이냐고 물었을 때 그는 곧바로 이렇게 대답했다. "숲이지. 유럽이 나무로 뒤덮여 있었다고 생각하면 정말 기분이 좋아. 지금은 바싹 메마르고 관목뿐인 벌거숭이 지중해 지역이 숲으로 뒤덮이고 하천이 사방을 누비며 흐르던 시절에는 어떤 모습이었을지, 어떤 새들의 노래가 들리고 어떤 동물들이 있었을지 상상이 돼?"

고고학에 대한 마크의 접근 방식은 더할 나위 없이 합리적인 동시에 한껏 낭만적이기도 했다. 생각해보면 만사에 대한 그의 접근법이 거의 다 그런 식이었다.

마크는 생각하기와 글쓰기를 사랑했는데, 그가 초반에 얼마간 저널리스트로 활동하게 하고 이어서 학문의 세계에 발을 들이게 한 것이 바로 그 사랑의 힘이었다. 하지만 그는 대학 내 정치에도 능했다. 위원회 회의 때 지켜보고 있으면, 그는 항상 학계의 규칙이라는 가시덤불을 뚫고 중요한 게 무엇인지 곧바로 파악한 다음 명료한 방법을 찾아내는 것처럼 보였다. 나는 마크를 존경했다. 그처럼 되고 싶었다. 나도 마크와 마찬가지로 확신과 조용한 자신감으로 처신하고 싶었다. 그와 달리 나는 남들의 기분을 상하게 할까봐, 멍청하게 보일까봐, 내가 모르거나 이해하지 못한다는 사실이 탄로날까봐 늘 두려워했다. 나는 젊고 경험이 부족한 여자였지만 그에게는 경험에 따라오는 자신감, 자연스레 권위를 실어주는 성별, 인종, 나이, 교육의 속성을 갖추고 있을 때 더해지는 자신감이 있었다.

이 이야기가 내 눈에 들어온 것이 마크의 정신뿐이었다는 인상을 준다면 그건 틀린 얘기다. 마크는 잘생겼다. 우리 친구 알렉스는 커피를 마시며 우리에게 재미있는 게임을 가르쳐주었다. 우리 대학생활을 영화로 만든다면 어느 배우가 우리 배역을 맡을지 짐작하는 놀이였다. 알렉스 자신은 〈해리 포터〉 영화에서 위즐리 씨를 연기한 배우 마크 윌리엄스가 연기해야 한다고 했다. 다른 동료들을 연기할 배우로는 시고니 위버도 있었고 마이클 더

글러스도 나왔는데, 마크는 젊은 시절의 로버트 린지가 연기해야 한다는 게 만장일치로 나온 결론이었다. 햇빛에 그을린 피부와 갈색 머리카락, 짙은 속눈썹까지 전반적인 갈색의 조화가 똑같았다. 마크의 짙은 눈썹은 늘 뭔가를 질문하는 것 같았고, 코와 턱은 크지만 반듯했다. 이목구비가 뚜렷한 얼굴은 나이가 들면 턱살이 힘없이 늘어지기보다 굵직한 주름이 생길 것 같았다. 몸은 운동을 많이 하는 사람처럼 근육질이었다. 겉보기엔 스포츠맨처럼 보였지만 그는 한 번도 헬스장에 간 적이 없었고—그 시절 램피터에 헬스장이 있었는지도 모르겠지만—달리기도 하지 않았다. 이따금 자전거를 탔고, 주말에 간혹 산책을 하는 게 다였다. 하지만 우리와 마찬가지로 마크는 해마다 여름 몇 달 동안은 고된 고고학 현장 작업을 하며 보냈다. 당시 마크의 프로젝트는 시칠리아와 알바니아에서 진행되었다. 지중해의 태양 아래서 곡괭이를 휘두르며 땅을 파고 외바퀴손수레를 밀고 다닌 시간이 그의 근골격계를 튼튼하게 유지하기에 충분했던 모양이다. 옷은 편하게 입었는데, 바지는 항상 블랙진이었다. 여름에는 단색 티셔츠 한 장에 크림색 리넨 재킷을 입었고, 겨울에는 갖고 있는 스웨터 세 벌을 돌려 입었다. 나중에 알게 되었지만 그 스웨터 중 하나는 예전 여자친구가 떠준 것이었고, 또하나는 헤브리디스제도의 해변에 밀려온 것을 주워다 입은 것이었다. 옷을 사는 일이 거의 없었던 마크는 자기한테 잘 맞는 유니폼을 찾으면 남은 평생 그 옷을 계속 입었으며, 거기에 생일이나 크리스마스에 선물로 받은 옷들로 보충했다. 2002년에 레스터에서 일자리를 구했을 때, 그는 새로운 방식을 시도하기로 결심하고 1월 세일 시기에 정장 두 벌을 샀다. 이 두 벌은 거의 손도 대지 않은 채 옷장에 걸려 있었다. 그가 세상을 떠난 뒤 나는 그 옷들을 에이지 유케이 자선상점에 기부했는데, 아마도 '거의 새 옷'으로 분류되었을 것이다.

  1998년 여름에 마크와 나는 우리 친구이자 동료인 야니스와 함께 콘퍼런스를 꾸렸다. 주제는 인체를 이해하기 위한 고고학의 여러 접근법이었다. 우리는 콘퍼런스의 제목을 '몸을 통해 생각하기'라고 붙였다. 콘퍼런스와 더불어 같은 주제를 다룬 지역 예술가들의 전시회도 동시에 열면 재미있겠다는 아이디어가 나왔다. 몇 년째 램피터에 거주하면서 인근 여러 마을에서 각종 인맥을 닦아놓은 박사과정 학생 루시가 지역 예술가 몇 사람을 우리에게 소개해주었다. 학생 두 명도 작품을 출품했다. 현대언어학을 공부하는 한 동료의 사진가 남편이 인체를 담은 자신의 작품을 보여주고 싶어했는데, 당시 그 사진들은 스완지의 한 전시장에서 전시중이었다. 이는 곧 우리 중 누군가가 스완지까지 차를 몰고 가서 그 사진들을 전시회가 열릴 대학 건물로 옮겨와야 한다는 의미였다. 게다가 그 사진들은 가볍기는 하지만 사람 키만큼 높은 삼면 기둥 여러 개에 설치되어 있었다. 난감한 점은 그 사진들 다수에 다양한 발기 상태의 페니스가 담겨 있다는 사실이었다. 법률에 따라 우리는 전시장에 입장할 관람객에게 그들이 곧 무엇을 보게 될지 반드시 미리 경고해야만 했다. 사진을 별도의 전시실에 두고 출입문에 안내문을 부착하면 전시회 문제는 해결할 수 있겠지만, 사진이 부착된 기둥들을 옮길 때는 방심하고 있을 스완지

주민들이나 A48 도로에서 우리 차 옆을 지나갈 다른 차에 탄 사람들에게 충격과 놀라움을 주지 않도록 조심해야 할 터였다. 차로 램피터에서 스완지까지 가고, 다시 램피터로 돌아오는 길은 아주 긴 여정이었다. 사실 한 사람이 가도 혼자서 충분히 그 기둥들을 가져올 수 있었겠지만, 마크와 나는 내가 '도울' 수 있을 거라며 함께 가기로 했다. 우리 둘 다 같이 시간을 보낼 핑계가 생겨 기뻐했던 것 같다. 그리고 스완지의 경사 가파른 샛길을 따라, 사진을 덮은 담요가 흘러내리지 않게 애쓰면서 거대한 성기 사진들을 나른다는 우스꽝스러운 상황도 그날 오후를 재미있는 시간으로 만들어주었다. 우리가 처한 어이없는 상황은 둘 사이의 설레는 분위기를 더욱 부추겼다. 하지만 당시 우리는 둘 다 다른 사람과 사귀고 있었으므로, 들뜬 마음으로 은근슬쩍 서로를 살피기는 했어도 특별한 일은 전혀 일어나지 않았다. 그때까지는.

　우리가 서로를 유혹하는 방식은 지적이고도 피곤했다. 우리는 정치나 이론이나 철학에 관해 수차례 긴 토론을 벌이면서 둘 다 자신이 얼마나 명민하고 똑똑하고 재기발랄한지 과시하려 애썼다. 모두의 눈에 우리 둘 다 꼴불견이었을 것이다. 마크는 타고나기를 지적인 사람이었지만, 나에게 그런 토론은 애써 노력해야 하는 힘든 일이었다. 그런 대화가 창피한 꼴을 자초하지 않고 마무리되는 것만으로도 나에게는 대단한 일을 해낸 것처럼 느껴졌다. 나는 그와 함께 있는 것이 정말 좋았다. 그는 내가 예리한 정신 상태를 유지하게 해주었고, 이전이든 이후든 그 어느 때보다 나 자신을 지적으로 더 강하게 밀어붙이도록 만들었다. 그 시기에 내가 이뤄낸 작업들을 돌아보면, 그때야말로 내 경력의 전성기였다. 그럼에도 우리의 대화가 끝나고 헤어져 각자의 길로 갈 때면, 발이 까져 아픈 걸 간신히 참고 걷다가 마침내 하이힐을 벗어 던졌을 때 같은 안도감이 찾아왔다.

그렇지만 그 게임을 잘해낼 때 얻는 보상은 중독적이었다. 마크의 인정은 쉽게 얻을 수 있는 게 아니었다. 그는 자기 판단에 빈약해 보이는 주장은 아무렇지 않게 묵살할 수 있는 사람이었다. 하지만 그가 내 옷이나 성격이나 취향이나 다른 그 어떤 것이 아니라 오직 내 정신적 특성에 대해서만 이따금 던지는 칭찬은 캐러멜을 입힌 견과류만큼이나 달콤해서, 몇 번이고 더 듣고 싶었다. 그가 사유하고 글쓰는 사람들이라는 뜻으로 '우리 같은 사람들'이라고 말하면 나는 그와 한 묶음이 되었다는 기쁨에 젖어들었다. 나는 너무나도 마크 같은 사람이 되고 싶었다.

상황이 더 결정적으로 돌아선 건 몇 달이 더 지난 후였다. 친구 두 명이 삼나무널을 입혀 지은 작고 특이한 집을 한 채 세냈다. 벽돌이나 경량 콘크리트 블록으로 지은 상자 같은 건물에 외벽은 부순 자갈을 붙여 마감했고, 지붕 물받이에서 흘러내린 빗물과 파이프에서 흘러내린 녹으로 갈색이나 녹색 줄무늬가 난, 이 마을의 전형적인 건축 스타일과는 꽤 거리가 먼 집이었다. '세드린'이라는 이름의 그 집은 마을 안에서도 좀 생뚱맞아 보였다. 오즈로 가던 도중에 램피터의 건축 스타일이라는 못된 마녀를 깔아뭉갠 집 같다고나 할까.

여름에서 가을로 막 접어들던 어느 따뜻한 저녁에 친구들의 집들이 파티가 열렸다. 마크가 도착했을 때 나는 이미 그 집에 와 있었다. 나는 초조하고 불안한 기분이었고 그런 마음을 진정시키려고 애꿎은 레드와인만 들이켰다. 물론 그가 들어서던 순간에 나는 바로 알아차렸지만, 다른 사람들과 나누는 대화에 정신이 팔린 척했다. 마크 역시 모른 척하며 다른 무리의 대화에 끼어들었다. 우리는 저녁 내내 거의 말을 주고받지 않았고, 그는 맥주를 계속해서 몇 캔이나 비웠다. 나는 학교에 차를 두고 온 터였다. 내가 살던 집은 램피터 시내에서 몇 킬로미터 떨어진 애버레이론 거리에 있었다. 세드린에서 뒷골목을 따라가면 오래된 팰컨데일호텔을 지나 조림지를 통과해 큰길로 나갈 수 있고, 거기서부터 도로 가장자리를 따라 800미터 정도만 조심스레 걸어가면 고립된 길가에 있는 집에 도착할 수 있었다. 나는 자정 무렵에 돌아가려고 일어났다. 마크와 거의 말을 나누지 못한 것이 못내 실망스러웠지만 한편으로 안도감도 들었다. 밤은 청명했고, 달은 보름을 지나 살짝 이지러져 있었다. 불이 없는 이 시골길에서도 집으로 돌아가는 길을 찾기에 충분히 밝았다. 따뜻하고 상쾌했으며, 평소 늘 바람이 센 웨일스로서는 이례적으로 대기도 차분했다.

앞문에서 막 작별인사를 건네는데 마크가 집주인 뒤로 다가왔다.

"사실 나도 가는 게 좋을 거 같아." 그리고 나를 보며 "내가 학교까지 바래다줄게"라고 말했다.

길로 나섰을 때 나는 시내와 대학이 있는 오른쪽이 아니라 우리집이 있는 왼쪽으로 방향을 잡았다.

"난 학교로 돌아가는 거 아니야. 집까지 걸어갈 거야."

"그럼 큰길까지 같이 갈게."

"차 타고 집으로 가는 거 아니었어?"

"그러기엔 맥주를 너무 많이 마셨어. 나중에 학교 주차장까지 걸어가서 차에서 자려고."

만월에 가까운 달 아래서 말없이 나란히 걷는데 어느 순간 우리의 팔이 서로 스쳤다. 그러자 그가 내 손을 잡았다. 둘 다 아무 말도 하지 않았지만 나는 미소를 지었다.

지나는 차는 한 대도 없었다. 차가 지나다닐 만한 길이 아니었다. 몇 안 되는 단층집들은 다 지나왔고 팰컨데일호텔도 지나 조림지 안으로 접어들고 있었다. 거기서부터는 큰길까지 오르막길이 이어졌다.

"지난 몇 주 동안……" 마크가 말을 시작했다가 말꼬리를 흐렸다. "그러니까 내 말은……"

그가 숨을 깊이 들이쉬더니 다시 말을 시작했다. "아무래도 당신이 내 인연인 거 같아. 아주 큰 인연. 요즘 내내 당신 생각만 해. 잠도 못 잔다고."

그는 말을 멈추고 내 쪽으로 돌아섰다.

"지금 당신이 내게 입을 맞춘다면 나는 기절해서 도랑에 빠져버릴 거야."

벅차고 경이롭고 흥분되면서도 무시무시한 일이었다. 길 끝에 도착해서 마크가 자기 차가 있는 곳으로 가려고 돌아서기 전 나는 그 말을 시험해보았다. 마크는 기절하지 않았다. 생각해보면 거기에 도랑이 있기나 했는지도 모르겠다. 집에 돌아갔을 때 나는 너무 흥분한 나머지 잠을 잘 수가 없었다. 밤새 차를 마시고 형편없는 시를 쓰며 깨어 있었다.

마크는 여간해서는 함께하기 쉬운 사람이 아니며, 사랑에 빠진 초기의 그 어질어질하던 시절에도 그랬다. 존 베일리는 자기 아내 아이리스 머독은 좋은 사람인 반면, "나는 내면이 그리 선한 사람은 아니지만 그래도 상냥하게 행동함으로써 그럭저럭 문제없이 지낼 수 있다"라고 말했다. 마크는 그 반대였다. 정의에 대한 감각이 예리한, 본질적으로 선한 사람이었지만 항상 상냥한 사람은 아니었다. 그는 한가로운 잡담을 못 견뎠고, 의견 차이를 덮고 가려고 우리가 일상적으로 동의하는 작은 타협들을 불편해했다. 그는 거칠고 오만해지기도 했고, 논쟁적이고 대립적인 스타일 때문에 내 친구들을 소외시킨 적도 있었다. 하지만 그러면서도 내가 만난 사람들 가운데 자기중심적인 면과 허영심이 별로 없는 편이었다. 그는 여러 상황, 특히 정치적 상황에 대해서는 자주 화를 냈지만, 개인적으로 무시를 당했다고 화를 낸 일은 한 번도 없었고 사실 무시당했다는 사실도 거의 알아차리지 못했다. 그는 직장의 아랫사람, 어린아이와 연로한 사람 들 모두에게 한결같이 친절하고 참을성 있게 대했다. 판매원이나 텔레마케터, 서비스업 직원 등 자기보다 힘없는 모든 사람에게 예의바르게 행동했고, 그들을 자본주의 시스템에서 착취당하는 상처 입기 쉬운 피해자라고 보았다. 그는 아주 사적인 사람이며 특정 정보를 알려주지 않기로 마음먹는 일은 많았지만, 거짓말은 결코 하지 않았고 전적으로 솔직했다. 그의 정직함은 절대적이었고 그것으로 충분했다. 생각해보면 그가 나를 사랑한다고 말한 그날 이후 다시는 그 말을 반복할 필요를 느끼지 않았던 것은 바로 그 때문인 것 같다. 마크는 이미 그 말을 했다. 실제로 내가 자기 인생의 사랑이라고 말했고, 그후로는 사랑한다는 말을 다시는 하지 않았으나 그건 그에게 진실한 사실로 남아 있었다. 마지막에 나의 애정이 흔들릴 때도, 내가 퉁명스럽고 가혹해져 누군가 나를 사랑할 수 있는 사람이 있을 거라고는 생각조차 하기 어려웠을 때도. 마크가 세상을 떠난 뒤, 나는 그가 유언장에 자선단체들과 가족과 친척들에게 몇 가지 유산을 남긴 뒤 나머지 재산은 모두 "내 인생의 사랑" 세라에게 돌아가야 한다고 써두었음을 알게 되었다. 마크가 아직 살아 있었을 때 내게 그 말을 해주지 않았다는 것이 못내 서글프다.

5

다시
메우기

발굴 현장에는 언제나 건강과 안전에 관한 규정이 있는데, 때때로 소스라칠 만한 일이 벌어지곤 했던 삼십 년 전보다는 확실히 지금이 그런 규정이 더 많다. 1980~1990년대에 활발히 활동한 현장 고고학자들이 대부분 아직도 사지가 다 멀쩡히 붙어 있다는 게 놀라울 정도다. 곡괭이를 휘두르다가 자기 발을 찍을 수도 있었고 무슨 슬랩스틱 코미디처럼 지나가던 동료를 측량용 봉으로 후려칠 수도 있었으며, 각 작업 현장의 특성에 따라 다양하게 변주된 '광대와 사다리' 코미디 같은 상황을 연출할 수도 있었다. 그러나 무엇보다 큰 위험은 발굴자나 지나가던 사람이나 동물이 파놓은 구덩이에 빠질 수 있다는 점, 심지어 구덩이를 파서 쌓아둔 흙더미가 빠진 사람 위로 덮칠 수도 있다는 점이었다. 1990년대 초 일리에 있는 발굴 현장에서 일했을 때가 기억난다.

그때는 매일 아침 가장 먼저 한 일이, 파놓은 구덩이들을 둘러보며 혹시 밤새 구덩이에 빠진 고슴도치가 있으면 구조하는 것이었다. 고슴도치의 괜한 고생을 방지하고 더 심각한 문제들도 예방하기 위해, 우리는 발굴과 기록이 완료된 구덩이는 곧바로 다시 메웠다. 다시 메우기는 구덩이를 메우고, 흙을 다지고, 파냈던 풀을 다시 심고, 둔덕이나 구멍이 없는 땅으로 되돌려 발굴지가 발굴을 시작하기 전 모습으로 보이도록 만드는 과정이다. 중요한 건 한때 발굴 현장이었던 곳에 가볼 때마다, 고층 주차 건물이나 환상도로를 건설하느라 그 땅이 완전히 사라진 경우를 제외하면 언제나 땅을 파헤친 곳이 어딘지 알아볼 수 있다는 점이다. 다시 메운다고 발굴 이전의 현장 모습이 완전히 복원되는 일은 없다. 마크가 아프기 전으로 내 인생을 다시 메우는 일에서도 부분적인 성공밖에 거두지 못했다. 이제는 그전의 멀쩡하던 풍경이 어땠는지를 내가 온전히 기억하고 있는지도 확신할 수 없다.

막내 그레그가 세 살인가 네 살이었던 어느 아침, 차를 몰고 출근하던 도중에 감리교회 앞을 지나다가 아장아장 걷는 아기들과 엄마들이 놀이 모임에 참석하러 속속 도착하는 모습을 본 기억이 난다. 나는 교회 홀 안에서 플라스틱 의자에 앉아 차를 마시며 잡담을 나누는 게 어떤 기분일지 생각해보았다. 그런 다음 어슬렁어슬렁 집으로 돌아가 수프와 빵으로 점심을 먹고 나서 공원에 가서 오리들에게 먹이를 줄 수도 있겠지. 정말 멋진 일일 것 같았다. 그 무렵 우리는 레스터대학의 새 일터로 옮긴 터였다. 내 일은 학생들을 가르치며 연구하는 것이었고, 마크는 고고학 원격 교육 프로그램을 관리하는 동시에 연구 경력도 이어갔다. 우리는 멜턴 모브레이에 있는 편안한 집에 살면서 둘 다 전일제로 일했고, 남는 틈새시간은 모두 세 아이를 돌보고 장을 보고 집안일을 하고 생활을 위해 해야만 하는 그렇고 그런 일들을 처리하는 것으로 채웠다.

나는 내 일을 사랑했고 지금도 여전히 사랑한다. 내가 좋아하는 일을 하면서 생계를 유지할 수 있다는 게 행운이라는 건 알고 있었다. 하지만 일이 우리 삶의 나머지 부분을 질식시키고 있었다. 하루 중 어느 정도를 아이들과 함께 느긋하게 보낼 수 있고 집안일도 밀린 것 없이 잘 처리하며 내가 좋아하는 다른 일까지 할 수 있다면 얼마나 좋을까 하는 생각이 들었다. 같은 일을 하면서도 업무량을 조금만 줄일 수는 없을까? 이어진 며칠 동안 나는 다른 양육 방식과 다른 생활 방식의 가능성을 엿본 것 같은 감질나는 느낌을 떨칠 수 없었다. 램피터에서 첫 일터를 구한 뒤로 나는 줄곧 전일제로 일했고, 꽤 힘든 교수 역할은 주말이나 저녁까지 이어지는 경우도 잦았다. 출산휴가는 유급으로 처리되는 기간까지만 냈고, 매번 아이를 낳고 두어 달 후에는 학교로 복귀했다. 나는 아이들을 어린이집에 보낸 일에 죄책감을 느끼지 않으며, 자녀가 있는 여자들에게 늘 자신의 선택을 변호해야만 한다고 느끼게 만드는 세상도 정말 싫어한다. 집에 있으면서 종일 엄마 역할만 하는 건 나에게 맞지 않지만, 집에는 거의 못 있으면서 종일 일만 하는 직업인의 생활 역시 이상적이지 않은 건 마찬가지다.

내가 계속 전일제로 일했던 이유는, 우리 학교에서 내가 아는 사람 중에 시간제 계약직으로 옮겨간 여성은 한 명밖에 없었고 그 때문에 그 사람의 경력이 멈춰버렸다는 걸 알고 있었기 때문이다. 시간제 근무 형태가 있다는 것도 대부분 몰랐고, 채용계약서에도 업무시간이 특정되지 않았던 당시의 학계 분위기상 내가 시간제로 바꾼다고 한들 어차피 거의 종일 일하면서 봉급만 줄어들 게 불 보듯 뻔했다. 정해진 형태도 없고 경계선도 없는 흐물흐물한 덩어리 같은 직업을 반으로 자르면 어떤 모습이 될까?

게다가 만약 내가 경력에 부여하는 중요성을 줄인다면, 그 행동이 우리 관계에서 어떤 의미를 갖게 될지도 걱정스러웠다. 마크는 자기 배우자가 성공적인 직업인이라는 점을 아주 흡족해했다. 때로 그는 '포기한' 여자들을 탐탁지 않게 여겼다. 나는 마크가 찬사를 보낼 만한 유형의 여자가 되는 일에 상당한 노력을 기울였는데, 그게 내 직업적 삶을 추진하는 유일한 요인은 아니었지만 중요한 요인이기는 했다. 우리가 더 전통적인 성별 역할을 채택한 후에도 우리의 동반자 관계가 멀쩡히 유지될까?

하지만 그날 아침에는 아직 어린 내 아이들을 평일 아침에 놀이 모임에 데려다줄 수 있는 여유로운 삶이 간절할 만큼 이상적인 삶으로, 전적으로 합리적인 기대치로 보였다. 나는 어쩌다 그런 업무 패턴이 불가능해 보이는 직업과 삶의 방식을 갖게 된 걸까? 곰곰 생각하니 속이 부글부글 끓어올랐다. 나도 그런 생활을 꾸려갈 수 있을까?

나는 마크에게 내가 아이들과 보낼 시간을 더 갖고 녹초가 되었다는 느낌도 덜하도록, 일하는 시간을 줄이는 일에 대해 어떻게 생각하느냐고 물었다. 그의 반응은 내가 예상한 대로였다. 그게 될 리 없다는 것이었다. 학자라는 건 당신 존재의 본질이지 그저 당신이 하는 일이 아니라고. 그건 수량화할 수 없는 일이라고. 그 일을 60퍼센트만 한다는 게 대체 어떻게 가능한 거냐면서. 그렇게 한다면 당신을 착취하라고 내맡기는 거나 다름없다고도 했다. 하지만 며칠 뒤 그는 다른 제안을 가져왔다. 우리 둘 다 이 년쯤 미친듯이 일하며 검소하게 생활하고 가능한 한 많은 돈을 저축한 다음 학계의 삶에서 완전히 벗어나 다른 삶을 살면 어떨까? 내가 조금만 더 버텨낼 수 있다면, 훨씬 더 좋은 상황이 가능해질지도 모른다는 얘기였다. 너무나 기대되는 계획이었다. 영국의 대학에서 일한다는 것은 스트레스가 심하고 많은 요구를 충족해야 하는 일이었다. 나는 여전히 학생들을 가르치는 일과 내가 주도하는 연구를 사랑했지만, 그런 나의 핵심 활동 영역에서 자유는 갈수록 줄어들었고 업무 처리 표준의 압제는 나를 점점 더 굴복시켰다. 그러니 마크와 내가 스스로 결정을 내리고 우리만의 우선순위를 정하며 일할 수 있는 삶이 얼마나 매력적으로 보였겠는가. 나의 한 부분은 그보다는 빠른 변화를 원했다. 마음 깊숙한 곳에서는 업무시간을 줄이려 한층 더 신경을 쓰는 일은 대학에서 보내는 시간을 얼마간이나마 되찾아오기 위한 것이니 대가를 치를 가치가 있다는 생각도 들었다. 그렇지만 마크를 실망시킬 게 뻔한, 주부의 역할만 묵묵히 열심히 하는 아내가 됨으로써 그의 존경을 잃는 위험을 감수하고 싶지는 않았다.

우리 계획에 형태가 갖춰지기 시작했다. 2011년에 레스터대학은 자진 명예퇴직 신청을 받겠다고 발표했다. 마크가 학교를 그만두기 적합한 시기 같았고, 그래서 그는 신청서를 제출하고 그해 말에 대학을 떠났다. 우리는 그전 이 년 동안 우리가 살 만한 장소들을 물색하면서, 괜찮은 학교가 있고 부동산이 비싸지 않으며 앞으로 우리가 어떤 활동으로 소득을 창출하든 그 시장과 그럭저럭 가까워야 한다는 세 가지 조건에 부합하는 매력적인 장소를 찾아 헤매며 저녁시간을 보낸 터였다. 마크는 우리가 링컨셔로 이사한다면 그 기준을 모두 만족시키는 곳을 찾을 수 있을 거라고 했다. 그래서 우리는 링컨셔에 속한 지역으로 후보지를 추렸다. 거기 아이들이 할 만한 활동이 있을까? 여기서 우리가 친구를 사귈 수 있을까? 근처에 풍경이 예쁜 시골이 있을까? 우리가 여기 살 수 있을까? 우리가 대학을 떠나기로 결심한 후 앞날을 계획하며 살 곳을 찾기 위한 여정을 이어가던 그 몇 달이 내 마음속에는 우리 관계의 역사에서 특별히 행복한 시기 중 하나로 남아 있다. 우리는 하루 휴가를 내고 아이들을 학교에 데려다준 뒤 우리 둘 다 전혀 모르는 새로운 장소로 차를 몰고 가서 아이들도 일도, 다른 어떤 압박감도 없이 환상 속의 미래를 쇼핑하며 하루를 보내곤 했다. 돌이켜보면 그때야말로 우리가 낙관을 유지할 수 있던 마지막 시기였지만, 당시에는 끝이 아니라 새로운 시작처럼 느껴졌다. 때때로 마크를 짜증스럽고 괴롭게 만들던 일의 압박은 사라졌고, 우리는 둘 다 건강해서 규칙적으로 달리기도 했으며, 아이들은 행복해했다. 우리가 서로를 위한 시간을 낼 수 있게 되자 우리 관계에서도 스트레스가 줄었다. 나는 애초에 내가 마크에게 끌렸던 이유들을 떠올렸다. 그는 재미있고, 그의 예리한 정신은 기운을 소진하는 법정이 아니라 즐거운 도전거리였다. 그와 함께 어떤 인생을 살지 고르는 것은 무척이나 즐거운 일이었다.

멜턴 모브레이와 시 경계를 맞대고 있는 그랜섬에 갔던 날이 기억난다. 우리는 어느 슈퍼마켓 주차장에 차를 세워두고, 사슬 도서관*도 있고 아이작 뉴턴이 다니던 중등학교가 내려다보이는 놀랍도록 커다랗고 우아한 교구 교회로 갔다. 그때까지 그랜섬에서 내가 경험해본 것은 혼잡하고 매력 없는 일방통행 시스템과 시 외곽의 상점가뿐이었기 때문에, 그곳에 중세 거리와 아름답고 오래된 건물, 잘 가꿔진 공원이 있고 길드홀에 극장도 있다는 걸 알고 아주 기뻤다. 할인점, 전자담뱃가게, 미용실 등 쇼핑 거리 자체는 별로 매력이 없었지만 그랜섬은 충분한 가능성을 지닌 곳으로 보여서, 우리는 길드홀 맞은편에 있는 한 부동산 사무소 앞에 서서 창에 전시된 매물정보를 살펴보고 있었다. 그때 마크가 내 팔을 붙잡았다.

"세라, 나 느낌이 너무 이상해." 마크는 아주 놀란 것 같았고 목소리는 목이 막힌 것처럼 들렸다.

나는 그의 어깨에 손을 얹고 그를 쳐다봤다. "왜 그래? 무슨

---

* 책의 도난을 방지하기 위해 책을 사슬에 묶어 책장에 부착시킨 도서관으로, 중세부터 18세기 무렵까지 흔히 볼 수 있었다.

일인데?"

그는 몇 초 동안 아무 말 없이 정면만 응시했다. 그런 다음 몇 번 눈을 세게 껌뻑이고 고개를 천천히 저었다.

"모르겠어. 느낌이…… 이상해. 정확히 딱 어지럽다거나 기절할 것 같은 건 아닌데, 둘 다인 것 같기도 해. 뭔가 오싹했어. 의식이 날아가는 것 같았는데도 다 멀쩡히 보이긴 했어."

부동산 사무소 바로 옆옆집에 코스타 카페가 있었다. 나는 마크를 그리 데려가 자리를 잡아 앉히고 커피와 케이크를 사서 가져갔다. 내가 테이블에 돌아갔을 즈음 마크의 몸 상태는 정상으로 돌아가 있었지만 그는 방금 일어난 일 때문에 근심스러워했다. 우리는 얼마 안 되는 의학적 지식으로 여러 가능성에 관해 이야기했다. 혹시 가벼운 뇌졸중인 걸까? 심장에 문제가 있는 걸까? 아니면 앉아 쉬면서 레몬드리즐 케이크 한 조각을 먹고 나면 나을 잠깐의 현기증이었을까? 그날 마크가 아침식사를 빼먹은 걸까? 나는 그게 뭐든 그때 일어난 일의 의미를 축소하려고 애썼다. 어쨌든 그는 의식을 잃지도 않았고 아무 손상도 입지 않은 것처럼 보였으니까. 마크는 튼튼했다. 체중도 적당했고 이때는 이미 담배를 끊은 지도 몇 년째였으며 술도 마시지 않았고 규칙적으로 달리기도 했다. 일요일에 15킬로미터를 달린 사람에게 월요일에 뇌졸중이 일어나는 일은 분명 없지 않을까? 직전 건강검진에서 혈압도 정상이었다. 마크는 쉰여덟 살이었다. 그는 심각한 건강 문제가 있을 만한 사람으로는 보이지 않았다. 그리고 이제는 괜찮아졌다. 그래서 우리는 차로 돌아가 그랜섬에서 남동쪽으로 몇 킬로미터 떨어진 본으로 향했다.

보기 좋은 근대 초기의 주택들이 있고 야외 풀장이 딸린 우아한 공원도 있는 본 역시 매력적인 고장이었다. 하지만 본공원에서 주차장으로 걸어갈 때 마크가 갑자기 멈춰 서더니 포장도로와 풀밭 사이에 있는 벽에 손을 짚었다. 아무 말도 하지 않았지만 표정을 보아하니 아까와 같은 일이 또 벌어지고 있다는 걸 알 수 있었다. 나는 벽을 짚지 않은 쪽 손목을 잡고 맥박을 찾았다. 맥박은 규칙적이고 강했다. 아까처럼 이번에도 일 분도 안 가 증세가 사라졌고 그동안 마크는 내내 멀쩡한 의식을 유지했다. 그 상태가 지나가자 그는 곧바로 정상으로 돌아왔다. 그날 마크는 그 '기묘한 발작'을 두 차례 더 겪었는데, 두 번 다 불쾌하지만 짧았고 그로서도 뭐라고 묘사하기 어려웠으며 눈에 띄는 어떤 영향도 남기지 않은 것 같았다.

만약 마크가 걸린 병이 흔한 병이었다면, 그날 이후의 몇 년이 아주 다르게 흘러갔을지도 모른다. 몇 주 후에는 병을 진단받고 치료 계획을 들었을 것이고, 앞으로 어떤 상황이 예상될지 알려주는 책자를 잔뜩 받았을 것이다. 그 병을 앓는 환자를 위한 지원단체도 찾았을 것이고, 전문의가 있고 그 병에 대한 치료 프로토콜이 있는 병원으로 전원되었을 것이다. 그러나 그때부터 우리에게는 사 년 뒤 마크가 세상을 떠날 때까지 계속될 불확실성의 시기가 시작되었다. 일반의는 곧바로 심장 문제일 가능성은 전혀 없다고 판단하고, 마크를 레스터에 있는 신경과로 전원했다. 거기서 앞으로 누차 반복될 각종 테스트, 검사, 추적검사, 논의 과정을 처음으로 치렀다. 뇌졸중의 징후가 있을까? 뇌종양 징후는? 병원에서는 점점 더 해상도가 높고 더 복잡한 스캔검사를 다양하게 제안했다. 이 시기 내내 마크에게는 '사건들'이 점점 더 자주 일어났다. 때로는 하루에 마흔 번 넘게 일어난 적도 있었다. 우리는 점점 그 사건들에 익숙해졌다. 그는 이십사 시간에 걸친 뇌전도검사도 받았다. 뇌전도검사를 하려면 작은 전극들을 머리에 붙여야 했으므로 끝나고 나면 머리카락에 접착제가 남았다. 두피에 붙인 전극들 때문에 마크의 머리는 여러 색이 모인 산토끼꽃처럼 보였다. 뇌전도 결과를 살펴본 뒤 신경과 의사는 마크가 경미한 뇌전증을 앓고 있는 것 같다고 말했다. 뇌전증은 성인기에 발병하는 경우도 드물지 않다. 뇌전증 발작을 통제할 수 있는 약이 있으니 마크의 상태도 호전될 거라고 했다. 발작이 완전히 사라질 때까지 한 일 년 정도는 운전을 그만두어야 한다고 했지만, 그 정도는 감당할 수 있었다. 마크는 뇌전증을 통제하는 약을 먹기 시작했는데, 몇 주 동안 적합한 약물 조합과 용량을 찾기 위해 실험해보며 약을 복용한 뒤 발작이 멈췄다. 마크는 뇌전증학회에 가입했고 운전은 내가 도맡았으며, 한동안은 삶이 다시 정상적으로 돌아갔다.

여섯 달 뒤 마크는 다시 뇌 MRI 검사를 받았다. 발작이 거의 멈추었는데도 뇌의 손상 영역은 더 확대되었고 손상 부위도 좀더 악화된 것처럼 보였다. 발작이 뇌손상을 초래한다기보다 뇌손상이 발작을 초래하는 것처럼 보였는데, 이는 뇌손상을 초래하는 다른 뭔가가 있다는 의미였다. 마크의 담당 전문의는 자가면역

뇌염 때문이 아닌가 하고 추측했고, 그 병과 가장 흔히 연관되는 항체들을 찾으려 혈액검사를 진행했다. 결과가 모두 음성으로 나오자 의사는 자기 동료들에게 마크를 의뢰하기로 했다. 처음에는 레스터에 있는 몇몇 병원으로, 나중에는 더 먼 곳에 있는 노팅엄으로, 이어서 옥스퍼드로 보냈다. 마침내 옥스퍼드에서 마크는 이저벨 마리아 레이트 박사를 만났고, 레이트 박사는 마크의 남은 평생 그의 담당의이자 친구로 남았다.

몇 년 동안 우리는 새로운 인생 계획을 진척시킬 일은 아무것도 하지 않았다. 우리는 일을 했다. 그리고 돈을 모았다. 나는 표지에 나비와 민들레 그림이 있는 공책을 한 권 샀다. 어느 저녁, 우리는 아이들을 베이비시터에게 맡기고 앤오브클리브스라는 식당까지 걸어가 우리의 첫 소규모 전략 회의를 열었다. 나는 공책 한 페이지에 '마크가 할 만한 일'이라는 제목을 쓰고 또 한 페이지에는 '세라가 할 만한 일'이라는 제목을 썼다. 그런 다음 '우리가 살 곳' '우리에게 필요한 돈'의 페이지도 추가했고, '내 인생에서 원하는 것'이라는 좀더 추상적인 주제로도 각자 한 페이지씩 작성했다. 마크가 자기가 할 만한 일로 꼽은 목록은 주로 그의 학술적 기술과 저널리스트로 일했던 경험을 바탕으로 한 것이었다. 그는 교정자가 될 수도 있었고 학술지 편집자나 개인 지도교수가 될 수도 있을 터였다. 상업 카피를 작성하거나 감수하는 일도 할 수 있었다. 하지만 마크는 사업 가능성을 타진해보고 싶은 마음도 컸다. 예컨대 사회적 기업이라거나 평소 관심이 많았던 사업,

그러니까 그 지역에서 지속 가능한 방식으로 식품을 생산하는 일 같은 것 말이다. 폴란드계라서인지, 아니면 그냥 풍미가 깊고 강한 음식을 좋아해서인지는 모르겠지만, 마크는 늘 염지육에 유달리 관심이 많았다. 목록 맨 밑에는 이렇게 썼다. 살라미?

유기농 육류를 구하고 각종 허브와 향신료로 실험하고 건조 기간을 연구하는 복잡한 일 전부를 그는 아주 좋아했다. 마크는 친구들과 이웃들, 동료들에게서 주문을 받아 소규모로 살라미를 만드는 일을 시작했다. 장비와 재료를 주문하고, 지역에서 유기농으로 희귀품종 돼지를 키우는 한 부부를 찾아가 고기를 사 왔고 그들과 친구 사이가 되었다. 그는 여러 레시피를 조합해 새로운 레시피를 만들었다. 내가 집에 돌아와보면 간 고기를 채운 미끌미끌한 내장이 부엌에 가득 널려 있는 날도 많았다. 이제 그것들을 매달아 말리기만 하면 될 터였다.

문제는 우리집에 소시지를 말리기에 적합한 장소도 없을뿐더러 말리려면 이삼 주나 걸린다는 점이었다. 우리집 차고는 집 건물 자체에 포함되어 있었다. 마크가 차고 천장에 건조용 선반을 설치하고 중고 냉장고를 사서 그 안에 재료를 보관하기는 했지만(이 때문에 레이철이 우유를 가지러 차고에 갔다가 냉장고 안에서 돼지머리 반쪽을 발견하는 『파리 대왕』의 한 장면 같은 일이 연출됐다), 말라가는 돼지고기는 집안 전체를 들쩍지근하고 고약하고 신물나는 냄새로 가득 채웠다. 아이들과 나는 새로 만든 살라미를 걸어서 말리기 시작하고 처음 며칠 동안은 그 냄새 때문에 치미는 구역질을 참아야 했다. 마크는 우리만큼 그 악취를 잘 감지하거나 꺼리는 것 같지 않았다. 돌아보면 이때 우리가 걱정해야 했던 건 바로 이 점이었다.

마크는 식도락가였다. 어린 시절의 추억을 이야기하거나 몇 달씩 자전거를 타고 다니고 야영하면서 유럽을 돌았던 여행 이야기를 들려줄 때면, 만났던 사람이나 지나갔던 마을의 이름은 가물가물하다고 하면서도 어느 장소에서든 자기가 먹었던 음식은 정확히 기억해내곤 했다. 포르투갈의 어느 마을에서 먹은 청어구이나 이탈리아 북부에서 먹은 오지그릇에 끓인 산토끼 스튜 같은 식으로 말이다. 마크는 아홉 살인가 열 살 때 자기 삼촌이 가족 만찬을 위해 만들었던 오리고기 수프도 기억했다. 그는 레시피도 정말 좋아했는데, 복잡하고 어려운 레시피일수록 더 좋아했다. 우리 대가족이 모이는 크리스마스를 위해 고기를 재울 마리네이드와 육수와 소스를 만들며 준비하는 데만 며칠이나 걸리는 복잡한 조리법을 찾아내는 걸 좋아했다. 각각의 재료를 장만하는 과정도 까다롭고, 종이 한 장에 다 적을 수 없을 만큼 많은 재료가 들어가는 레시피 말이다.

웨일스에 살던 시절 처음으로 함께 여행을 떠났을 때, 우리는 딘숲에 있는 작은 숲속 정원이 딸린 집에서 이틀을 보냈다. 그 집에는 아래층에 거실과 주방이 있고 위층에 침실과 욕실이 있었다. 꼭 『헨젤과 그레텔』에 나올 것만 같은, 나무에 가려 밖에서는 안이 거의 보이지 않으며 소파에 앉아 차를 마시면서 사슴을 내다볼 수 있는 그런 집이었다. 거기로 가는 길에 우리는 몬머스에 있는 웨이트로즈 슈퍼마켓에 들러 요리 재료와 군것질거리를 샀다. 커피콩을 촉촉한 계절풍에 일정 기간 노출하여 만드는 몬순 말라바르 커피도 샀다. 그때까지는 한 번도 마셔본 적 없던 커피지만, 이후 지금까지도 제일 좋아하는 커피로 남아 있다. 마크는 그날 밤 스페인식 오징어 스튜를 만들어주겠노라고 했는데, 이 역시 나는 처음 먹어보는 음식이었다. 그때 우리 관계는 서로 자신의 모든 특징을 선보이며 공작 꼬리를 펼쳐 보이고 날개를 부풀려 보이던 단계였으므로, 그가 요리 실력을 과시하려는 건가 싶었다. 오징어 스튜는 단순했다. 양파, 마늘, 쿠민, 레드와인, 토마토, 오징어가 재료의 전부였다. 비결은 오징어를 정말 오랫동안 조리하는 것이다. 오징어는 순식간에 조리하거나 아니면 아주 오래오래 조리해야 한다고 마크는 말했다. 그러지 않고 애매하게 조리한 오징어는 콘돔을 씹는 것 같다나. 숲의 낭만 때문인지 새로 시작된 관계의 설렘 때문인지 모르겠지만, 그때 나는 그 오징어 스튜가 내가 먹어본 음식 중 가장 맛있다고 생각했다. 와인과 마늘과 토마토에서 우러난 깊은 풍미에 쿠민의 탄 듯한 진한 맛이 더해지고, 여기에 오징어 먹물의 은은한 쓴맛이 대조를 이뤘다. 정말 맛이 좋았다. 다만 오징어 스튜가 특별한 파티 요리일 거라던 내 생각은 틀렸다. 알고 보니 그건 마크가 주로 만드는 요리 레퍼토리 중 하나였고, 시간이 지나면서 모두가 좋아하고 자주 즐겨 먹는 우리집 가정식 메뉴 중 하나로 자리잡았다. 우리는 두 달에 한 번쯤은 이 오징어 스튜를 먹었다.

    오징어 스튜는 수년 뒤에 마크의 후각과 미각이 사라지기 시작했을 때 탄광 속 카나리아* 같은 역할도 했다. 마크는 예전에 수십 번이나 만들었던 대로 오징어 스튜를 만들었다. 워낙 익숙하고 일상적이어서 레시피도 필요 없는 음식이었건만, 이번에는 뭔가 이상했다.

마크는 "맛이 괜찮으면 좋겠는데" 하고 말을 꺼냈다. "마늘맛이 전혀 안 나는 걸 보니 마늘이 너무 오래된 건가봐. 거의 한 통을 다 넣었는데도 여전히 마늘맛이 안 나네."

한입 먹어보니 입안에서 거의 폭발이 일어나는 것 같았다. 어이없을 정도로 마늘향이 너무 강했다. 마늘을 정말 좋아하는 나조차 도저히 먹지 못할 정도였고, 어린 그레그는 마시멜로를 베어먹었다가 속에 양파절임이 숨어 있음을 알게 된 것처럼 눈을 커다랗게 뜨고 당황스러워했다. 마크만 아무 문제 없다는 듯 평온하게 우물우물 먹었다. 그에게는 마늘맛도 마늘 냄새도 느껴지지 않았다.

냄새를 느끼는 감각이 없는 것을 후각상실증이라 한다. 냄새는 맛과 너무나 밀접하게 연관되기 때문에 후각을 상실하는 것은 사실상 맛에 대한 감각과 섬세함을 거의 다 잃는 셈이다. 60세가 넘어가면 대부분 맛과 냄새에 대한 감각이 상당히 쇠퇴하지만, 선천적으로 후각 없이 태어나는 사람도 있고 외상이나 질병의 결과로 갑자기 혹은 점진적으로 후각이 사라질 수도 있으며 아무 이유 없이 사라지는 것처럼 보이는 경우도 있다. 어렸을 때

•   위험이 닥칠 것을 미리 알려주는 신호나 경보를 비유하는 말. 카나리아는 유해가스에 민감한 조류라, 광부들은 카나리아를 작업 현장에 데려가곤 했다.

우리는 이런 질문을 하곤 했다. "너는 눈이 안 보이는 것과 귀가 안 들리는 것 중 어느 쪽이 나을 것 같아?" 쉬운 선택은 아니었지만 나는 소리를 못 듣는 편이 낫다고 생각했다. 하지만 후각을 잃어버리는 것은 그 선택지에 들어가는 적이 한 번도 없었다. 우리가 후각을 잃는 걸 그리 큰일로 생각하지 않기 때문이 아닐까. 하지만 후각상실증에 시달리는 수많은 사람이 증언하듯이, 후각을 잃는 것은 매우 심각한 일이다. 그들은 우선 고립감을 꼽았다. 저널리스트 비 윌슨은 어느 에세이에서 후각을 잃은 사람들이 경험하는 거대한 슬픔과 방향상실감을 묘사했다. 후각상실증이 있는 어떤 사람이 윌슨에게 이렇게 말했다고 한다. "냄새가 있으면 우리가 숨을 들이쉴 때 세상이 우리 안으로 들어오지요. 냄새가 없으면 내가 세상 만물을 봐도 그것들은 그냥 그 자리에 머물러 있을 뿐이에요. 나와는 아무 관계가 없는 존재인 거죠." 윌슨은 예전에는 계절을 분간해주던 갖가지 냄새—여름의 도시에서 나던 끈적끈적한 아스팔트 냄새, 가을 교외에서 나던 낙엽 태우는 냄새, 크리스마스의 거실을 떠올리게 하는 민스파이 냄새와 오렌지 향과 송진 냄새—를 느낄 수 없게 된 사람들의 궁핍해진 경험을 지적했다. 그들은 봄날의 신선한 초록빛 기쁨을 잃었다. 코가 닫히면 세상이 돌아가는 방식에 대한 감각도 닫힌다.

    심리적 문제뿐 아니라 실질적인 문제도 있다. 좋은 냄새를 맡지 못하면 나쁜 냄새도 맡지 못한다. 그렇다면 이 닭고기가 아직 먹어도 괜찮은 상태인지, 어제 입었던 셔츠가 하루 더 입을 만한지, 세탁기 배수가 제대로 되고 있는지, 혹은 냉장고 뒤에 뭔가 죽어 있지는 않은지 어떻게 알 수 있겠는가?

어떤 유형의 후각상실증은 코나 인후의 문제 때문에 발생하지만, 신경학적 문제와 관련이 있는 유형도 있다. 예컨대 후각상실증은 알츠하이머병이나 파킨슨병의 징후일 수도 있다. 냄새와 맛을 통제하는 후각체계와 미각체계는 편도체와 뇌 심부의 몇몇 영역으로 보고서를 제출하는데, 바로 이 영역들이 마크의 뇌에서 부종이 제일 먼저 생긴 부분이자 가장 심각했던 부분이다. 냄새와 맛은 변연계와 밀접하게 연관되는데, 변연계는 또한 감정, 행동, 동기, 기억 형성에도 결정적인 역할을 한다. 냄새가 기억을 강력히 환기한다고 느껴지는 것은 이 때문이다. 예전에 일하던 일터에 가보면 그곳 복도와 계단에서 나는 특유의 냄새가 즉각 과거에 거기서 보낸 시간의 기억을 불러오는 것처럼 말이다.

마늘 사건 이후로 마크에게는 음식맛이 예전 같지 않은 일이 점점 많아졌다. 그는 당시 열네 살이던 레이철에게 후각검사를 해달라고 부탁했다. 레이철은 스카프로 아빠의 눈을 가리고 향이 나는 양념과 물질을 코에 가져다댔다. 레몬, 커피, 생강, 샴푸 등. 마크는 그중 몇 가지에서 어떤 냄새를 맡을 수는 있었으나 그게 무슨 냄새인지 알아맞히는 건 어려워했다. 어떤 건 아예 냄새도 맡지 못했다. 몇 달 뒤 마크는 옥스퍼드의 존 래드클리프 병원에서 더 과학적인 후각검사를 받았다. 레이철이 집에서 했던 후각검사처럼, 표준적인 후각기능검사도 의학적인 일이라기보다 파티 게임 같은 느낌이었다. 간호사가 마크에게 뚜껑 덮인 마커펜처럼 생긴 것을 건넨다. 그러면 마크는 뚜껑을 열고 몇 초 동안 펜촉 냄새를 맡은 다음 카드에 적힌 보기 중 하나를 골라야 했다. 보기로는 풀, 가죽, 바닐라, 자몽, 연기 같은 것이 있었다.

이 시기는 나의 셋째 의자 시절이었다. 진료실에는 항상 의사와 환자가 앉는 의자가 있고, 환자와 함께 온 사람이 앉도록 의자가 하나 더 있다. 나는 마크가 발끝으로 걷거나 자기 코를 손으로 만지려 애쓰는 동안 그 의자에 조용히 앉아 있었다. 어머니가 치매 진단을 받을 때까지도 몇 년 동안, 여러 차례 진행된 정신기능검사를 받느라 어머니가 7씩 빼면서 숫자를 거꾸로 세거나 의사에게 총리의 이름이 뭔지 대답하려 애쓰는 동안 나는 셋째 의자에 앉아 있었다. 거기 앉아 문제를 들으면 덩달아 답을 찾게 됐고, 의사가 어머니에게 제시한 단어 다섯 개나 진료가 시작될 때 말해준 주소를 나도 함께 속으로 되뇌곤 했다. 어머니는 의사가 말한 걸 곧바로 따라 말해야 했고, 몇 분 후에 다시 반복해야 했다. 내게는 난도가 아주 낮은 테스트였음에도 나는 답을 잘 맞히는 자신에게 늘 흡족함을 느꼈다. 혈압검사를 '통과'했을 때라든가 열 살 아이의 수학 숙제를 보고 그 풀이법을 내가 알고 있을 때 느낄 만한 그런 만족감, 하찮은 것으로 촉발되는 도파민이었다.

하지만 후각 테스트는 나도 자신이 없었다. 몇 달 전에 만든 잼병에 이름표가 제대로 붙어 있지 않을 때면 어쩔 수 없이 내 코에 대한 비공식적 테스트를 하게 되는데, 그럴 때 시각적 신호가 없다면 여러 과일잼의 맛을 구별하기가 상당히 어렵다는 걸 알게 되었기 때문이다. 내 후각이 마크의 후각보다 조금이라도 낫기는 할까? 간호사는 셋째 의자에 앉은 사람들도 그 테스트에 참가해보고 싶어하는 상황에 익숙했던 모양이다. 마크가 각 펜의 냄새를 맡고 맞히기를 끝내고 나면 딱히 요청하지 않았는데도 간호사가 내게 각각의 펜을 넘겨준 걸 보면. 그건 예상보다 더 어려웠다. 특히 여러 과일 중 하나를 고르거나, 가죽과 연기와 나무 중 하나를 골라야 하는 경우 더 그랬다. 나는 그중 한 80퍼센트를 맞혔다. 마크는 20퍼센트였는데, 이는 마구잡이로 추측할 때 나올 법한 결과보다도 더 낮은 값이었다. 발병 후 이 년인가 삼 년째에 마크가 우울증을 앓기 시작했을 때, 대체로 우리는 마크의 머리 안에서 일어난 신경학적 변화들이 그때 마크가 머물게 된 황량한 감정적 풍경을 만들어냈을 거라고 생각했다. 그러나 지금 생각해보면 후각을 잃었을 때 삶이 주는 기쁨의 아주 큰 부분까지 잃었기 때문이 아닐까 싶다. 그에게 요리는 이제 축제가 아니었고 음식은 더이상 즐거움을 주지 못했으며, 식욕이 전혀 없는 날도 늘어났다. 체중도 줄었다. 그에게 식사는 의무적으로 연료를 재충전하는 일, 칼로리를 집어넣는 일이 되었다. 커피는 여전히 즐겼지만 이제는 어린애처럼 뜨끈함과 달콤함을 즐기는 정도였을 뿐, 몬순 말라바르의 풍부한 향을 음미하지는 못했다.

벨웨더란 목에 방울을 달고 무리를 이끄는 양을 말한다. 목축업 이외의 영역에서는 상황이 어디로 향해 갈지 일찌감치 알려주는 신호에 대한 은유로 쓰인다. 미국 선거에서 벨웨더주라고 하면 선거 당일에 전국적으로 어떤 결과가 나올지를 예측하게 해주는 주라는 뜻이다. 오징어 스튜는 마크의 기억력이 쇠퇴하기 시작했을 때 이를 알려주는 벨웨더이기도 했다. 이번에는 자기는 어차피 못 느끼지만 그래도 우리를 위해 쿠민과 마늘을 늘 넣던 양만큼 넣고 정상적으로 스튜를 만들었다. 그에게는 이제 향기를 풍기는 모든 게 차단되었다. 마크의 미각은 짠맛, 단맛, 신맛, 매운맛처럼 뭉뚱그려진 맛만으로 범위가 좁아졌다. 그는 오징어 스튜에 필요한 와인 반병을 넉넉히 붓고 두어 시간 푹 고았다. 그런데 스튜를 내오는 그의 표정에 어쩐지 근심이 비쳤다.

"뭔가 이상해 보여."

그랬다. 뭔가 잘못되었다. 나도 그게 뭔지 파악하는 데 잠시 시간이 필요했다. 보기에도 이상했고 느낌도 이상했다. 색이 너무 어둡고 너무 묽었다. 와인, 쿠민, 마늘의 톡 쏘는 맛은 모두 느껴지는데……

"토마토가 없네" 하고 내가 말했다.

마크는 어리둥절한 표정이었다. "원래 토마토가 들어가는 거였어?"

그날의 오징어 스튜는 평소처럼 풍미가 깊고 맛있지는 않았지만 먹을 만은 했다. 내 입안에서 느껴지는 쓴맛은 다른 데서 온 것이었다. 그때까지 마크의 증상은 발작이나 오한이나 발의 경련처럼 모두 분명하고 구체적이었다. 하지만 건망증은 새로운 증상이었고, 아주 오래 좋아한 레시피를 까먹는 것은 다른 무엇보다 마크답지 않은 일이었다.

다른 사례도 몇 가지 있었다. 그는 내게 육 년 전에 돌아가신 어머니가 아직 살아 계신지 아닌지 몰라서 기억해내려고 몇 분이나 끙끙거렸다고 말했다. 차의 좌석벨트를 어떻게 끼우는 건지 생각이 안 나서 잠깐 당황한 일도 있었다. 이 일이 있기 두어 주 전에는 내 가장 친한 친구의 이름을 까맣게 잊었다. 마크는 내가 출근하고 없을 때 누군가에게서 전화가 왔다고 말했다. 내가 아주 자주 만나는 여자로 금발이고 축구를 하며 환경청에서 일하는 사람이라고. 그 사람 이름이 뭐더라. 그 묘사를 듣고 나는 다이앤임을 바로 알아차렸다. 마크도 누군지 분명히 알고 있었고 내게 메시지를 전하는 것도 잊지 않았지만, 이름이 가물가물하면서 떠오르지 않아 심란해했다. 나는 가볍게 생각했다. 누구나 때로 이름이 떠오르지 않을 때가 있다. 나는 늘 아이들 이름을 서로 바꿔 부르고, 심지어 내 형제자매의 이름으로 아이들을 부르거나 대학시절 옛친구의 이름으로 부르기도 한다. 언젠가 아버지가 내 동생을 '데이브'라고 부른 건 우리 집안에서 유명한 일이다. 데이브는 가족 중에도, 아버지의 친한 친구 중에도 없는 이름이었다.

    벨웨더 스튜를 먹은 날 밤, 나는 침대에 누워 잠들지 못한 채 토마토를 넣지 않은 것과 이름을 까먹은 것이 뭔가 의미가 있는 일일까, 아니면 별일 아닌 걸까 곰곰 생각했다. 진단명이 나오지 않았으므로 마크의 상태에 대해 어떤 예상을 할 수 있을지 알지 못했다. 마크는 나만큼 걱정하는 것 같지 않았다. 그냥 천성대로 낙천적으로 생각하려 한 걸지도 모른다. 마크의 가벼운 건망증은 병의 증상으로 볼 만한 것일까? 만약 증상이라면 그건 무엇을 의미하는 걸까? 마크가 자는 동안 나는 슬그머니 침대에서 빠져나와 슬리퍼를 신었다. 가운으로 몸을 감싸고 아래층으로 내려가 마크의 담당의에게 메시지를 보내려고 컴퓨터를 켰다. 마크의 현재 상태와 내 염려를 요약해서 다음과 같이 썼다.

> 마크 대신 제가 나서는 걸 양해해주세요. 마크는 예전에 비해 주도적으로 뭔가를 하려 하지 않아서 제가 대신 그 역할을 맡고 있거든요. 그걸 마크가 늘 아는 건 아니지만요. 선생님께 연락한 걸 마크에게 말하기는 할 건데, 마음이 상할 수도 있으니 제가 한 말을 전부 다 얘기하지는 않을 거예요. 제 생각에 마크는 자기 지적 기능이 떨어졌다는 걸 알아차리지 못하는 것 같아요. 만약 알았다면 엄청나게 우울해했겠죠. 하지만 제 입장에서는 마크의 미래에 대한 계획을 세워둘 필요가 있어요. 그러니 그의 정신적 기능과 기억력이 개선될 가능성이 있는지, 혹은 더 나빠지거나 비슷한 수준에 머물지 알아두는 게 좋겠습니다. 그래야 그 상황에 적합하게 미래를 계획할 수 있을 테니까요. 물론 저도 마크의 경우 미래를 예측하는 것이 어렵거나 불가능한 일이라는 건 알고 있지만, 그래도요.

6

중기
구석기의
연민

내 페이스북 피드에서 인기 있는 밈 중 하나로, 인류학자 마거릿 미드의 말로 알려진 인용문이 있다. 미드는 사람의 대퇴골에서 보이는 골절이 치유된 흔적이 '문명'—이 용어에 대해서도 논쟁이 있긴 하다—을 알리는 최초의 신호라고 말했다고 한다. 자연 상태에서 대퇴골 골절은 결국에는 죽음으로 이어지며, 대퇴골 골절이 치유되었다는 사실은 다친 사람이 다시 운신할 수 있게 될 때까지 다른 누군가가 그를 돌봐주었음을 의미한다. 이는 연민의 기원이며, 우리를 인간으로 만드는 특징이 무엇인지 뚜렷이 보여준다.

그 밈은 사실처럼 알려진 부정확한 정보다. 마거릿 미드가 그 말을 했다는 증거가 전혀 없기 때문이다. 그 인용문은 자연스러운 사건의 전개에 관해서도, 미드와 당대의 다른 인류학자들이 문명을 정의한 방식에 관해서도 오해를 유도한다. 실제로 동물은 종종 심각한 골절에서도 회복하며, 미드를 위시한 당대 인류학자들은 주로 사회적 복잡성, 부의 재분배를 기준으로 문명을 정의했으니 말이다. 그러나 미드가 한 말은 아니라고 해도 그 인용문에는 중요하고도 매력적인 진실이 하나 담겨 있다. 물질적 혜택으로 보은할 수 없을 것 같은 사람을 돌봐주는 일은, 그 사회에서 올바른 일을 하도록 이끄는 중요한 동인이 감정이입임을 알려주는 신호라는 진실.

　죽음을 연구하는 고고학자들은 사람의 유골을 검토하고 그에 관해 생각하는 데 아주 많은 시간을 쓴다. 우리 몸의 긴 뼈에는 근위부 말단과 원위부 말단이 있는데, 근위부 말단이란 몸통 쪽과 가까운 끝부분이고 원위부 말단은 몸에서 멀리 떨어진 끝부분이다. 나는 근위부 과거, 그러니까 현재의 우리와 가장 가까운 시기를 연구하는 데 관심이 있는데, 원위부 과거, 그러니까 현생인류의 초창기와 그 이전의 사람족에게 매력을 느끼는 고고학자도 많다. 구석기 고고학자들은 '무엇이 우리를 인간으로 만드는가'라는 질문에 대해 강력한 의견을 갖고 있는 편이지만, 그런 질문은 무의미한 범주라며 완전히 거부하는 이들도 있다. 그러나 또 한편에는 그 답이 연민이라고 생각하는 고고학자들도 있다. 영장류와 코끼리를 비롯해 이타적인 행동을 하는 동물이 여럿 있다. 나는 고아가 된 새끼 침팬지를 혈연관계도 없는 12세 수컷 침팬지가 입양한 이야기를 좋아한다. 이 수컷 침팬지는 아기 침팬지를 등에 업고 다니다 밤이면 자기 보금자리로 데려갔다고 한다. 그러나 돌봄 주체인 개체가 희생을 감수해야 하는 돌봄 행동은 다른 동물보다는 인간 사이에서 더 오래 지속되고 더 널리 퍼진 것 같다. 무려 중기 구석기의 옛 사람족도 연민에서 우러나온 것으로 보이는 행동을 했다. 그런 사실을 뒷받침하는 증거들은 대부분 자신의 물질적 필요를 처리할 능력이 일시적으로 또는 영구적으로 훼손된 이들의 유골에서 찾아볼 수 있다. 대부분의 동물 집단에서는 가령 심각한 골절을 입어 스스로 사냥하거나 포식자로부터 달아날 수 없게 된 개체의 운명은 대체로 죽음이다.

내가 다루는 부분, 그러니까 근위부 말단의 고고학적 기록에서는 혈육이 아닌 노인, 환자, 장애인, 어린이, 심지어 동물까지 보살핀 증거가 널리 흔하게 발견된다. 하지만 더 오래된 과거에서도 감동적이고 절절한 예시를 어느 정도 찾을 수 있다. 육만에서 팔만 년 전으로 보이는 중년 네안데르탈인 남자의 유골이 이라크 북부의 샤니다르 동굴에서 발견되었다. 아마도 그냥 그 자리에서 죽은 것이 아니라 시신을 매장한 것 같았다. 이 동굴은 네안데르탈인 몇 명의 유골과 그들이 사용한 여러 도구가 발견된 것 때문에, 그리고 샤니다르 1이라 불리는 바로 이 남자 때문에 유명해졌다. 이 남자는 생전에 오른팔 상완골을 포함해 몸 여러 군데에 골절을 입었는데, 특히 상완골 골절 이후에는 오른팔 전체가 약해지고 위축된 것으로 보인다. 아래팔과 손의 기능까지 완전히 잃었을 가능성도 있다. 게다가 머리에 입은 부상 때문에 한쪽 눈은 실명했을 것이다. 청력도 심각하게 손상되었을지 모른다. 이 부상은 청소년기에 생긴 것인데, 그럼에도 그는 서른다섯에서 마흔다섯이 될 때까지 죽지 않았다. 샤니다르 1이 그렇게 오래 살아남으려면 무리의 일원들이 음식을 먹여주고 돌봐주어야 했을 것이며, 이것이 연민의 시초라는 게 구석기 고고학자 다수의 생각이다. 샤니다르 1만 그런 게 아니다. 뼈를 다친 네안데르탈인 중 60퍼센트 정도는 부상이 치유된 흔적도 나타나는 것으로 알려졌다. 부러진 뼈가 아물려면 사 주에서 육 주가 걸린다는 점을 고려할 때, 이는 다른 사람들에게서 꽤 오랫동안 지원이나 도움을 받았음을 의미한다. 몸 상태가 나빠진 기간 동안 돌봐주었다는 증거보다 더욱 특기할 만한 것은, 그 사람이 회복되지 않을 텐데도 연민어린 돌봄을 받았음을 추측할 수 있는 경우다. 치아가 없지만 치조골이 매끄럽게 치유되어 있는 성인도 가끔 발견된다. 네안데르탈인은 대부분 고기 위주의 식습관으로 열량을 공급받았는데, 치아가 없는 이들은 그런 식습관을 유지하기 어려웠을 것이다. 다른 누군가가 음식을 대신 씹어서 먹여준 걸까? 거기에다 선천적 장애나 영구적 장애가 있는 사람들의 사례도 있는데, 이탈리아 남부에서 발견된 로미토 2라고 알려진 십대에게는 선천적 소인증이 있었다.

장애나 외상에서 그 사회에 연민이 존재했던 증거를 보는 관점도 흥미롭지만, 나는 다른 접근법도 있을 수 있다고 생각한다. 고고학에서 거론하는 장애 관련 이야기 가운데 낙인이나 연민 외에 다른 이야기는 별로 찾아볼 수 없다. 나는 고고학적 증거를 사용해 과거에 장애가 있는 몸으로 사는 것이 어떤 일이었을지 알아본 연구가 있는지 찾아보려 했지만, 아직 찾지 못했다. 나는 이렇게 자문해본다. 기념비적 구조물은 앞을 못 보는 사람에게도 여전히 경외감을 불러일으킬까? 걷지 못하는 사람에게 웅장한 행렬은 어떻게 보이고, 스스로 음식을 들어 자기 입으로 가져가지 못하는 사람에게 화려한 잔칫상은 어떻게 보일까?

    2014년 여름, 우리는 펨브로크셔로 휴가를 갔다. 레이철은 친구들과 음악 페스티벌에 간 터라 마크와 나 그리고 두 아들만 해변에서 1.5킬로미터쯤 떨어진 집을 빌려서 지냈다. 내 유년기에 우리 가족은 이동식 주택이 달린 차를 몰고 펨브로크셔로 가서 휴가를 보냈고, 나이가 더 들어 대학에 갔을 때는 오로지 바다를 바라보며 세상에서 이해받지 못하는 서러운 심정을 달래려 학교에서부터 히치하이킹으로 펨브로크셔에 갔다. 처음으로 남자친구와 보낸 휴가 때는 뉴게일샌즈의 해변 뒤에서 야영을 했다. 내가 고고학과 처음 만난 것은 열여덟 살 때 펨브로크셔 북부에 있는 캐스틸 헨리스 철기 유적지에서 여름 아르바이트를 할 때였다. 램피터에서 보낸 시절에는 주말에 프리셀리 힐스와 여러 해안 마을을 탐험하는 것이 내가 제일 좋아하는 소풍이었다. 그곳에 다시 가게 된다니 참 좋았다.

    바닷가에서 좋은 나날을 보내고 배를 타고 바닷새들을 보러 갔음에도 그해 여름 우리는 서로에게 퉁명스러웠다. 마크는 침울했다. 그는 나와 아이들에게도, 자기 자신에게도 짜증이 나 있었다. 자기가 없으면 우리가 더 잘살 거라는 말을 몇 번이나 했다. 그래도 우리가 빌린 작은 별장을 마음에 들어했고, 절벽에서 떨어진 혈암들 틈에서 화석을 찾아다녔다. 마크는 화석을 좋아했다. 어린 시절에는 오래도록 병에 시달린 어머니와 함께 버스를 타고 에식스 주변의 채석장에 가서 모아 온 화석 컬렉션을 진열해둘 공간을 마련하기 위해 서랍장에 있는 자기 옷을 다 꺼내서 침대 밑에 밀어넣었을 정도였다. 그해 우리의 두 아들 애덤과 그레그는 아직 소풍이라면 무조건 신이 날 만큼 어려서, 우리는 해변을 따라 오래 산책하곤 했다. 산책로는 절벽 가장자리를 감싸고 돈 다음 들판과 사방으로 뻗어나간 가시금작화밭과 양들이 뜯어 먹은 풀밭을 가로질렀다. 1.5킬로미터쯤 지날 때마다 바다로 흘러나가는 작은 물줄기가 나타났고, 길은 구불거리며 다리나 징검다리를 지나고 다시 가팔라지며 절벽 꼭대기에 다다랐다. 등산로는 짧지만 가팔라서 나는 올라갈 때마다 숨이 차고 다리가 아팠다. 마크도 힘겨워하는 게 분명히 보였다. 그는 내게 다리에 힘이 없는 느낌이라고, 다리를 제대로 들어올릴 수도 없다고 말했다. 그러면서 자기 병과 관련이 있는 건지 궁금해했다. 나는 그건 아니라고 생각했다. 내 다리에서도 피로가 느껴진다고 말했다. 우리는 그냥 체력이 떨어진 거야. 마크는 규칙적으로 하던 달리기를 그만둔 지 일 년쯤 된 터였다. 우울함과 무기력 때문이기도 했지만, 달리면 발작이 더 자주 일어나는 것 같아서이기도 했다. 게다가 이제는 약으로도 발작이 통제되지 않았다. 나는 그저 체력 문제에 불과한 걸 그가 병으로 돌리려 한다고 생각했다. 정기검진 때 병원에서는 그의 근육 긴장도를 모니터링하고, 여러 가지 신체적 과제를 수행하게 했다. 예컨대 발꿈치부터 땅에 디뎌 발끝으로 밀어내는 방식으로 걷게 하고, 팔다리와 손발의 가동 범위도 살펴보았다. 몸을 대칭에 맞게 사용할 수 있나? 손가락으로 자기 코를 만질 수 있나? 이런 테스트에서는 아무런 신체적 이상도 발견되지 않았다. 불안해한 것과는 달리 마크는 해변 산책로에서 넘어진 적도 없었다. 그는 아무 사고 없이 함께 산책할 수 있었고, 그걸 본 나는 속 편하게 내 생각이 옳았다고 판단했다. 우리 둘 다 그저 조깅만 더 하면 되는 거라고.

하지만 그로부터 넉 달쯤 지나, 샌디레인을 따라 양계장에서 돌아오는 길에 나는 마크가 다리에 대해 걱정했던 일을 다시 떠올렸다. 양계장이라 부르는 곳은 사실 우리집에서 4킬로미터 정도 떨어진 그레이트돌비 마을 가장자리에서 암탉 몇 마리를 키우는 소농가였고, 우리는 거기서 달걀을 사다 먹었다. 거기까지 걸어갔다가 돌아오는 건 물푸레나무가 늘어선 조용한 시골길과 이제는 사용되지 않는 공군 비행장을 가로질러 쉽게 다녀올 수 있는 오후 산책 같은 거였다. 나는 종종 혼자서 달걀을 사러 다녔지만, 마크의 생일 이튿날이었던 11월 말의 그 토요일에는 마크도 함께 가기로 했다. 즐거운 마음으로 산책하고, 빈 달걀통을 채워 배낭에 넣고 집을 향해 출발하던 기억이 난다. 샌디레인을 반쯤 걸었을 때 마크가 길 오른편 울타리 쪽으로 사선을 그리며 걸어갔다.

"어디 가?"

"아무데도 안 가. 일부러 이러는 거 아니야. 왠지 모르겠지만 직선으로 걷기가 어려워."

나는 길 가운데로 그를 당겼지만 내가 잡고 있던 팔을 놓자

마자 또 같은 일이 일어났다. 이번에는 마크를 다시 당긴 뒤 그의 허리에 팔을 감아 몸을 나란히 붙이고 함께 걸어갔다. 걸어갈수록 내가 힘을 점점 더 많이 줘야 했다. 처음에는 나까지 오른쪽으로 끌려가지 않으려고 버티느라, 나중에는 다리 힘이 풀리기 시작한 마크의 체중까지 떠받치느라. 마크는 점점 힘이 빠졌고 발을 끌기 시작했다. 마지막 400미터를 걸어오는 동안 마크는 간신히 서 있는 정도의 상태가 되었고, 걸어가는 방향은 거의 통제하지 못했다. 멜턴으로 돌아오는 길의 우리는 술에 취해 위태위태하게 비틀거리는 사람들처럼 보였을 것이다. 마침내 집에 도착하자 마크는 기진맥진해서 안락의자에 풀썩 주저앉았고, 자기 몸에 일어난 일 때문에 두려움에 휩싸였다. 분명 이건 단순히 체력이 떨어진 정도로 볼 문제가 아니었다.

　이튿날 아침 마크는 정상으로 돌아온 것 같았고, 짧게나마 달리기를 해보겠다고 마음먹었다. 나는 걱정스러웠다. 만약 또다시 몸에 대한 통제력을 잃는다면 마크는 넘어질지도 몰랐고, 다리가 그를 차도로, 지나가는 차 앞으로 데려가도 혼자서는 제어하지 못할 터였다. 그래서 나도 러닝화를 신고 그를 따라나섰다. 우리가 진입로 끝에 다다라 막 도로로 접어들려고 할 때 마크는 다시 오른쪽으로 쏠려 가기 시작했고, 발이 걸려 넘어지지 않을 만큼 발을 충분히 높이 들 수 없다는 걸 깨달았다. 그래서 우리는 달리기를 포기했고, 나는 상태가 더 나빠지기 전에 그를 부축해 집으로 돌아갔다. 그날이 마크가 마지막으로 러닝화를 신은 날이었다. 후에 그는 내게 그 러닝화를 없애달라고 했다. 스웨터를 꺼내려고 옷장에 갈 때마다 거기 놓여 있는 신발을 보면 너무 침울해졌기 때문이다.

그다음달로 예정되어 있던 다음 뇌스캔에서, 마크의 뇌를 서서히 점령하고 있던 '현란하고 광범위한' 염증이 중뇌에서 글자 그대로 뇌의 다리라는 뜻의 뇌교를 건너 숨뇌로 번지고 이어서 척수를 따라 내려가고 있음이 드러났다. 그게 무엇이든 이제 뇌간과 척수 둘 다, 그러니까 마크의 중추신경계 전체가 그놈의 영향권 안에 들어가 있었다. 마크가 걷고 달리고 뛰고 춤추게 하고, 자기 아이들을 포옹하게 하고 자기 배우자의 손을 잡게 하고, 자판을 두드리고 글을 쓰고 채소를 썰고 정원의 땅을 파게 하던, 그 모든 일을 하게 하던 그 경이롭고 복잡하고 효율적인 회로가 고장나기 시작한 것이다. 그 회로로 전달되어야 할 신호들이 빠짐없이, 한결같이, 매번 전달되지 않게 되었다. 그의 몸 한쪽이 제대로 작동하더라도 반대쪽은 제대로 작동하지 않으면서 동작의 좌우대칭이 어긋났다. 뇌간은 핵심적인 생명유지기능을 조절하는 곳이기도 하다. 뇌손상 범위가 계속해서 확장된다면 이윽고 마크는 더이상 음식을 먹지 못하게 되고, 폐는 호흡을, 심장은 박동을 멈추게 될 터였다.

내게는 그 염증이 심술궂은 손가락을 마크의 뇌 구석구석에 밀어넣고는 이제 몸으로 내려가 먼저 오른쪽으로, 다음에는 왼쪽으로, 장기들과 방광과 피부와 감각과 그의 행복으로까지 사방으로 뻗어나가는 부패로 여겨졌다. 병이 자리를 옮겨감에 따라 증상은 더욱 악화했다. 척수손상 때문에 전에 없던 이상한 감각도 나타났다. 이를테면 등 피부 전체에 지독한 가려움증이 생겼고, 발에 경련이 일기 시작해 통증이 심했는데 이 경련은 아무리 해도 멈출 기미가 없었다.

　나타났다가 사라지는 증상도 있었다. 몇 주 동안 마크가 얼어붙을 것 같은 오한에 내내 시달렸던 때가 기억난다. 그는 집안에서 코트를 입고 털모자를 쓰고 담요를 몇 겹이나 덮은 채 앉아 있었고, 난방을 줄곧 틀어놔서 우리는 티셔츠를 입고 찌는 듯한 더위에 허덕거렸다. 그러다 한두 달쯤 뒤 오한 증상은 사라졌고, 마크의 체온조절기능은 정상으로 돌아왔다. 또 언젠가는 도서관이나 회의실처럼 조용하거나 공식적인 상황에서 욕설을 내뱉으려는 강박에 사로잡혔다. 한번은 그 강박이 너무 심해 손으로 입을 틀어막고 그 방을 나와야만 했던 적도 있었다. 그러다 그 증상도 지나갔다. 마크의 뇌에서 손상의 물결이 한 장소를 통과해 다른 곳으로 옮겨간 것이다. 그렇다고 손상이 지나가고 난 곳이 항상 되살아나는 것은 아니었다.

7

주차장의
성 리처드

    가정과 가족의 삶이 무너지고 있을 때, 희한하게도 내 일은 순조롭게 흘러갔다. 나는 학제 간 연구 프로젝트를 위해 거의 백만 파운드에 달하는 보조금을 신청했는데, 이 신청이 통과됐다. 이 프로젝트는 영국에서, 특히 1752년 살인법[*]이 제정된 때부터 1832년 해부학법^{**}이 제정될 때까지 그사이에 처형된 살인범들의 시체에 어떤 일이 일어났는지 조사하는 연구였다. 이 시기에는 살인죄로 처형된 시체는 정상적인 방식으로 매장할 수 없었고, 해부하도록 해부학자에게 보내거나 여러 달 또는 여러 해에 걸쳐

  •   살인죄 처벌을 강화하기 위해 살인범을 처형한 후 시체를 공개 해부하도록 허용한 법.
  ••   의학 발전에 따라 해부용 시체의 수요가 증가하면서 기증받은 시신을 해부할 수 있게 허용한 법. 이전까지는 살인법에 따라 살인범의 시체만 해부할 수 있었다.

서서히 썩어가도록 현시대懸屍臺에 매달아두어야 했다. 나는 의학사학자, 범죄사학자, 민속학자, 철학자, 고고학자, 문학자 각 한 명씩과 초급 연구원 여러 명으로 팀을 꾸렸고, 우리는 놀라운 에너지로 프로젝트를 진행하며 대단한 성공을 거두었다. 여러 권의 책과 논문을 쏟아내고, 엄청난 새 자료와 그 자료를 해석할 새로운 방법을 찾아냈다. 몇 년 동안 꾸준히 중요한 출판물을 내고 상당량의 수업 의무도 충실히 수행한데다 덤으로 보조금까지 따낸 결과 나는 정교수로 승진했다. 이는 내 급여가 더 높아지고 교수라는 직함을 사용할 수 있게 되었다는 의미다. 하지만 같은 시기에 레스터에서는 대중의 관심 측면에서 내 프로젝트를 훨씬 능가한 다른 고고학적 사건이 있었다. 옛 프란치스코회 수도사에 관해 더 알아내고자 레스터 도심지에 있는 한 주차장을 파헤쳤던 동료 몇 명이 대단한 발견을 한 것이다. 2012년 어느 여름 아침에 학과실에 들어가니, 내 친구 디어드리가 재빨리 나를 자기 사무실로 데려갔다.

"얘기 들었어?" 디어드리는 뉴스를 터뜨릴 만반의 준비가 되어 있었다. "그 친구들이 리처드 3세를 찾았대!"

수년 전부터 리처드 3세가 그레이프라이어스 예배당에 묻혔을 수도 있다는 얘기가 있었고, 이는 연구비 조달과 대중적 관심을 끌 수 있는 달콤한 미끼였다. 솔직히 나도 동료들도 그런 발견이 이뤄질 가능성이 크다고 생각하지는 않았지만 솔깃한 얘깃거리인 건 사실이었고, 그래서 대학이 그 가능성에 관해 이미 언론에 보도자료를 뿌린 터였다.

"정말? 그런데 그 유골이 정말로…… 그렇더래?" 나는 셰익스피어 연극에서 본 곱사등 모양을 흉내냈다.

"그렇대!" 디어드리의 눈이 한층 더 커졌다. "그래 보여. 하지만 아무한테도 말하면 안 돼. 그리고 리처드 3세 협회는 곱사등 때문에 실망한 눈치야. 그 사람들은 리처드 3세가 근육질에 다부진 체격이었을 거라고 계속 주장했잖아. 그래도 우리가 협회의 지시를 따를 건 아니지. 대학 측은 누구에게 무엇을 언제 알릴지를 아주 엄격히 통제할 생각인가봐."

협회는 그 프로젝트로 리처드 3세의 신체 기형이 튜더왕조의 거짓 선전이었다고 확인받기를 바랐지만 오히려 그에게 실제로 척추만곡이 있었다는 게 증명되고 말았으니, 협회 입장에서는 흡사 자책골을 넣은 것 같은 상황이었다.

그래서 대학은 유골의 과학적 분석과 역사적 연구가 완료된 이듬해 2월이 되어서야 뉴스를 공개했고, 전국은—때로는 전 세계가 그런 것 같기도 했다—리처드 열병에 걸렸다.

나는 리처드 3세 프로젝트에 참여하지는 않았지만 관련된 전문지식은 갖고 있었고, 프로젝트 주관팀에게는 갑자기 오만 군데에서 요청이 쇄도한 탓에, 나도 차출되어 학교나 지역 역사학회 등에서 강연을 몇 차례 했고 재안치의 물질적 세부사항을 조율하는 위원회에도 레스터대학 대표 자격으로 참여했다. 재안치는 떠들썩하고 화려한 행사로 치러지며 전 세계로 방송될 예정이었다. 이 연극적인 행사 과정은 그 불운한 왕의 유해를 재안치하는 2015년 3월 26일을 전후한 일주일간의 의식과 행사로 정점에 달했다. 일요일에는 사실상 성스러운 유물처럼 취급되던 유골이 우리 대학을 떠나는 날을 기념하는 행사가 열렸는데, 여기에는 마크와 두 아들도 나와 함께 참석했다. 내가 속한 위원회는 레스터대학과 레스터시, 레스터 성마틴대성당, 그리고 리처드 3세 협회에서 온 위원들로 구성되었다. 나는 대성당에서 했던 두 차례의 강연을 포함해 여러 번 강연을 했고 회의에도 여러 번 참석한 덕에 교구 직원 몇 명과 친분이 생겼고 리처드 3세 협회의 회원도 몇 명 만났는데, 그들은 한 무리의 방목 계란처럼 자유분방한 사람들이었다. 방목 계란이란 게 존재한다면 말이지만. 레스터대학 팀은 대부분 내 친구들이었으므로, 그 일요일 아침은 두 아이가 감자칩을 다 먹어버리지 않기를 바라며 불안하게 지켜보는 와중에도 피노 그리지오 와인이 담긴 플라스틱 잔을 들고서 친구들, 지인들과 수다를 떨며 즐겁게 보냈다.

대학의 예전 동료들 가운데 마크가 아프다는 걸 알아차린 이는 거의 없었다. 마크가 알리지 않겠다고 고집해왔기 때문이기도 했다. 하지만 서서 하는 연회는 그에게 쉽지 않은 도전이었다. 2015년 봄에 이르자 마크는 몇백 미터를 걷는 것도 어려워했고 오래 서 있는 일은 가급적 피하려 했다. 나는 그 프로젝트에 참가한 유전학자인 투리와 이야기를 나누다가 마크를 찾으려 둘러봤지만 홀 안 어디에서도 그의 모습은 보이지 않았다. 애덤과 그레그는 또래 여자아이 둘과 팀을 이뤄 창가에서 깔깔거리며 놀고 있었다. 그레그는 탁자 밑에서 네 발로 기어다녔다. 나는 투리에게 양해를 구하고 잰걸음으로 아이들에게 다가갔다.

"아빠 못 봤니?"

"음, 네. 관을 보고 계시지 않을까요?"

리처드 3세의 관은 건물 입구 홀에서 가대 위에 놓인 채, 대학에서 대성당으로 이동하는 의식이 시작되기를 기다리고 있었다. 이날 행사에 참석한 많은 이들이 이미 기회를 틈타 관을 한 번씩 만져보았다. 대놓고 손을 댄 것이든 은근슬쩍 스치듯 만진 것이든, 그렇게 역사와의 실질적이고 구체적인 접촉에 대한 갈증을 달랬다. 나 역시 옆을 지날 때 관을 쓰다듬었다. 애덤도 그랬다고 생각한다. 그때 대여섯 명이 관 주변을 맴돌고 있었지만, 그중 마크는 없었다. 어딘가 앉을 데를 찾고 있을 거라 생각하고 외투 보관실로 갔다. 아니나다를까, 그는 코트걸이 뒤에서 뚱한 표정으로 플라스틱 의자에 앉아 있었다.

"당신, 재미있는 부분을 놓치고 있네. 같이 홀로 돌아가볼까? 내가 의자를 가져가도 되는데."

"몸도 못 움직이는 놈처럼 나 혼자만 앉아 있고 싶진 않아. 내가 알아서 해볼게."

마크는 내 팔을 잡고 천천히 홀로 돌아갔다. 도착하니 마침 그날의 여러 연설 중 첫 연설이 시작되고 있었다. 그는 홀의 옆쪽에 놓인 긴 테이블에 반쯤 앉듯이 기대 있었다. 그러나 다음 단계는 더 어려워졌다. 우리는 여러 무리로 나뉘어 건물 밖으로 안내되어 나왔고, 나중에 관이 나올 문 양옆에 줄지어 섰다. 관이 나온 뒤에는 여러 연설과 낭독이 이어질 터였다. 이 과정에서 마크와 두 아이와 나는 흩어지고 말았다. 나는 문의 왼쪽 줄에 있었고 그레그는 나보다 조금 앞에 있었다. 애덤도 마크도 보이지 않아 걱정스러웠다. 이날 의식 중 야외에서 진행된 부분은 사십오 분이 넘게 걸렸다. 몸을 지지할 것이 없는 상태로 마크가 그 시간 내내 버티는 건 불가능했다. 그는 어디 있는 걸까? 나는 마크가 괜찮기를, 그리고 우리가 보러 온 행사를 그가 놓치지 않았기를 바랐다. 여러 종교적인 문구가 낭송되고 침울한 장례식 절차를 흉내내어 이십여 명이 벨벳 쿠션 위에 흰 장미를 올려놓는 동안 우리는 참을성 있고 엄숙하게 서 있었다. 아직도 유튜브에서 볼 수 있는 이 의식의 녹화 영상을 찾아봤다. 목사 바로 뒤에 서 있는 그레그는 쉽게 찾을 수 있다. 나는 화면 바로 바깥에 있었다. 나중에 마크는 벽에 기대어 있어서 의식이 진행되는 내내 쓰러지지 않고 버틸 수 있었다고 말했는데, 영상에서는 그가 보이지 않았다. 그러다 애덤이 좀 살펴보더니 영상의 앞부분에서 제 아버지의 정수리 부분을 찾아냈다. 마크는 내 뒤쪽으로 꽤 가까이, 그러나 내 시야에는 들어오지 않는 곳에 서 있었다. 그레그는 그 행사를 아주 잘 기억했다. 침묵 속에서 경건하게 장미를 내려놓는 장면이 너무 웃겨서 킬킬거리는 웃음이 터져나올 것만 같았고, 큰 웃음소리가 새나가지 않도록 볼 안쪽 살을 깨물어야만 했다는 것이다.

  나흘 뒤, 나는 재안치 의식이 진행되는 성마틴대성당에서 번호가 적힌 좌석에 앉아 있었다. 정교한 형식에 따라 거행된 이 행사에서 나는 엑스트라에 불과했으므로 중요한 자리에 앉지는 못했고, 남문 근처 예배실 안 가림막 뒤에 자리를 배정받았다. 예배실 앞에는 TV 카메라맨들이 줄지어 서 있었으므로 내가 볼 수 있는 건 얼마 없었다. 그래도 왼쪽으로 조금 몸을 기울여서 카메라맨들의 엉덩이 사이로 베네딕트 컴버배치*의 뒤통수는 볼 수 있었다. 나는 옷을 차려입고서 이 호들갑스러운 행사에 참석한 게 꽤 재미있었고 끝난 뒤에는 텔레비전에 내가 나오는지 찾아보기도 했지만(안 나왔다), 동시에 이 화려하게 부풀린 가면극에 가담한 것이 좀 부끄럽기도 했다. 동료 몇몇은 자기들끼리 그 죽은 옛날 왕을 '성 리처드'라고 부르기 시작했는데, 그의 팬들은 분명 광신적인 사이비 종교의 분위기도 풍겼다. 정말이지 우스꽝스러운 일이었다. 죽은 지 오백 년도 넘은 남자고, 우리 중 그를 아는 사람은 아무도 없었다. 그런데도 우리는 여기서 그를 위해 기도하고 시간을 내 참석해 길거리에 줄지어 서서 행렬을 환영함으로써 그를 기리고 있었다. 나중에 안 사실이지만, 레스터에는 리처드 3세의 관이 지나가는 길을 따라 초등학생들이 만든 5,929송이의 흰 장미가 장식되었다고 한다. 이 장미는 매년 레스터셔에서 실종되는 사람들 하나하나를 나타낸 것이었다. 실종자 수로는 충격적일 정도로 많다 싶어서 확인해보았다. 자선단체 '미싱 피플'에 따르면 영국 전체에서 해마다 경찰에 실종 신고되는 사람이 17만 6천 명이라고 하니, 한 주에서 5,929명이면 그럴듯한 수였다. 대부분은 며칠 안에 발견되는데, 2~5퍼센트는 일주일 이

---

* 배우 베네딕트 컴버배치는 리처드 3세의 17대 후손이며, 드라마 시리즈 〈할로 크라운: 장미의 전쟁〉에서 리처드 3세를 연기하기도 했다.

상 실종 상태로 남으며 그중 일부는 끝까지 발견되지 않는다. 그러니까 평판이 엇갈리는 오래전에 죽은 한 남자, 그것도 실종된 것도 아니고 단지 어디 있는지 찾지 못했던 한 남자를 둘러싸고 우리가 침울한 표정을 짓고 침묵 속에서 이 난리를 피우는 동안, 살아 있는 가족과 괴로워하는 친구들이 남아 있는 실제 실종자들은 종이꽃 한 송이씩을 받은 것이다. 그러고 보면 그로테스크한 일이다. 군주제 혹은 역사적 낭만주의에 대한 경의를 살아 있는 이들의 감정적 고통보다 더 중시한다는 것은 분명 비윤리적인 일이다. 거기 있던 사람 중 누구도 리처드의 재킷이 아직 복도 옷걸이에 걸려 있는 집으로 돌아가지 않을 것이고, 참석자 중 누구도 그를 위해 밤에 혼자 울지 않을 것이다. 리처드 3세의 재안치 의식에는 꾸며진 감정이 과도하게 퍼부어졌다. 조용하게 견뎌낸 상실, 평범한 애도는 어쩌나? 왕은 아니지만 그래도 그 못지않게 사랑받았고, 존경받았고, 훨씬 더 큰 그리움을 일으켰던 사람들은?

열네 달 뒤, 나는 대성당에서 몇 미터 떨어지지 않은 바로 옆 길드홀에서 훨씬 더 작고 더 조용한 의식에 참석했다. 이때 우리가 추모한 사람은 마크였다.

마크는 웨일스 해안의 아름다움도 좋아했지만 그가 정말로 원한 건 (영국에 사는 사람이라면) 외국에 가야만 확실히 누릴 수 있는 온기와 햇빛이었다. 그해 여름 웨일스 여행을 다녀온 뒤, 마크는 기분을 끌어올리고 차가워진 손발을 따뜻하게 해줄 휴가를 가고 싶어했다. 그가 불확실성의 암담한 나날과 우리 관계의 냉기를 뚫고 지나가게 해줄 빛이 될 여행. 이런 여행이 아직도 가능할까? 더운 곳에 있으면 그는 어떤 느낌을 받을까? 우리가 일주일간의 코르푸섬 여행을 예약한 2월에 마크는 보행보조기를 쓰면 아직 1.5킬로미터 이상 걸을 수 있었다. 그러나 우리가 거기에 간 7월에는 두세 걸음 넘는 거리를 가려면 휠체어가 필요했다. 나는 비행기를 타고 내리는 게 어려울까봐, 숙소로 정한 아파트가 휠체어를 타고 다니기 어려울까봐, 여행하는 게 집에 머무는 것보다 더 스트레스 심한 일이 될까봐 걱정스러웠다. 하지만 마크는 그 여행을 긍정적이고 낙천적으로 생각했다. 예약을 취소하거나 어디 더 가까운 데로 가는 게 어떻겠느냐고 묻자 마크는 힘주어 말했다. "이게 내 마지막 해외여행이 될지도 몰라. 힘들더라도 방법을 찾아보자고."

그건 공연한 걱정이었다. 마크가 태양 아래서 한 주를 보낼 수 있었다는 것이 기쁘다. 그때 그는 행복했다. 그리고 마크 말이 맞았다. 그것이 그의 마지막 해외여행이었고, 또한 마지막 휴가였다.

우리는 아늑한 만에 자리한 휴양단지의 침실 두 개짜리 콘도에서 지냈다. 거기엔 자갈이 깔린 좁은 해변이 있고 북쪽 가장자리에는 진흙 속에서 자라는 샘파이어*가 둑을 형성했으며 남쪽에는 보트 창고가 몇 군데 있었다. 이 휴양단지에는 풀장도 하나 있고, 뾰족뾰족한 풀과 먼지를 뒤집어쓴 채 끈기 있게 자라나는 다육식물이 있는 정원과 카페, 아이스크림과 수영복을 파는

---

* 소금기 있는 물가에서 많이 자라는 녹색 다육성 식물.

작은 상점도 하나 있었다. 우리는 아이들에게 화사한 색깔의 값싼 물놀이용 에어매트리스를 하나씩 사주었고, 아이들은 날마다 만에서 수영하고 손으로 노를 저으며 에어매트리스를 타고 놀았다. 나는 매일 아침 제일 먼저 일어나 슈퍼마켓과 빵집에 가서 식사 재료를 사 왔고, 그런 다음 마크가 일어나 씻고 옷 입는 것을 도왔다. 아침식사를 마치고 치운 뒤로는 하루의 대부분을 책을 읽거나 수영하거나 멍하니 허공을 바라보며 자유롭게 보냈다. 저녁에 두어 번 근처 식당에 식사하러 간 일을 제외하고 우리는 그 리조트에서 거의 벗어나지 않았다. 마크는 잠을 많이 잤고 음식은 조금만 먹었으며, 풀장 옆 퍼걸러* 아래 앉아서 커피를 마시고 날짜 지난 신문을 읽으며 흡족해했다. 한번은 그가 살갗에 닿는 물의 감촉을 간절히 느껴보고 싶다며 풀장에 들어갔다. 나는 물속에서 부력에 의지해 서 있는 그의 체중을 떠받치고 있었지만, 풀장 밖으로 나올 때는 두 아이의 힘까지 빌려야 했다. 우리는 다 함께 마치 바다코끼리를 육지로 끌어올리듯이 힘껏 당기고 밀어야 했다. 마크는 그런 치욕적인 일은 다시는 반복하지 않기로 했다. 게다가 자기를 받쳐주는 나에게 전적으로 의존하고 있음을 인지하고는 풀장 안에서 자기가 안전하지 않다고 느꼈다. 마크는 취약한 상태였고, 이는 그에게 생경하고도 적응하기 어려운 상황이었다.

• 나무나 금속으로 만든 아치형 또는 지붕 형태의 구조물로, 주로 덩굴식물이 타고 올라가게 해 그늘을 만드는 용도로 사용한다.

나는 여기에 성별 간 차이가 있다고 생각한다. 우리 여자들은 자기 몸을 스스로 완전히 통제할 수 없는 상황에 익숙하다. 우리는 자궁경부암검사나 유방암검사를 받으러, 피임과 임신(원하는 임신과 원치 않는 임신 두 경우 모두) 때문에 늘 병원에 갈 일이 있다. 우리는 타인의 보살핌에 몸을 맡기는 일에도, 우리의 몸이 약하고 허술하며 고장나거나 오작동하기 쉬워 개입이 필요하다는 말을 듣는 데도 익숙하다. 내 경험상 남자들은 신체적 이상에 잘 대처하지 못한다. 발병하기 전 마크는 자신의 운동능력에 자신이 있었다. 청년기에는 장애물 경주 챔피언이었고, 중년에는 자전거를 타고 달리기를 했다. 그전까지 그의 몸은 한 번도 그를 실망시킨 적이 없었다.

우리가 코르푸에서 돌아오고 몇 주 뒤, 레이트 박사는 마크에게 고용량 스테로이드 치료를 시작하자고 제안했다. 이를 통해 마크의 뇌에 있는 염증이 줄어들 것이며, 운이 좋다면 동시에 여러 증상도 누그러들 거라고 했다. 고용량 스테로이드에는 심각한 부작용이 있어서 보통 장기적인 사용은 추천되지 않는다. 게다가 끊기도 어렵기 때문에 마크에게 일차적인 치료법으로 쓰지 않았던 터였다. 그리고 아무리 효과가 좋더라도 스테로이드는 염증만 치료할 뿐, 여전히 무엇인지 알 수 없는 염증의 원인은 치료하지 못한다. 처음에는 기적적인 효과가 나타났다. 새 치료를 시작하고 사흘 뒤, 퇴근하고 집으로 들어서는 내게 마크가 소리쳤다. "거기서 기다려!"

잠시 후 마크가 주방에서 나와 미소를 띤 채 나를 향해 복도를 걸어왔다.

"이거 봐!" 그는 보행보조기도 휠체어도 감춰두지 않았다는 듯 두 손을 번쩍 들고 있었다. 우리는 꼭 끌어안았다. 나는 몇 달 만에 처음으로 포옹을 하면서 그의 체중을 떠받치는 게 아니라 동등한 상대로서 그에게 내 팔을 감고 서 있었다.

우리는 며칠 동안 열광적으로 행복을 만끽했지만, 이후로는 어마어마한 용량을 쓰는데도 스테로이드의 효과는 줄어들기 시작했다. 우리는 보행보조기를, 이어서 휠체어도 다시 쓰기 시작했다. 전에도 이런 가짜 새벽을 본 적이 있었다. 그전 해에 마크가 처음으로 혈장교환술을 받고 사흘 뒤, 우리는 내 동생 벤의 가족과 우리 아이들과 함께 어느 시골 공원에 갔다. 마크는 예전과 같은 상태였다. 그는 호수 주변을 걷고 아이들과 놀 수 있었다. 기분에 일어난 변화도 그에 못지않게 기적 같았다. 그는 내 올케와 농담을 주고받았고, 수다스러웠고 즐거워했으며 아이들에게도 주의를 기울였다. 운동장에서는 거대한 그네에 올라타 꿈틀거리고 꽥꽥 소리를 질러대는 대여섯 명의 아이들을 밀어주었다. 하지만 바로 이틀 뒤에는 다시 걷기 어려워져 자기의 지정석이 되어버린 푹신한 주황색 안락의자에 앉았고, 암담함과 공허함 외에는 아무것도 느끼지 못했다.

행복한 남자, 농담하는 남자, 아이들 그네를 밀어주는 남자, 모험가, 연애 선수. 이런 그는 쉽게 사랑할 수 있었다. 하지만 말 없는 남자, 짜증 잘 내는 남자, 냉소적인 남자, 싸움 거는 남자, 과

거의 영광은 물러나고 미래는 무너지고 있는 남자는 사랑하기가 그리 쉽지 않았다. 이때 내가 여전히 그를 사랑했을까? 비록 그 사랑이 답답한 좌절감 아래 묻혀 있긴 했어도, 그랬을 거라 생각한다. 하지만 그때는 그것도 별 의미가 없는 것 같았다. 내 사랑은 그 시절의 우리를 지탱해주기에는 너무 미약했으니까. 마크의 고통과 명백히 보이는 그의 불행에는 안쓰러운 마음이 들었지만, 그가 신랄하게 굴고 아이들에게 상처를 줄 때는 그를 사랑하기 쉽지 않았다. 그런 분노를 마주할 때는 내가 의무를 다하고 있다는 감정뿐이었다. 올바른 일을 하려고 노력할 뿐이라고.

무엇이 올바른 일인지 알았다면 좋았을 텐데. 그때를 돌아보는 지금도 내가 어떻게 했어야 했는지 모르겠다. 마크를 위한 올바른 일이 아이들을 위해서도 올바른 일이었을지 확신이 서지 않는다. 내 해법은 할 수 있는 한 그 두 가지 일을 분리하는 것이었다. 나는 날씨가 어떻든 아이들을 데리고 산책을 나갔다. 안 가겠다고 떼를 써도 살살 달래가며 억지로 비옷을 입히고 털모자를 씌워 데려갔고, 아니면 함께 친구들 집을 찾아갔다. 마크에게는 혼자 공간을 차지할 수 있는 곳에서 편안히 있도록 권했다. 그가 침대에서 책을 읽고 있을 때는 차를 가져다주었고, 주방에 앉아 있을 때는 아이들을 텔레비전 앞으로 구슬려 데려갔다. 주변에서 뛰어다니다 아빠한테 부딪히거나 괜한 소리를 늘어놓다가 신랄한 야단을 듣고 눈물을 흘리는 일, 큰 소리가 오가는 일, 문을 쾅 닫는 일, 감정이 상하는 일을 막기 위해서였다. 우리는 늘 그래왔듯 함께 식사했지만, 긴장되고 신경질적인 상태에서 음식을 먹는 일이 늘었다. 때로 마크는 아이들의 친구들이나 관심사를 조롱했고, 소리 나게 음식을 씹는 애덤을 흉내내어 동물이 먹이 먹는 모습을 팬터마임으로 그로테스크하게 표현하곤 했다. 나는 울음이나 고함으로 치달을 수도 있는 일촉즉발의 주제가 나올까봐 신경을 곤두세우고 종종거렸다. 대화가 어느 방향으로 흘러갈지 충분히 예상될 때는 일찌감치 얘기의 방향을 틀려고 시도할 수는 있으니까. 곧 폭발할 것 같아서 내가 중간에 막아버린 말이나 상처가 될 만한 과장된 비아냥을 아빠가 장난으로 한 소리인 양 둘러댈 수 있을까? 그런 의도가 아니라는 걸 우리 모두가 아는데도? 내가 어느 한쪽의 편을 들어야 했을까? 이런 일을 어떻게 해야 올바로 풀어낼 수 있는지 그때 알았더라면 얼마나 좋았을까. 이 고약한 남자가 마크의 몸을 장악해버리기로 작정하지 않았더라면.

8

철기시대의
문제적 물건

    마크가 죽고 채 일주일이 지나기도 전에 나는 그의 옷을 대부분 처분했다. 어려운 일은 아니었다. 마크는 소유물이 별로 없었고 어떤 물건에도 감정적 애착을 두지 않는 사람이었다. 좋은 코트 두 벌만 조카들을 위해 남겨두고 나머지는 모두 자선 중고품 가게에 보냈다. 다른 사람들이었다면 죽은 사람의 물건을 정리하는 것이 감정적으로도, 일을 처리하는 구체적인 과정 면에서도 더 어려웠을지 모른다. 마크의 물건을 정리하는 게 쉬웠던 이유는 말할 것도 없이 그에게 책을 제외하면 물건이 별로 없었기 때문이다. 그의 책은 대부분 그대로 가지고 있다. 정리가 쉬웠던 또 한 가지 이유는 우리가 그가 떠나기 바로 두어 달 전에 이사를 했기 때문이다. 이사하는 과정에서는 모든 소유물을 적극적으로 추려내기 마련이니까.

몇 주 전 신문에서 되스테드닝döstädning이라는 새로운 유행에 관한 기사를 보았다. 되스테드닝은 스웨덴어로 '죽음 청소'라는 뜻이다. 이는 마르가레타 망누손이 죽은 친구들과 친척들의 집을 청소하는 경험을 한 후에 주창한 관행이다. 망누손은 자기가 평생 모은 모든 물건을 정리하고 처분하는 일, 오래된 편지나 일기, 사진 등에서 별로 알고 싶지 않은 어머니의 세세한 개인사를 맞닥뜨리는 일로 자식들을 번거롭게 하거나 감정적 고통을 안기고 싶지 않았다. '죽음 청소'는 미리 철저하게 정리하는 일이다. 나는 그 일에 어떤 이점이 있는지 충분히 납득했다. 나 역시 그 일을 할 것이다. 다락방에는 어머니 집에서 가져왔으나 아직 정리하지 못한 사진과 슬라이드가 담긴 상자가 다섯 개 있다. 그중에는 내가 보관하고 싶은 것도 좀 있다. 예를 들면 동생들과 나의 어린 시절 사진, 그리고 1965년에 촬영한 젊고 순진해 보이는 부모님의 결혼식 사진과 두 분의 졸업식 사진이 겹쳐진 이중노출 사진들. 많은 일이 있었던 그해 여름에 누군지 새 필름과 현상해야 할 필름을 구분하지 못하고 그냥 찍은 모양이다. 한편 내가 모르는 사람들의 사진과 지금은 아무도 기억하지 못하는 옛날 휴가 사진도 아주 많다. 적어도 우리 아이들이 그런 사진까지 다 훑어봐야 하는 지겨운 일은 덜어줘야 하지 않을까.

마르가레타 망누손은 이 시대에 사람들이 소유하는 물건이 점점 더 많아지고 있으며, 물건이 우리보다 더 오래 남아 있는 것은 문제라고 지적했다. 사람들은 버리기에는 너무 의미가 깊고 짙은 감상이 배어 있는 물건이라는 이유로 거대한 창고에 가보를 보관해두길 원하는 걸까? 나는 그러길 원치 않는다. 그렇다면 자신에게 중요하고 의미 있는 물건은 어떻게 해야 할까? 흔히들 죽으면 물건을 가지고 갈 수 없다고 말한다. 하지만 우리 고고학자들은 가지고 갈 수 있다는 걸 안다. 이천 년 전 유럽에서 죽은 사람들 가운데는 옷과 보석, 도구, 무기, 그리고 사실상 만찬이라 할 만한 것뿐만 아니라 동물에다 전차까지, 심지어 충격적이게도 하인이나 신하마저 무덤 속으로 함께 데려간 이들이 있었다. 이를 현대에 빗댄다면 내가 마크와 그의 볼보와 배관공을 함께 묻는 일이 될 것이다.

그러나 경우에 따라서는 죽은 사람의 소유물을 처리하는 일이 매우 어려울 수도 있다. 사별과 관련된 옛 이론들은 유족이 사자와 분리되고 일련의 단계를 거치며 정상으로 돌아가는 방식에 초점을 맞추었다. 근래의 사별 연구자들은 '지속 유대'라는 모형을 선호한다. 그들은 돌아갈 정상 상태 같은 것은 없으며, 관계를 이루는 이들 중 한 사람이 세상을 떠나도 관계는 계속된다고 말한다. 오히려 우리가 초점을 맞춰야 하는 것은 새로운 정상 상태를 수용하고 적응하는 일이다. 이 과정에서 물질적 사물은 죽은 사람의 대리물 혹은 그들에 대한 기념물이나 함께한 삶의 기념물로서 각자의 역할을 수행한다. 그리하여 갓 과부가 된 이는 아직 남편의 체취가 남은 셔츠를 입고 잠을 잔다. 결혼반지를 빼겠다고 결심하는 일도 어려울 수 있다. 때로는 평범한 물건이 연상 및 타이밍과 맞아떨어져 감정적 의미와 기억을 떠올리는 힘이 충만한 도구로 탈바꿈하기도 한다. 케이트 보이델이라는 젊은 과부는 저서에서 죽은 남편이 사용하던, 나무를 돌려 깎아 만든 면도용 그릇을 언급한다. 남편이 죽은 후 보이델은 그 면도용 그릇을 남편의 생애 마지막날의 상태 그대로, 말라붙은 비누에 그가 마지막으로 면도하며 휘저은 면도솔의 흔적이 남아 있는 그대로 유지했다. 그리고 어린 자녀가 아빠의 면도솔을 집어들고 장난스럽게 면도 그릇을 쓸면서 자기도 모르게 아빠가 물질세계에 남겨둔 덧없는 흔적을 지워버렸을 때 자신이 느꼈던 괴로움에 관해서도 이야기한다.

고고학자 린지 뷔스터는 스코틀랜드 남부 브록스머스 정착지에 있는 철기 후기의 원형집터에서 벽 내부와 바닥 밑에 의도적으로 숨겨둔 물건들을 발견하고, 이를 이해하기 위해 지속 유대를 다룬 사별에 관한 문헌을 샅샅이 뒤졌다. 뷔스터는 이 특이한 맥락에서 발견된 물건들이 '문제적 물건'이라고 생각한다. 그가 문제적 물건이라 부르는 것은 살아 있는 사람들이 일상적 용도로 사용하기에는 죽은 사람의 정체성과 너무 단단히 결부되어 있고 너무 무거운 감정적 무게를 품고 있는 물건이다. 브록스머스에서 발견된 뼈 숟가락, 맷돌 등의 인공물은 귀한 보물이나 걸작 공예품이 아닌 평범한 물건이다. 그러니 그 물건에 담긴 의미는 아마 아주 개인적인 의미일 것이다.

2015년 11월 마지막날, 우리는 멜턴 모브레이에 있는 우리 옛집을 떠나 그랜섬에 있는 집으로 이사했다. 마크의 건강이 나빠지고 있었는데도 우리는 왜 멜턴 모브레이의 편안하고 현대적인 집을 떠나 그랜섬에 있는 비실용적이고 개성이 강한 조지왕조 시대 테라스식 주택*으로 간 걸까? 겉으로만 보면 이사는 어리석은 짓이었다. 이사로 인해 우리는 아는 사람이라곤 없는 소도시에서 살면서 해야 할 일이 훨씬 많아졌다. 이사는 집이 달라진다는 뜻이었는데, 이 집은 거동이 불편한 사람이 생활하기에 적합한 집도 아니었으며, 오래된 건물이므로 고치기도 쉽지 않았다. 게다가 마크의 복잡하고 불확실한 병력에 관해 아무것도 모르는 의사로 주치의가 바뀐다는 뜻이기도 했다. 그랜섬에서 새 의사를 처음으로 만났을 때, 그는 우리가 마크의 병에 관해 알려주지 않으려 한다고 생각해 몹시 짜증스러워했다. 그 의사의 눈에 우리는 어려운 의학 용어를 이해하지도 기억하지도 못하는 어리벙벙한 늙은 멍청이로 보였을 것이다. 마크의 병에 관해 우리가 들려주는 이야기를 귀담아들으려고도 믿으려고도 하지 않았고, 여러 검사와 스캔에서 뚜렷한 결과가 나오지 않았다는 말도 받아들이려 하지 않았다. 마크의 문제에 관한 간단한 질문에조차 답하지 못하는 우리의 멍청함을 참지 못한 그는 멜턴의 옛 의사에게 전화를 걸어본 후에야 우리가 실제로 진단을 받지 못했다는 사실을 받아들였다. 이사를 계획하던 시점부터 이미 그랜섬에 있는 학교에 보내고 있던 애덤은 별문제가 없을 터였다. 그러나 그레그는 초등학교 졸업을 겨우 육 개월 앞둔 시점에 새 학교로 옮겨야 했다. 그리고 대학에 가 있던 레이철은 방학이 되면 모든 친구와 수십 킬로미터

---

* 구조가 같은 주택 여러 채가 측벽을 공유하는 형태의 연립주택.

떨어져 있고 버스 노선도 얼마 없는 마을로, 한 번도 자기 집인 적 없었던 집으로 와야 했다. 그리고 나 역시 마크가 거의 움직이지 못하므로 이사를 하면 실질적인 일을 전부 나 혼자 다 처리해야 하리란 것도 잘 알고 있었다.

그런데 우리는 왜 이사한 걸까? 가장 큰 이유는 마크가 회복하리라는 희망과 정신적 안정을 얻는 데 필수적이었기 때문이다. 심지어 우리끼리도, 우리 이야기가 예전에 계획했던 해피엔딩을 향해 가고 있는 척하려고 애썼다. 마크는 자기가 살라미를 만들 수 있고 우리가 몇 년 전 함께 계획했던 삶을 살 수 있도록 큰 정원과 딴채가 있는 집을 원했다. 우리가 그 집을 사던 시점에도 나는 그가 딴채에서 살라미를 말릴 일은 없으리라는 걸 알았던 것 같다. 그가 잔디 깎는 기계를 밀거나 천장에 페인트를 칠할 날이 없으리라는 것도 알았다. 계단도 곧 사용할 수 없게 될 거라고 짐작했다. 하지만 어쨌든 우리는 그대로 밀고 나갔다. 마크의 꿈의 모래성을 발로 차서 무너뜨리지 않기로 한 것이다. 절망적 현실을 인정하지 않으려던 우리의 고집스러움은 한심했던 걸까, 대견했던 걸까? 아직도 어느 쪽인지 모르겠다. 예상되는 미래가 당시 마크의 미래만큼이나 잔인하고 황량해 보인다면, 그럴 때는 그 예상을 덮어놓고 외면하는 전략에도 나름의 긍정적인 면이 있다.

게다가 이미 우리는 그 길로 들어선 터였다. 전부터 그랜섬으로 이사할 계획을 세우고 있었기 때문에 애덤은 이미 그랜섬에 있는 중학교로 전학시킨 터였다. 그리고 멜턴 집을 팔기로 한 계약을 이제 와서 취소한다면 매입자는 오도 가도 못하게 되고 연쇄적인 이사의 고리도 끊어지니 그 또한 보통 문제가 아니었다. 마지막 이유는 우리가 달리 어떻게 해야 할지 몰랐다는 것이다. 이사를 한다는 것은 적어도 분명한 목적이 있는 행동이다. 그리고 역경에 직면했을 때는 기한과 할일 목록으로 이뤄진 프로젝트가 있다는 것이 심리적 안정감을 준다. 애덤이 태어나기 전, 나는 임신 중기에 유산을 한 적이 있다. 할 수 있는 일이 없었다. 그 실망과 슬픔을 받아들이고 다시 시도해야 했다. 하지만 나는 참을성 있게 기다리는 일을 너무 못하는 사람이다. 하루하루 시간은 가는데 아무것도 안 하고 있다는 사실이 내 마음을 더 괴롭혔다. 소파수술을 받은 뒤 병원에서 돌아와 우리의 사진을 전부 앨범에 정리해 넣은 일이 기억난다. 그런다고 아기가 생기는 건 아니지만, 실패가 내 인생의 주제였던 당시에는 그걸로도 일말의 성취감을 느낄 수 있었다. 사진을 정리하는 건 무슨 일이라도 하고 싶어 근질거리는 내 마음을 긁어주는 좋은 방법이었는데, 이사는 그러기에 좋은 방법이 아니었던 것 같다.

몇 주 전, 우리가 살 만한 집들을 둘러보고 다닐 때만 해도 마크는 도움 없이 집을 둘러볼 수 있었고 심지어 위층에도 올라가고 정원에도 가볼 수 있었다. 비록 하루에 두 집 이상 둘러보는 건 무리였지만. 이때는 고용량 스테로이드 치료를 하던 때로 다시 뭔가가 가능해 보이던 시기, 마크에게는 약간 수정된 새로운 정상 상태 같은 시기였다. 그러나 새집의 매입을 완료한 무렵에는 보행 보조기 없이는 한두 걸음 이상 걸을 수 없었다.

내 친한 친구 다이앤은 바로 전해에 이혼하고 원가족이 사는 집 근처 모퉁이에 있는 더 작은 집으로 이사했다. 자기가 겪어 보아서일까, 다이앤은 내가 멜턴을 떠나 겪게 될 감정적 충격을 어떻게 감당할지 걱정했다. 우리가 옛집을 떠날 준비를 하고 있던 늦은 아침, 다이앤은 울고 있을 나를 달래줄 생각으로 우리집에 왔다. 나는 우는 대신 빗자루와 쓰레받기를 들이밀며 내가 이층에서 청소기를 돌리는 동안 주방을 좀 쓸어달라고 부탁했다. 아직도 내가 그날 청소를 얼마나 대충했는지 생각하면 낯이 뜨거워진다. 나는 물건을 모두 밖으로 빼내고 최악의 난장판을 깨끗이 치우는 일에 너무 정신이 팔려서 십삼 년간 살았던 멜턴 시절을 끝내는 데 따르는 깊은 아쉬움 같은 건 생각할 여유가 없었다.

그날 저녁 여덟시경이 되어서야 트럭에서 짐을 다 내릴 수 있었지만, 식탁이 문을 통과하지 못해 엉뚱한 방에서 다른 물건 틈에 끼어 있었다. 그 식탁을 다시 꺼내 와 다 함께 둘러앉아 포장해 온 중국 음식을 먹을 때, 나는 기꺼이 약간 낙천적인 기분을 누렸다. 아무튼 우리는 해냈으니까. 스트레스가 심한 일이었고 집은 창고 건물처럼 보였으며 아직도 해야 할 일이 산더미였지만, 심지어 마크는 그렇게 쇠약했지만, 이런 가운데서도 우리는 이사를 해낸 것이다. 어쩌면 우리가 여기서 모종의 미래를 구축할 수 있을지도 몰랐다.

새집은 1815년과 1820년 사이에 지은, 세 채가 연결된 타운하우스 중 가장 동쪽 집이었다. 번잡한 간선도로에서 한참 물러난 위치에, 아이비에 뒤덮인 키 큰 나무들이 항상 그늘을 드리우는 진입로를 따라 자리하고 있었다. 진입로는 습하고 이끼에 뒤덮여 있어서 비나 눈이 오는 날씨에는 아주 위험할 수 있었고, 아스팔트는 곳곳이 푹 파이고 갈라졌는데 그 틈마다 풀과 끈질긴 부들레야가 장악하고 있었다. 집 앞에는 진입로와 평행하게 이어지는 좁은 잔디밭이 있는데, 여기도 주로 이끼가 점령했고 가장자리에는 인동딸기와 라일락이 침범해 자라고 있었다. 세 칸짜리 가파른 돌계단이 집 앞의 좁은 테라스로 이어진다. 안으로 들어가면 천장이 높고 예전에는 우아했을 법한 현관이 나오는데, 무늬의 결이 도드라진 벽지 위에 덧칠한 번들거리는 노란 페인트와 지저분한 베이지색 카펫 때문에 보기가 흉했다. 거실은 앞쪽과 뒤쪽에 각각 하나씩 있는데 둘 다 동굴처럼 천장이 높고, 뒤쪽 확장 공간으로 좀 특이하게 생긴 주방이 있는데 여러 개의 벽감 사이 부분부분 남은 벽이 보이며 팬트리가 모퉁이에서 큰 자리를 차지하고 있다. 현관과 주방 사이에 있는 작은 방의 긴 양쪽 벽에는 각각 문이 달려 있다. 창틀에서 석고가 부서져내리는 창도 하나 있었다. 그레그는 이 방을 프리키친 pre-kitchen이라고 불렀다. 처음 이삿짐을 들일 때 식탁을 들여갈 수 있는 한계는 프리키친까지였다. 놀랍게도 문을 통과하기에 식탁이 너무 커서 진짜 주방까지 가지고 들어갈 수 없었다. 그래서 처음 며칠 동안 식탁은 절반쯤 프리키친에 들어가 있고 나머지는 현관 쪽으로 튀어나와 있어서, 집안으로 들어가려면 식탁 가장자리를 돌아서 들어가야 했다. 위층에는 침실 네 개와 욕실이 있는데, 욕실은 다른 방들보다 조금 낮게 있어서 계단에서 마지막으로 돌아가는 층계참에서 들어갈 수 있다. 욕실에서 나올 때는 층계참 아래 삼각형으로 된 계단을 디디게 된다. 욕실에는 욕조와 샤워부스가 따로 있다. 이제 욕조를 넘어 들어갈 수 없게 된 마크에게는 샤워부스가 있는 것이 중요했다.

집안 전체에서 습기 때문에 퀴퀴한 냄새가 났는데, 우리가 집을 보러 갔을 때도 옛 집주인은 라벤더향 방향제로 그 냄새를 감추려 했지만 그 시도는 절반쯤 실패했다. 지붕에도 홈통에도 이끼가 자랐고 굴뚝은 막혀 있었다. 우리는 정말 변덕스러운 타이밍으로 켜지고 꺼지던 중앙난방장치의 작동법도 도저히 알아낼 수 없었다. 나중에 알고 보니 아이들 방 붙박이 옷장 바닥에서 나타난 수수께끼 같은 기기가 중앙난방장치의 리모컨이었다. 그걸 그레그가 장난감 휴대폰처럼 가지고 놀고 있었다. 우리가 멜턴을 떠나기 전에 나를 위로하러 왔던 친구 다이앤은 그 집을 '스쿠비 두* 하우스'라고 불렀다. 그래도 집에 대한 내 인상은 조금도 나아지지 않았다. 가구를 간신히 다 채워넣은 후 가장 시급한 문제는 습기를 해결하는 것이었다. 오래된 집을 전문으로 하는 건축업자와 이야기를 나누었는데, 그는 복도의 카펫을 걷어내고 거실에 벽난로 불을 지펴둔 다음 날씨가 허락하는 한 문과 창을 열어두라고 조언했다. 지금까지 오 년 동안 그렇게 해왔지만 아직도 그 문제는 해결되지 않았다. 그러나 복도의 축축한 베이지색 카펫을 걷어내고 놀랍게도 그 밑에 또 깔려 있던 지붕 공사용 펠트를 걷어

---

* 미국 TV 애니메이션 시리즈로, '스쿠비 두'는 주인공 개의 이름이다. '미스터리 주식회사'라는 이름을 가진 탐정단을 꾸린 네 명의 아이들과 개가 함께 기묘하고 으스스한 사건의 진상을 파헤치는 내용이 주를 이룬다.

내고 나니, 아마도 이 집만큼 오래되었을 석회석 석판으로 된 꽤 멋진 바닥이 드러났다. 그 건축업자는 나와 비슷한 연배의 잘생긴 남자로, 흥미로운 대화를 할 줄 알고 역사적 건축물에 대한 지식도 깊었다. 이후 일 이 년에 걸쳐 그 사람이 몇 차례 더 우리집을 방문할 일이 있었는데, 주방이나 파티오에서 커피를 마시고 가기도 했다. 그리고 아마 본인은 짐작도 못했겠지만 그는 내 상상의 삶 속에서 제법 큰 자리를 차지하게 됐다. 당시 나에게는 건강하고 교양 있는 남자, 실질적인 기술이 있고 편안히 대화를 나눌 수 있는 남자가 특히 매력적으로 느껴졌다. 나의 판타지는 특정 연령대의 여자들이 탐닉할 만한 에로틱한 판타지가 아니라, 다부진 턱선을 가진 남자가 커튼레일을 달고 자동차에 생긴 문제를 해결하는 장면을 중심으로 펼쳐졌다. 내 상상의 연인은 자신감 있고 남자다운 목소리로 벽의 어느 부분에서 이음매를 손봐야 하는지를 나에게 알려준다. 페로몬을 뒤집어쓴 남자는 나에게 아무 영향도 못 미쳤겠지만, 스워피거와 화이트 스피릿* 향은 나를 그의 굳은살 박인 큰 손 안에 든 윈도퍼티처럼 말랑말랑하게 만들었을 것이다. 내게 부적절한 어떤 일을 할 기력이나 기회나 성향이 있었다는 말은 아니지만, 나도 약간의 몽상을 즐길 자격은 있다고 생각했다.

• 스워피거는 기름이나 페인트 등을 씻어내는 고성능 세제, 화이트 스피릿은 페인트붓 세척이나 페인트 희석 등에 사용되는 용매이다. 강하고 독특한 냄새가 난다.

9

테르미누스
안테 쾜

    고고층서학은 과거 물질적 사건들의 순서를 기록하지만, 절대적 연대기가 아닌 상대적 연대기를 제공한다. 그러니까 어떤 일이 다른 일보다 이전에 일어났는지 이후에 일어났는지를 말해줄 뿐, "이 일은 기원전 426년에 일어났고, 저 일은 기원전 350년에 일어났다"라는 식으로 알려주지는 못한다는 말이다. 층서학적 순서는 시간의 바람에 쉽게 흩날리므로, 우리는 그 순서를 고정할 지점을 찾아내려 한다. 그 지점은 때로는 방사성탄소 연대나 열형광처럼 과학적 분석에서 가져온 시점이다. 또 때로는 예컨대 지진이나 도시의 약탈 같은 고고학적으로 관찰할 수 있는 사건을 이미 알려진 역사적 사건과 연결할 수 있는 특정 장소다. 고정된 지점은 작을 수도 클 수도 있으며, 연대를 비교적 정확하게 지정할 수도 있고 대략적으로 지정할 수도 있다. 예컨대 연도가 새겨진 동전일 수도 있고, 어떤 새로운 기술의 등장일 수도 있다는 얘기다. 이런 고정된 지점은 특정 사건이 그 이전 또는 이후에 일어났어야만 하는 기준점이 되는 연대를 제시한다. 이를테면 930년이라고 새겨진 동전이 그 이전 시기의 고고학적 기록에 들어가 있을 수는 없다. 그 동전이 어느 벽의 하부구조에서 발견됐다면, 그 벽이 930년 이전에 지어졌을 가능성은 없다는 말이다. 여기서 930년은 이 벽의 테르미누스 포스트 퀨terminus post quem, 즉 글자 그대로 '그것 이후의 한계점'(사건이 일어날 수 있는 최초 시점)이다. 게다가 그 벽이 1000년에 일어난 것으로 기록된 대화재의 잔해더미에 뒤덮여 있었다면, 이는 그 벽이 1000년 이전에 완성되었다는 의미이므로 1000년 이후에 만들어졌을 리는 없다. 여기서 이 화재 잔해층은 벽의 테르미누스 안테 퀨terminus ante quem, 즉 '그것 이전의 한계점'(사건이 일어날 수 있는 최후 시점)을 제공한다. 일단 우리가 층서학적 순서를 확보했다면 각 요소(우리의 전문용어로는 '맥락')의 연대를 확실히 알아낼 수는 없다 하더라도, 테르미누스 안테 퀨과 포스트 퀨을 고려하여 그 벽의 연대를 서기 930년부터 1000년 사이 시기로 잡는 타임라인을 구축할 수 있다. 나는 이 용어를 여간해서는 사용하지 않는다. 라틴어 자체는 문제가 아니다. 나는 종합학교*를 다녔지만 이 학교는 우리 같은 아이들은 고전교육을 받지 않아도 된다는 지시를 전달받지 못했던 모양

• 　　영국에서 열한 살부터 열여덟 살까지의 학생들이 다니는 중등학교로, 누구나 들어갈 수 있다.

이다. 그래서 우리는 몇 년 동안 남루한 행색의 테일러 선생님에게 베르길리우스를 배워야 했다. 정장 상의의 뜯어진 솔기를 스테이플러로 고정하고 다니던 선생님이었다. 문제는 두 용어가 쓰인 글을 봤을 때, 어떤 시점을 기준으로 그 이전 또는 이후에 일어났어야만 한다는 말인지 일어났을 리 없다는 말인지 확실히 알 수 없다는 점이다. 나머지 문장을 다 읽어야만 어떤 의미로 쓴 건지 알 수 있다. 나는 분명히 정의를 제대로 알고 썼어야 할 문헌에서 그 용어들을 양쪽의 의미로 다 사용한 경우를 여러 번 목격했다. 하지만 나는 고고층서학 자체는 정말 좋아한다. 불확실성과 다양한 해석 가능성이 존재하는 세계에서 층서학은 정말로 맞는 답을 갖고 있다. 고고층서학은 고고학적 방법론의 스도쿠와 같다.

내 기억의 층서학을 정리할 때도 고정된 날짜를 부여할 수 있는 몇몇 지점이 도움이 된다. 마크가 다리가 약해진 걸 처음으로 느꼈을 때 우리는 펨브로크셔의 해변길을 걷고 있었으니, 분명 2014년 여름이었을 것이다. 나는 우리가 코르푸에 간 날짜도 알고 있으니, 마크는 늦어도 2015년 여름부터는 대부분의 시간 동안 휠체어를 사용했다. 우리가 함께한 마지막 크리스마스도 나에게는 쓸 만한 테르미누스 안테 퀨이다. 12월에 우리는 새집에서 살고 있었고 그레그는 곧 그랜섬의 새 학교에 다닐 참이었다. 냄새나는 카펫은 아직 복도에 깔려 있었다. 크리스마스트리에서 떨어진 침엽수잎들을 그 카펫에서 빼내려고 애썼던 기억이 나는 걸 보면 말이다.

이사한 날과 크리스마스 사이에는 삼 주 반의 시간이 있었다. 아직 풀지 못한 상자들이 있었고, 누군가를 섭외해 앞쪽 방에 선반을 설치할 때까지는 상자 속 책과 CD들을 푼다 해도 놓아둘 곳이 없었다. 나는 시급히 전기기술자와 배관공, 굴뚝 청소부, 목수, 건축업자를 찾아야 했고, 침실들도 들어가 지낼 만한 상태로 만들어야 했다.

마크와 관계가 좋았을 때도 나는 가능한 한 나만의 공간을 갖는 일을 중요하게 여겼다. 나는 잠을 얕게 자는데, 마크는 늘 도로 공사용 드릴처럼 코를 골았다. 게다가 라디오로 밤새 월드서비스 방송을 틀어뒀다. 또 그는 책을 읽다가 잠드는 일도 잦았는데, 그럴 때면 침대 옆 조명도 계속 켜져 있기 마련이었다. 이 모든 것은 깊고 오랜 잠을 자는 마크의 능력에는 아무 영향도 미치지 않는 것 같았지만, 나로서는 버스정류장에서 잠을 잔 것 같았다. 멜턴 집에서 내 수면 루틴은 이랬다. 먼저 마크와 함께 우리의 더블베드에서 잠들지만 늘 한두 시간 뒤면, 침대 옆 조명은 여전히 켜져 있고 라디오가 내게 부룬디의 커피 수확에 관해 알려주는 가운데 잠에서 깼다. 그러면 나는 어둠과 고요를 찾아 아무도 안 쓰는 다른 방에 가서 남은 밤을 보냈다. 마크는 밤에 이렇게 자기 옆을 떠나는 것을 개인적인 거부라고 느꼈고, 내가 자기의 "사랑의 가르랑거림"—그는 이렇게 부르기를 좋아했다—이 미치는 영향을 과장한다고 믿었다. 마크가 세상을 떠난 후 나는 그의 입원 시기에 작성된 정신과 보고서를 읽었는데, 거기서 그는 내가 침실을 따로 쓰는 걸 선호하는 것이 우리 관계의 상태가 나쁘다는 증거라고 진술했다. 그랬을지도 모른다. 어쨌거나 우리가 그랜섬의 집으로 이사할 때 나는 쉬러 들어갈 수 있는 나만의 조용하고 어두운 침대를 꼭 갖겠다고 마음먹었다. 이사한 지 두어 달 뒤, 마크에게 이미 감옥이 되어버린 침대에서 그가 지내는 동안 욕창이 생기는 걸 막기 위해 병원에서 병원용 침대와 욕창 방지용 에어매트리스를 보내주었고, 그러자 그의 방에서 나는 불협화음에 에어펌프의 쉭쉭거리는 소리까지 가세했다. 나라면 신경에 거슬렸을 텐데 마크는 그 소음을 개의치 않았다. 그는 소중히 여기는 라디오를 침대 바로 옆에 두었고, 가능할 때는 일도 하고 뉴스도 확인하고 이메일도 쓰는 노트북 컴퓨터도 함께 두었다. 내가 아고스 매장에서 사 온 침대용 테이블은 그에게 작업 책상이자 식탁 역할을 했다.

 마크가 어쩔 수 없이 운전면허를 반납한 뒤로, 그리고 그가 미각과 후각을 잃은 뒤로 나는 점점 장보기와 요리까지 떠맡게 됐다. 원래 늘 내가 맡아왔던 세탁과 집안일, 가족 일 관리도 계속 나의 몫이었다. 게다가 치매에 걸린 나의 어머니는 새로 들어간 요양원에서 하루에도 십수 번씩 전화를 걸어왔고, 나는 새로 이사한 집을 정리하려 애쓰는 동시에 직장에서 전개되는 업무 상황에서도 더욱 심한 압박을 받고 있었으므로, 그랜섬에서 지낸 처음 몇 주 동안 마크를 돌보는 일을 약간 게을리했다. 그가 씻고 옷을 입고 도뇨관을 처리하는 것을 돕고 그가 먹을 음식을 만들어주면서 실질적으로 그를 돌보고 있기는 했지만, 그냥 곁에 앉아서 새로운 소식에 관한 잡담을 나누며 함께 있어주는 시간은 별로 갖지 못했다. 마크는 또하나의 해야 할 일에 해당하는 범주가 되었고, 조직하고 관리하고 매일 처리해야 하는 과제 같은 존재가 되었다. 처리해야 할 일이 너무 많았고, 인생과 집과 아이들과 관련해서 해야 할 일이 너무 많았다. 아직 내겐 전업으로 일하며 유지해야 하는 직장이 있었으므로 새로운 경로로 레스터까지 긴 통근을 해야 하는 일정에 그 모든 일을 끼워넣는 일이 머릿속을 꽉 채우고 있었다. 나는 회오리바람처럼—매우 활동적이었지만 어쩌면 그리 효율적이지는 않았을지 모른다—전화를 받고, 아이들을 태워서 데려가고 데려오고, 쇼핑하고, 마감 기한 내에 일을 완료하고, 가족의 재정 문제를 처리하면서 모든 걸 뒤죽박죽으로 만들었고 우리의 삶이 나아갈 경로를 뚫어내느라 앞에 놓인 것들을 닥치는 대로 사방으로 내던졌다. 목록에 있는 해야 할 일들만 다 처리할 수 있다면 나는 괜찮을 거라고 확신했다. 그렇다면 우리는 제대로 일들을 처리하고 있는 것일 터였다. 우리는 준비가 되어 있을 터였다. 나는 말을 하고 말을 듣는 일이 언제나 우리 관계에서 접착제 역할을 해왔다는 것을 잊었다. 삶을 준비하기만 하면서 실제 삶이 방해받는 걸 방치했다. 종종거리며 여러 일을 처리하고 갖가지 상황을 정리하는 와중에 내가 그를 사랑한다는 사실을 잊었다. 내가 모든 일을 하고 있었고 마크는 나를 도울 수 없었다는 것이 그 시절에 대한 기억이지만, 그건 분명 내 착각이리라. 가정 내 분업에 관한 연구를 보면, 양쪽 파트너 모두 자신의 기여를 과대평가하고 상대방의 기여를 과소평가한다는 것을 알 수 있다. 가사활동에는 주기적으로 한 사람이 다 처리하는 영역이 존재하는데, 이 경우 파트너는 상대가 그런 일을 하고 있다는 것조차 알아차리지 못한다. 이런 잘못은 남자들이 여자들보다 더 심각하게 저지르지만, 우리는 모두 우리가 일에 쏟는 시간과 자신이 맡은 일의 분량을 과대평가하기 십상이고 상대방이 하는 일을 알아주고 인정하는 데는 야박하다. 연구자들은 이를 자기중심 편향이라 부른다. 몇 년 전 마크가 자기 머리를 잘라줄 만큼 내게 시간이 많을 거라고 생각했던 것은 그의 자기중심 편향 때문이었고, 그가 이발기를 건넸을 때 내가 이미 어마어마한 양의 집안일과 생활 관리를 담당하고 있다고 생각했던 것은 내 자기중심 편향 때문이었다. 마크가 병에 걸렸을 때, 그에게는 대부분의 집안일을 할 수 있는 신체적 능력이 없었으므로 우리 상황은 말할 것도 없이 대부분의 가정 상황과는 달랐다. 그러나 새해가 되어 그가 병원에서 몇 주를 보냈을 때, 나 역시 똑같은 착각을 저지르고 있었음을 깨닫게 해준 두 가지 일이 일어났다. 첫째로, 예리하던 우리집 식칼의 칼날이 무뎌졌다. 둘째로, 집안의 화초가 모두 말라죽었다.

그해 12월 나의 매일은 꽉 차 있었다. 애덤은 이미 그랜섬에서 학교를 다니기 시작했지만, 그레그는 1월이 되어야 새 학교로 가기 시작할 터였으므로 나는 매일 아침 삼십 분 거리의 멜턴까지 그레그를 태워 가야 했고, 오후에는 방과후 클럽이 끝나는 시간에 맞춰 매일 데리러 가야 했다. 그사이 시간에 전업 전문가로서 내가 할 일을 욱여넣으려 애썼지만, 나는 늘 마감 기한을 놓치는 것 같고 동료들과 학생들을 실망시키는 것만 같았다. 그렇지만 학자로서도 선생으로서도 나의 미흡함을 바로잡거나 심지어 그에 대한 죄책감을 느낄 기력조차 남아 있지 않았다. 거기다 장보기와 요리하기, 상 차리기와 치우기, 빨래까지 어떻게든 해내야 했고, 그러고도 남는 저녁시간에는 짐 상자들을 풀고, 집안을 되도록 보기 좋게 정리하려 애쓰고, 크리스마스카드를 쓰고 선물을 포장했다. 마크는 돌아다니는 게 점점 더 어려워졌다. 아직 개인적 관리는 대부분 스스로 할 수 있었고, 아침에는 아래층으로 내려오고 하루가 끝나면 다시 이층으로 올라갈 수 있었다. 하지만 이제는 몇 초 이상 서 있지 못했고, 몇 걸음 이상 걷지 못했다. 주방에 있는 높은 스툴의자가 그가 카운터에 앉아 토스트나 차를 만드는 데 도움이 됐지만, 그 이상의 도움을 줄 수 없다는 데 그가 좌절감을 느꼈다는 걸 나는 안다. 그는 앉아서 내가 허둥대는 모습을 지켜보곤 했고, 아무 도움도 안 된다는 생각은 그의 우울감만 더 키울 뿐이었다. 그는 다른 사람을 만나는 일도 거의 없었고, 그때 나는 함께 있어도 위안을 주는 존재가 아니었다. 그해 그레그는 혼자서 짤막한 크리스마스캐럴을 부르는 버릇이 생겼는데 가사가 이랬다. "고요한 밤, 거룩한 밤, 모두 다 평안해, 엄마만 빼놓고."

어차피 크리스마스 정찬만 빼고 크리스마스는 늘 내 책임이었고, 평소 나는 괜찮은 선물을 준비하고 직접 케이크를 만들고 장식하는 일까지 제대로 해내려 애썼다. 예전에 우리는 종이사슬을 만들었다. 아이들은 가장 긴 사슬을 만들려고 서로 경쟁했으며, 그런 다음 홀 아래위로 걸어두었다. 나는 크리스마스 몇 주 전부터 오렌지 슬라이스 캔디와 크리스마스 푸딩맛 아이스크림을 만들며 보냈다. 마크는 칠면조를 주문하고 크리스마스 정찬을 요리하는 일을 맡고 있었고, 그가 준비한 정찬은 언제나 훌륭했다. 우리는 멜턴 외곽으로 10여 킬로미터 떨어진 크록스턴케리얼 마을의 보터릴 농장에서 칠면조를 사 왔다. 크리스마스이브에는 항상 칠면조를 고르러 온 사람들로 붐볐고, 보터릴 농장의 가족은 딴채 건물에서 분배 시스템을 구축했다. 지금도 여전히 그러듯이 칠면조를 사러 그 농장에 갈 때면 언제나 우리 이웃 마크 콜먼이 생각난다. 내가 그를 마지막으로 본 것은 우리 둘 다 보터릴 농장에 가족의 크리스마스 만찬을 위한 칠면조고기를 사러 갔을 때였다. 우리가 거위 지방에 관한 농담을 주고받을 때 그는 건강하고 쾌활해 보였다. 나는 그가 말기 암에 걸린 상태라는 걸 몰랐다. 실제로 그는 바로 일주일쯤 뒤, 2011년을 맞이하는 폭죽이 터지고 있을 때 자기 집 자기 침대에서 숨을 거뒀다. 마크 콜먼의 생에는 종말이 너무 일찍 찾아왔지만, 그의 죽음은 좋은 죽음이었던 것 같다. 집에서 가족이 그의 곁에 있을 때 죽었으니까. 그는 죽음이 다가오고 있음을 알았고, 자식들과 소중한 시간을 함께 보낼 수 있었으며, 가족들이 그에게 해야 할 말을 전할 시간이 있었다. 나의 마크는 침대에서 훨씬 더 긴 시간을 보냈고 혼자서 죽었다. 그의 죽음은 좋은 죽음이 아니었다. 마크 콜먼의 아내 게일은 나에게 영감의 원천이었다. 남편의 죽음 이후 혼자서 세 자녀를 부양하고, 그런 다음 조종사 면허를 딸 때 비행 클럽에서 만난 남자와 다시금 행복을 찾았다. 모든 면에서 가장 멋진 과부다.

2015년에 나는 제때를 놓쳐 보터릴 농장에서 아무것도 주문하지 못했다. 대신 다 늦은 시간에 다급히 슈퍼마켓에 가서 수축필름으로 포장된, 오븐에 넣기만 하면 완성되도록 준비된 피곤해 보이는 칠면조와 마지막 남은 떨이용 트리를 사 왔다. 이 트리는 차 안 곳곳에, 그리고 내가 집안으로 가지고 들어가는 동안 진입로와 카펫에도 온통 바늘 같은 침엽수잎을 흘려놓았다. 나는 이 메마른 트리에 반짝이 줄 장식을 걸고 커튼레일에 풍선 여러 개를 묶었다. 우리집에서 축제 분위기를 내는 장식은 이게 전부였다. 내가 종이사슬을 만들 재료도, 창에 붙일 반짝이 장식을 만들 공작재료도 사 올 짬을 낼 수 없었기 때문이다. 선물은 아마존에서 한꺼번에 다 몰아서 샀고, 거기에 시내 할인점에서 사 온 싸구려 몇 가지를 더했다. 놀랍게도 집에서 만든 오렌지 슬라이스 캔디가 없어도, 방목 칠면조와 지역에서 기른 트리와 직접 만든 장식이 없어도 아이들은 전혀 신경쓰지 않았다. 크리스마스 아침에 선물상자를 뜯어보고, 감자구이를 곁들인 점심을 먹고, 오후에 텔레비전 앞에서 영화를 보고, 뇌사에 빠질 만큼 많은 초콜릿을 먹을 수 있다면 아이들은 그걸로 완벽하게 만족스러워했다.

그러나 나는 스트레스가 너무 심해서 크리스마스를 즐길 수 없었다. 모두가 각자의 선물을 받고 크리스마스 만찬을 먹고 나자, 나는 식기세척기에 그릇들을 차곡차곡 집어넣고 식탁 밑에 떨어진 크리스마스 크래커 부스러기들을 쓸어담은 다음 욕실에 들어가 문을 잠그고 흐느껴 울었다. 이전 몇 년 동안 크리스마스 날 오후면 우리는 습관적으로 아직 조금 남은 햇빛 아래서 함께 산책했지만, 이날은 아이들이 선물상자와 초콜릿 상자에서 떨어지지 않으려고 한데다가 마크는 너무 허약하고 추위를 타서 집 밖으로 나갈 수 없었으므로, 나는 낯설고 생경한 새 동네를 혼자 헤매고 다녔다. 눈이 내릴 만큼 춥지는 않았지만 바람은 차가웠고 하늘은 오래된 팬티 같은 연회색이었다. 나는 철로 옆을 따라 난 시민농장 부지 곁을 지나서 벌어진 상처 같은 건설 현장에 다다랐다. 예전에는 어느 농장의 가장자리였지만 앞으로 거대한 신축 주택단지가 들어설 자리였다. 팔레트 단위로 쌓인 벽돌과 타일이 황혼 속에서 어렴풋이 보였고, 두꺼운 비닐 방수포들은 바람에 펄럭이며 딱딱 꺾이거나 덜거덕거리는 소리를 냈다. 질퍽한 바닥에서는 차가운 진흙이 배어나왔고, 물의 손가락들이 내 신발 속으로 파고들었다. 나는 춥고 외롭고 불안했으며, 아무 계획도 없이 절망적인 느낌이었다. 다시는 이런 크리스마스를 보내지 않겠다고 다짐했다. 어쩌다보니 정말로 그렇게 되었다.

10

사천 살의
사지마비
환자

신체장애가 있는 사람이 오래 살아남은 것은 그 사회가 인정 많은 사회였다는 증거라고 보는 생각에는 문제가 하나 있다. 간단히 말하면 '장애'란 문화에 좌우되는 개념이어서, 한 맥락에서 장애로 여겨지는 것이 다른 맥락에서도 반드시 장애로 여겨지는 건 아니라는 점이다. 따라서 '장애가 있는' 사람이 긴 삶을 살고 정상적으로 매장된 것처럼 보인다고 해서, 경제적으로나 사회적으로 '쓸모없는' 사람을 친절한 마음의 타인이 자비롭게 지원하고 너그럽게 봐준 결과라고만 볼 수는 없다. 그보다는 그들에게 소속 집단이 가치 있게 여기는 능력―실질적 능력이든 지적 혹은 영적 능력이든 다른 어떤 능력이든―이 있었거나, 아니면 그들이 지닌 장애가 단순히 그 집단에서는 대수롭지 않은 것이었으리라고 보는 것이 그만큼, 아니, 그보다 더 그럴듯한 설명일 수 있다. 다양한 연령대의 사람들과 신체적·정신적으로 다양한 건강 상태의 사람들—임신부들과 출산한 여자들, 일시적인 부상과 병에 걸린 사람들을 포함하여—로 이루어진 사회에서는 소인증이나 척추 기형이 반드시 대부분의 활동에 심각한 방해가 되는 것은 아닐 수도 있다. 심지어 특정한 병으로 진단할 수 있는 경우에도 개인마다 필요한 도움은 제각각이다. 실제로 로미토 2의 소인증에는 그를 대부분의 생계활동에 참여하지 못하게 할 정도의 방해요소가 전혀 없다. 작은 키 때문에 걷는 걸 피곤하게 느꼈을 수는 있지만, 그가 특별한 도움 없이 집단의 다른 사람들과 함께 이동하지 못했을 이유는 없다. 역시나 키가 작은 어린아이들도 네댓 살이 지난 뒤로는 안고 다녀주리라 기대하지는 않았을 것이다. 사람들은 알아서 처신한다. 사람들이 어떻게 생각하고 싶어했든 간에, 리처드 3세는 척추 기형이 있었음에도 한 나라를 통치할 수 있었고, 적에 맞서 음모를 꾸미고 군대를 이끌고 전쟁터에 나갈 수 있었다.

그러나 때로는 유골에서 보이는 신체 상태로 어떤 기준에서든 심각한 장애가 있었을 거라고 거의 확신하게 될 때가 있다. 만 박 유골 9의 경우를 생각해보자. 간단하게 M9라고 불리는 이 사람은 3700~4000년 전, 베트남 북부 만 박 유적지에서 사망했다. 그는 25세 정도의 젊은이다. 발굴 당시 촬영한 사진을 보면 비전문가의 눈에도 단박에 뭔가가 비정상적이라는 게 분명해 보인다. 그는 무릎과 팔꿈치를 굽힌 상태로 모로 누워 있다. 원래는 큼직한 당근만해야 할 팔과 다리의 긴 뼈들은 연필만큼 가늘다. 그의 자세는 그 묘지의 다른 유골들에서 전형적으로 보이는 자세와 다른데, 이는 그의 몸이 자세를 바로잡기 어려웠기 때문일 것이다. 하지만 그는 아주 조심스럽게 매장되었고, 끈을 눌러 무늬를 새긴 둥그런 테라코타 항아리도 그와 함께 묻혀 있었다. 뼈를 더 분석해보자 다양한 이상의 목록이 드러났다. 뼈가 이례적으로 가늘 뿐 아니라 턱관절도 손상되었고, 척추의 일부는 유합되어 단단히 굳어 있었다. 하체는 전혀 움직일 수 없었을 것이고, 상체 역시 전혀 못 움직이거나 아주 조금만 움직였을 것이다. 현대의 의학 지식에 기반하여 그의 유골을 분석한 유골고고학자들은 그에게 경추가 유합되는 드문 유전질환인 클리펠파일증후군이 있었을 거라고 보았다. 이 증후군에서는 혈액순환과 호흡, 신경계와 위장계 등에도 곧잘 이상이 생긴다. M9는 아마도 15세 무렵에 마비가 발생한 것 같고, 발병부터 사망까지 최소한 십 년 동안 생존을 유지하기 위해서는 다른 사람들의 집중적인 지원과 돌봄이 필요했을 것이다.

    M9의 무력하고 취약한 상태는 그를 돌보는 사람들에게 무거운 책임을 지웠을 것이다. 그는 자기 힘으로 음식이나 물을 구할 수 없었을 것이고 머리, 목, 턱의 움직임도 제한적이었으므로 먹고 마시는 일에도 도움이 필요했을 것이다. 겨울에는 추위와 습기를 막기 위해 누군가가 옷도 입혀주어야 했을 것이고, 축축한 땅에서 떨어진 부드러운 바닥에 자리잡아줘야 했을 것이다. 그를 보살피는 사람은 그에게 위험이 접근하지 못하도록 조치도 취해야 했을 것이다. 혼자서는 태양, 곤충, 동물, 다른 모든 일상적 위

험으로부터 몸을 피할 수 없었을 테니 말이다. 조금이나마 움직일 수 있었다 해도 그 범위는 매우 작았을 테니 새로운 장소로 갈 때는 그를 날라주어야 했을 것이고, 게다가 그의 뼈가 아주 가볍고 가늘었으니 그를 옮길 때는 연약한 팔다리가 부러지지 않도록 조심스럽게 날라야 했을 것이다. 욕창이 생길 위험과 감염될 위험도 매우 컸다. 현대의 임상적 상황에서도 욕창과 감염은 피하기 어려운 일이다. 마크는 규칙적으로 씻고 자세를 바꾸고 자동 에어매트리스를 사용했는데도 욕창이 시작될 조짐이 나타났다. 감염은 더럽거나 습한 피부에서 재빨리 자리를 잡으므로, 사람들은 M9를 주기적으로 씻겨주고 배뇨와 배변을 도와주고 피부를 깨끗하고 뽀송하게 유지해주어야 했을 것이다. 또 욕창을 피하기 위해 자주 몸을 움직여주고 어쩌면 마사지도 해주어야 했을 것이다. 뼈에서 감염의 증거가 발견되지 않은 것을 보면 M9를 돌봐준 사람들이 심각한 욕창을 막아낼 수 있었음을 알 수 있다. 이와 유사하게, 그의 유골에 골절의 흔적이 없다는 점은 그를 옮기고 자세를 바꿔주고 마사지를 해줄 때 무척 섬세하게 해주었으리라는 증거다.

 M9가 마비가 시작되고도 십 년 정도 더 살아남는 것은 지속적이고 능숙한 돌봄을 받을 때만 가능한 일이었다. 우리는 그를 돌봐준 사람이 한 명이었는지 여러 명이었는지, 그들이 가족이었는지 아닌지는 알 수 없지만, 그에게 필요한 돌봄은 아주 광범위하고 시간을 많이 잡아먹는 일이었으므로 돌봐준 사람들이 자신과 다른 가족을 먹이고 돌보는 기본적인 일에 할애할 시간

과 에너지는 상당히 줄었으리라는 건 분명히 말할 수 있다. 그러니 공동체 전체가 M9를 지원했고 그를 보살피는 걸 가치 있는 일로 인정했던 것으로 보인다. 그가 회복될 가망이 없다는 것을, 그가 다른 방식으로는 어떻게 공동체의 안녕에 기여했는지 몰라도 물질적으로는 기여할 수 없다는 것을 분명히 알고 있었을 텐데도 말이다.

　M9 및 그와 유사한 몇몇 사례는 연민의 기원과 발달에 관심이 있는 고고학자들에게 의문점을 던진다. 관찰된 인간 행동은 모두 다윈주의로 설명할 수 있어야 한다고 생각하는 사람들은 진화적 관점에서 볼 때 이렇게 장기적으로 돌보는 일이 애초에 왜 생겨났는지 궁금해한다. 그런 일은 돌보는 사람들에게 스트레스를 가할 뿐 아니라, 돌보는 개인에게도 공동체에게도 어떤 명백한 혜택도 주지 않으니 말이다. 그 진화론자들에게는 몰라도 다른 모든 사람에게 할 수 있는 대답은 모든 행동이 적응에 유리할 필요는 없다는 것, 생명에 대한 존중과 고통받는 사람을 향한 따뜻한 마음은 삶에 형태와 의미를 부여하는 요소라는 것이다.

　그렇다면 M9의 유골이 의미하는 바는 무엇일까? 그의 유골을 연구한 로나 틸리는, M9가 살고자 하는 의지와 감정적 회복탄력성이 강한 사람이었다는 의미라고 말한다. 하반신마비나 사지마비 환자들이 심리적 문제에 시달리는 비율이 높다는 점을 고려하면, 우리는 M9가 그를 지원해주는 공동체와 사회적으로 잘 연결되어 있었으며, 긍정적이고 낙천적인 사람이었을 거라 추론할 수 있다. 그러나 나는 만 박의 또다른 사람 또는 사람들의 이야기에도 머리를 얻어맞은 것 같은 충격을 받았다. 바로 M9를 돌본 사람 말이다. 그때 이 사람에게는 상점도 샤워시설도 수돗물도 비누도 희귀질환에 관한 정보도 없었고, 휠체어도 장애인을 위한 보조기구들도 없었다. 심지어 집도 없었고 짐 끄는 동물도 없었으며, 그 유적지에서 발견된 음식에 관한 모든 증거를 보면 그들은 수렵채집인이었던 것으로 보이므로 아마도 농업조차 없었던 시간과 장소에 살았음에도, 이 사람에게는 심각한 장애를 입은 젊은 남자를 십 년 동안이나 돌볼 신체적·정서적·경제적·사회적 자원이 있었던 것이다. 이 생각에 나는 부끄러워졌다.

이 사람, 사천 년 전의 이 보호자는 어떤 사람이었을까? 아니었을 수도 있지만, 나는 이 사람이 여자였다고 생각한다. 이 사람은 M9의 어머니였을까? 그는 다른 아이들도 돌보고 있었을까? 아기를 가슴에 안거나 등에 업은 채로 M9의 입술에 컵을 대주었을까? 이 사람이 M9의 자세를 바꿔주거나 요강에 앉히거나 땀범벅이 된 여름날 그의 피부를 씻겨주고 닦아줄 때, 주변에서는 M9의 형제자매들이나 사촌들이 뛰놀고 있었을까? 이 사람에게는 자신들의 시간을 내어 그에게 식사를 준비해주고 물고기와 과일과 견과를 가져다준 친구와 친척과 이웃이 있었을까? 그랬으면 좋겠다. 나는 그 사람이 따뜻한 인정을 느꼈기를, 분노하지 않았기를, 도움받았기를 바란다.

12월에 마크는 아침이면 아래층으로 내려와 주방과 거실에서 하루를 보내며 몰래 식칼을 갈고 화분에 물을 줄 수 있었지만, 2016년 1월이 되자 마크에게는 매일 계단을 오르내리는 일이 힘겨워졌고 그가 아예 내려오지 않는 날도 생겼다.

    1월 15일 아침, 마크와 나는 침대에서 욕실로, 다시 샤워부스 안으로 이동하는 힘겨운 왈츠 동작을 간신히 해냈다. 샤워부스 안에는 접이식 의자가 있고, 마크는 따뜻한 물이 피부를 타고 내릴 때 등에 뭔가 기어다니는 듯한 괴롭고 가려운 느낌이 가시는 걸 느꼈다. 샤워가 끝난 뒤 그의 몸을 말리고 옷을 입히고, 다시 비틀거리며 침대로 데려갔다. 이 모든 과정을 끝내고 나니 마크는 기진맥진했다. 그가 다시 침대에 들어가 쉬기 시작한 뒤 나는 아래층으로 내려와 우리가 마실 차를 만들었다. 주방에 들어온 지 이 분쯤 지났을 때 물이 끓어 주전자가 덜컥거리는 소리 위로 공포에 사로잡혀 나를 부르는 마크의 목소리가 들렸다. 위층으로 올라가니 그는 다리가 완전히 마비되었다고 말했다. 너무 반응이 없어서 움찔거리는 것조차 할 수 없다고. 말도 불분명해지기 시작했다. 마크는 겁에 질렸다. 이런 상태가 지나가기를 바라며 그의 곁에 앉아 있는 동안, 그의 팔과 손에서도 점점 더 힘이 빠져나갔고 결국에는 둘 다 완전히 움직일 수 없게 됐다. 맥박은 여전히 강했고 호흡도 정상이었지만, 나는 그에게 뇌졸중이 일어나고 있는 게 아닌지 걱정스러웠다. 그래서 구급차를 불렀다. 구급차가 오기를 기다리는 사이 마크는 얼굴도 움직일 수 없게 됐다. 눈이 감겨 있었는데, 다시 떠지지 않았다. 입술도 거의 움직이지 않았다. 나중에 그는 그때 자기가 죽어가고 있는 거라고, 자기 몸이 폐업하고 있는 거라 확신했다고 말했다. 그는 내게 뭔가 말하려 애썼지만 목소리가 너무 작고 불분명해서 알아듣기가 어려웠다. 그러다가 나는 그가 컴퓨터와 은행계좌의 비밀번호를 알려주려고 한다는 것을 알아챘다. 오백 년 전에 임박한 죽음을 앞둔 사람은 죄를 사해달라는 기도를 올렸을 것이고, 백 년 전에는 아마도 자식들에게 삶의 교훈을 전하려 했을 테지만, 이 세속적인 시대에 우리가 마지막으로 남기는 말은 대소문자를 구별하고 최소한 숫자 하나와 !*?£ 같은 특수문자 하나를 포함하며 여덟 글자로 된 무작위적 문자의 나열일 가능성이 크다.

"응, 걱정하지 마. 다 알아들었어" 하고 나는 말했다. 그의 비밀번호 중 하나도 기억하지 못했고, 내 정신의 티끌만한 부분조차 로그인 정보 따위를 암기하는 데 쓸 마음은 전혀 없었지만.

구급차가 우리집에 도착하기까지는 영원 같은 시간이 걸렸고, 마크의 침대에 앉아 이따금 플란넬천으로 그의 얼굴을 닦아주는 것 외에 내가 할 수 있는 일은 없었다. 얼굴이 더러워서가 아니라 그것이 그나마 그가 느낄 수 있는 감각이었기 때문이다. 나는 내 손길이 그에게 혼자가 아니라는 걸 알려줄 수 있기를, 그의 두려움을 덜어줄 수 있기를 바랐다. 이때는 내가 겨우 두번째로 구급차를 탄 날이었다. 몇 년 전 그레그가 낙상하여 가벼운 뇌진탕이 일어났을 때 구급차를 타고 응급실에 간 적이 있었다. 밖에서는 들여다보이지 않는 유리창의 안쪽에 있는 건 흥미로웠지만, 구급차의 황량한 내부와 옆으로 앉아서 실려가는 자세 때문에 멀미가 날 것 같았다. 어렸을 때는 수수께끼처럼 속이 안 보이는 창을 달고 지나가는 구급차가 항상 대단하고 신기해 보였다.

헬리콥터를 한번 타보고 싶었던 것처럼 구급차에도 타볼 기회가 있었으면 했다. 그러나 현실은 그렇게 신나지 않았다. 고급 캐러밴보다는 작업용 미니밴에 가까웠고, 각종 장비가 든 상자들과 금속 내벽밖에 없었다. 헬리콥터의 내부도 비슷하게 실망스럽다고들 한다.

결국 노팅엄에 있는 퀸스 메디컬 센터는 마크를 주말 내내 붙잡아두었고, 그런 다음 거기서 구급차로 곧바로 옥스퍼드의 존 래드클리프 병원으로 이송했다. 원래는 담당 의사가 각종 검사를 하는 동안 짧게 머물 계획이었지만, 결국에는 여러 주 머물게 되었다.

집으로 돌아온 나는 내 문제로 병원을 찾아갔다. 스트레스와 불면증을 해결하기 위해 수면제나 다른 약을 처방받으려는 생각이었지만, 진료실 안에서 내가 울기 시작하자 의사는 대신 한 달간 병가를 내도록 서류를 꾸려주었다.

그 시기에 나는 아이들을 제외하곤 거의 사람을 만나지 않았다. 대학에서 받은 휴가 기간에는 집을 손봤다. 복도 바닥을 청소하고 프리키친을 마크를 위한 아래층 침실로 꾸몄다. 내 딴에 최선을 다해 벽의 회반죽이 떨어진 부분을 메웠고, 마크가 제일 좋아하는 색인 노란색 페인트로 벽을 칠했으며, 이케아에서 침대 겸용 소파를 사서 이틀 저녁에 걸쳐 조립했다. 그림 몇 점을 걸고 새 전등갓과 연노랑 침대시트와 베갯잇, 크림색 카펫을 샀다. 이때는 침대와 간이변기 사이에 마크가 떨어지기라도 하면 어떤 일이 일어날 수 있는지 내가 깨닫기 전이었다. 나는 마크가 아래층에 내려와 가족의 생활공간 가까이서 행복해하기를 바랐지만, 이윽고 집에 돌아왔을 때 그는 위층의 자기 침실에 있는 게 낫겠다고 했다. 침대 소파에는 단 한 번도 앉아보지 않았고 그 노란 방에서 꾸벅꾸벅 존 적도 없다.

나는 마크의 새 침실을 장식하고 아래층 화장실에 새 수도꼭지를 설치한 내가 무척 자랑스러웠지만, 사실은 혼자서 DIY 작업을 하는 동안 내 능력을 한참 뛰어넘는 일을 시도하고 있다는 버거운 기분이 들었다. 나는 분명 몸을 쓰는 타입보다는 머리를 쓰는 타입에 가까웠고, 많은 여자가 그렇듯 어느새 나도 집에서 전동공구를 다루는 일이나 배관이나 무거운 물건을 다루는 일은, 다소 나약한 태도라는 걸 알면서도 남자에게 의지했다. 울타리전정기나 전동드릴 사용법이 얼마나 쉬운지 알게 된 건 큰 해방감을 안겨주기도 했지만 약간 당황스럽기도 했다. 그러던 어느 밤 라운지에서 커튼을 치는데 커튼레일이 벽에서 와장창 떨어지는 게 아닌가. 우리집 라운지에는 뒤쪽 벽에 아주 높고 무거운 미닫이문이 있는데, 바로 이 문 위에 달려 있던 레일이 떨어진 것이다. 새 레일을 수평이 맞게 고정해야 했는데, 이는 혼자 힘으로 사다리 위에서 균형을 잡으면서 전동드릴로 레일을 고정하는 동시에 그 긴 레일이 제 위치에서 벗어나지 않도록 붙잡고 있어야 한다는 뜻이었다. 울고 싶었다. 나는 올케에게 전화를 걸어 두렵고 기막힌 마음을 전했다.

"이걸 어떻게 해야 제대로 할 수 있을지 모르겠어. 그냥 남자를 하나 불러야 할까봐."

"맞아요." 올케도 안쓰러워하며 말했다. "그 커튼레일 일은 머리에서 싹 털어내버리세요."

그런데 다음 주말에 올케와 남동생이 조카 넷을 데리고 와서는 씩씩하게 소매를 걷어붙이더니 전동드릴과 알코올수준기를 집어들고 커튼레일을 달아주고 앞방 선반 페인트칠 마무리까지 도와주었다. 어찌나 갸륵하던지.

1월 말에는 제부 존에게서 전화가 왔다.
"처형 상황에 관해서, 그 집에 관해서 쭉 생각해봤는데요."
"아, 그랬어요?"
"네. 이대로 가다간 처형이 그 집을 싫어하게 될까봐 걱정이에요. 지금 그 집은 순 혼자서 해야 할 일들과 스트레스의 근원일 뿐이니까 말이죠. 그래서 두 가지 제안을 할까 해요. 첫째, 인테리어 전문가를 불러서 일을 일부 맡겨요. 처형은 그만한 형편도 되고, 그러면 큰 짐이 덜어질 거예요. 그리고 둘째로, 안식처로 삼을 방을 하나 골라서 그 방부터 제일 먼저 마무리하세요. 그러면 적어도 긴장 풀고 쉴 수 있는 장소 하나는 생길 거잖아요."

나는 두 조언 다 받아들이기로 했다. 복도와 계단과 계단참은 높은 공간이고 천장에 닿으려는 건 위태로운 일이었다. 전문가라면 더 빠르고 안전하게 할 수 있을 것이다. 그건 내 생각이 아닌 제부의 제안이었으므로, 내가 게으름을 피우려 꾀를 낸 것도 아니다. 나는 도움을 구할 허락을 얻은 셈이었다. 그리고 그사이 나는 내 침실을 손보기 시작했다. 카펫을 들어낸 다음 마룻바닥을 사포질하고 광을 낼 사람들을 섭외했다. 벽에는 내가 찾을 수 있는 가장 선명한 파란색 페인트를 칠했다. 어느 날 레스터에서 집으로 돌아오는 길에, 프로그아일랜드의 어느 가구 전시장 앞에서 길이 막혀 오도 가도 못하고 있었다. 거기서 본 육중하고 견고한 디자인이 마음을 끌었다. 그래서 나는 마크가 병원에 입원해 있는 사이 세 아이에 레이철의 남자친구까지 대동하고 쇼핑 여행에 나서서 깊이 생각할 것도 없이 새 침대를 주문했다. 높고 무거우며, 모서리마다 커다란 사각기둥이 있고 견고한 머리판과 발막음판이 있는 침대였다. 진료소 대기실에서는 잡지에서 황동으로 된 커다란 연꽃처럼 생긴 조명틀 사진을 보았다. 그것도 하나 주문했다. 벽과 어울리는 쨍한 파란색의 새 침대시트와 베갯잇은 아주 쉽게 찾을 수 있었다. 내 방이고 다른 누구에게도 정당화할 필요 없는 내 선택이니, 섬세한 실로 짠 고운 시트로 골랐다. 마크라면 돈 낭비라고 말했을 테지만 나에게는 산뜻하고 부드럽게 느껴졌고, 감촉으로 느낄 수 있는 만족감의 원천이었다. 그레그가 태어나던 날 찍은 세 아이의 사진도 발견했다. 여덟 살의 레이철은 심각한 얼굴로 카메라를 보고 있고, 애덤은 싱긋이 웃으면서 소파에서 내려오려는 중이라 약간 흐릿하게 나왔으며, 둘의 무릎 위에 터키옥색 신생아복을 입고 있는 갓난아기 그레고리가 놓여 있다. 나는 이 사진을 싸구려 액자에 넣어서 침대 옆 테이블로 쓰고 있던, 크리스마스 장식을 넣어둔 나무상자 위에 올려두었다. 램프 하나, 일기장, 소설 두어 권, 그리고 이 사진. 이 침실은 내 방답다는 느낌이 들었다. 바닥널과 페인트와 핸드크림의 냄새가 났다. 창을 통해 보이는 건 주로 나무들이지만, 나뭇잎이 다 떨어진 겨울에는 철로의 풍경이 펼쳐진다. 나는 서로 다른 기차의 소리를 구별할 수 있게 됐다. 인터시티 열차, 노팅엄으로 가는 완행열차, 한밤중에 덜컹거리며 지나가는 화물열차, 그리고 세 개의 음으로 된 트랙 경고 사이렌소리와 휑하니 그랜섬을 통과하는 급행열차가 가까이 오고 있음을 알리는 서로 교차하는 두 개의 알림음까지.

다른 사람들은 내가 마크를 하루빨리 집으로 데려오고 싶어하며 그가 병원에 있는 상황을 염려할 거라고 예상했으므로 당시 아무에게도 말하지는 않았지만, 사실 그가 다른 곳에 머물고 있다는 건 나에게 일종의 해방이었다. 그가 안전하게 간호를 잘 받고 있다는 걸 알고 있었고 내가 해야 할 일은 없었으며, 어깨 뒤에서 내가 하는 일을 지켜보거나 아이들에 관해 혹은 세상 전반에 관해 불평하는 사람도 없었다. 집안 분위기도 가벼워졌다. 아이들도 마치 휴일을 즐기는 분위기였다. 우리는 모두 사이좋게 지냈고 주방에서 춤을 추고 함께 텔레비전을 보았으며, 아이들은 친구들을 집으로 데려왔다. 그해 마크가 아직 옥스퍼드의 병원에 있을 때 찾아온 애덤의 생일에 두 아들과 나는 레이철이 다니는 대학으로 가서 다 함께 만났다. 우리는 애덤의 선택에 따라, 마크라면 허락하지 않았을 체인레스토랑에서 채소는 거의 없고 버거와 고구마튀김으로 이루어진 저녁을 먹었다.

떨어져 지내는 일은 나에게는 한숨 돌릴 달가운 기회였고, 오랜만에 사람들을 만나고 잠을 좀더 자고 집안 정리에 착수할 기회였지만, 마크에게 장기간의 병원생활은 따분하고 외로웠다.

그 뇌졸중—혹은 그것이 무엇이었든—이후 같은 날 밤 병원에서 비슷한 삽화˚가 한번 더 발생했고, 이어서 마크가 옥스퍼드의 병원에 있던 다음 두 주에 걸쳐서도 삽화가 세 번 더 있었다. 그 일이 처음 일어났을 때 마크는 입과 눈꺼풀조차 움직일 수 없었다. 그런 일이 일어날 때마다 그는 반쯤은 자기가 숨을 쉴 수 없게 되든, 혀가 목구멍으로 미끄러져 들어가든, 아무튼 어떤 식으론가 의식을 잃고 죽을 거라고 예상했다고 한다. 그런 순간에, 혹은 그런 순간이 지나가자마자 그는 가능한 한 빨리 나와 이야기를 나누길 원했다. 그는 안심시켜줄 존재를, 익숙함을, 가족을 원했는데 그에게 그걸 줄 수 있는 유일한 사람이 나였기 때문이다. 그는 임종의 침대 곁에서 위로해주는 사람들이 없는 모리엔스였고, 혼자서 겁에 질린 채 죽음을 직면하는 평범한 현대인이었다. 좀더 상태가 좋을 때는 병원에서 펼쳐지는 생활을 재미있게 관찰했다. 그는 교외의 풍경을 내다볼 수 있었고, 그로서는 아주 기쁘게도 전경에 병원의 헬기 발착장이 있어서 에어앰뷸런스가 오고가는 장면을 볼 수 있었다. 마크도 그랬고 나 역시 에어앰뷸런스는 몹시 위독한 상태의 위급환자, 이를테면 교통사고 현장에서 차에 갇혀 있다가 구출된 사람들이나 건강 상태가 너무 급속히 악화하는 중이라 도로에서 시간을 지체할 여유가 없는 사람들을 병원으로 수송하는 데 사용될 거라고 생각했다. 하지만 간호사가 마크에게

˚   의료적인 맥락에서 삽화(挿話)란 질병의 과정 중에 특정 증상이 나타나는 시기와 없는 시기가 뚜렷이 구분되는 경우 그 증상이나 상태가 일어나는 개별적인 사건을 뜻하는 용어이며, 주로 그 사건의 발생 시점과 특성을 기술하는 데 사용된다.

알려준 바에 따르면 에어앰뷸런스는 이식용 장기를 실어나른다고 한다. 마크는 헬기의 블레이드가 공기를 휘젓는 소리가 어쩌면 누군가가 죽어가고 있는 것이 아니라 누군가를 구하러 가는 소리라는 생각에 흐뭇해했다.

    이렇게 우리 사이에는 불균형이 있었다. 마크는 따분하고 외로웠고 집에 오고 싶어했지만, 나는 돌봄의 의무와 우리의 껄끄러운 관계에서 일시적으로나마 벗어나 상대적인 평온함과 자유를 만끽하고 있었다. 여러 사정과 재발하는 감염과 새로운 치료법 시도 때문에 마크는 결국 옥스퍼드에 오 주 동안 머물렀고, 그후 그랜섬에 있는 우리 지역 병원으로 전원되었는데, 계속되는 감염 때문에 계속 거기서 항생제치료를 받아야 했다. 이로써 우리에게는 상황이 훨씬 수월해졌다. 나는 매일 문병을 갈 수 있었고 새 책과 새 신문과 깨끗한 옷을 가져다줄 수 있었으며, 아이들은 아버지를 다시 볼 수 있게 되었으니 말이다. 하지만 이 정도 접촉의 증가로는 마크가 학수고대했던 정상적인 가정생활에 한참 못 미쳤다. 그는 퇴원을 서둘러달라고 계속 병원 직원들을 압박했다. 나중에 알게 된 사실이지만, 그때 그는 의료진에게 자기가 집에 가면 아주 많은 지원을 받을 수 있으며 자기 집은 자신의 필요와 능력에 아주 잘 맞춰져 있다고 큰소리쳤다고 한다. 그 병원의 의료진 중 누구도 내게 그런 점에 관해 묻지 않았다. 3월 7일 월요일, 마크는 그랜섬의 병원에서 퇴원해 집으로 돌아왔다. 그는 집에 온 것에 기뻐했다. 나는 그가 집에 온 것이 기쁘지 않았다.

11
현장 학교

레스터대학에서 일을 시작하고 얼마 후, 동료 한 사람과 나는 새로운 역사고고학 대학원 과정 하나를 출범했다. 주로 원격 학습으로 진행되는 방식이었지만, 이 과정에는 일주일간 전 세계의 우리 학생들을 모두 레스터로 불러모으는 일이 포함되었다. 우리는 현장견학과 강연과 기타 활동으로 꽉 찬 프로그램을 구성했다. 학생들은 자신의 열정을 쫓아 일주일 동안 직업과 가족과 다른 모든 책임을 내려놓고 온 터라 의욕이 가득했고, 생동감과 활력이 넘쳤다. 이 일주일간 학생들을 가르치는 일은 몹시 집중적이고 피곤한 일이었지만, 그런데도 그 시간은 한 해 중 내가 제일 좋아하는 한 주가 되었다. 이 현장 학교 교육과정 초창기에 나의 주요 협력자는 우리 과의 수장인 매릴린 파머였다. 고참교수이자 영향력이 큰 산업고고학자인 매릴린은 끝없는 열정과 장난

꾸러기처럼 익살스러운 구석이 있어선지 학생들 사이에서도 인기가 많았다. 당시 매릴린은 내셔널트러스트*를 위해 시골 대저택의 과학기술에 관한 프로젝트를 진행했다. 매릴린의 설명에 따르면, 18~19세기에 도시 지역이 가스등이나 전등, 수도, 하수도, 그 밖에 새로운 동력기술을 동원해 노동력을 줄여주는 다양한 장치로 업그레이드하고 있을 때, 주로 외따로 떨어진 지역에 고립되어 있던 영국의 대저택들은 그러한 변화에 가세하지 않았다고 한다. 그 변화를 따르려면 자기들만의 가스 생산시설이나 발전기나 수력공학이 필요했기 때문이다. 게다가 그들이 새로운 방식을 채택하는 시기와 형식을 결정하는 데는 다른 요인도 있었다. 그중 하나는 저택 소유주의 성격이었다. 과학과 공학의 혁신을 열정적으로 쫓아가는 일부는 얼리어답터가 되었다. 또다른 이들은 변화에 저항하는 전통주의자였다. 우리 현장 학교의 초기 답사지 중 한 곳인 더비셔의 코크 애비에는 1962년이 되어서야 전깃불이 들어왔다. 그러나 매릴린의 연구에서 나에게 가장 깊은 인상을 남긴 것은 매릴린이 포착한 과학기술과 인간노동 사이의 상보적 관계였다. 하인이 흔해서 싼 임금으로 그들을 부릴 수 있었을 때는 그 돈을 지급하는 사람들에게 과학기술이 주는 혜택은 보잘것없었다. 그들은 자신이 사용한 실내변기를 몸소 비울 필요도 없었고 벽난로를 직접 치울 필요도 없었으며 뜨거운 물에 목욕하고 싶다면 누

---

* 문화유산과 자연환경을 보호하기 위해 1895년에 설립된 비영리기관으로, 영국 전역의 역사적인 건물, 정원, 숲, 해변 등을 보존하고 일반 대중이 누릴 수 있도록 관리한다.

군가에게 욕조에 뜨거운 물을 채우라고 지시하기만 하면 그만이었다. 지주계급이 자신들을 편하게 만드는 데 들어가는 타인의 수고에 관해 생각하는 일은 드물었다. 반면 수도꼭지에서 뜨거운 물이 나오고 수세식 변기가 있는 집에서는 필요한 하인의 수도 적었고, 따라서 비용도 적게 들었다. 여러 명의 하인이 온종일 뜨거운 물이 담긴 들통이나 침실용 변기를 들고 계단을 오르락내리락할 필요는 없으니 말이다. 매릴린이 은퇴한 뒤에도 나는 학생들에게 기술적 해법의 도입이 노동비용에 따라 달라진다는 매릴린의 통찰을 학생들에게 전해주기를 좋아했다. 과학기술이 사람들을 대체하는 것이다.

그것은 역사적 사안만은 아니다. 예전에 사람들―특히 지겹고 반복적인 일을 하는 저임금 노동자들―이 하던 일을 새로운 기술이 넘겨받는 것은 오늘날 우리의 대화 주제이기도 하다. 단조롭고 고된 일을 줄일 수 있다는 건 좋은 일이라고 나는 확신한다. 하지만 과학기술이 언제나 해결책인 것은 아니며 거기엔 어두운 면들도 따른다. 생계수단이 사라질 수도 있다. 때로는 과학기술이 사람들의 진짜 우려를 차단해버리는 이념적 역할을 할 때도 있다. 예를 들어 지금 우리에게는 세탁기와 식기세척기와 진공청소기가 있으니 가사는 더이상 주부 한 명이나 하녀 한 명이 온종일 해야 하는 일은 아니다. 그것은 해방을 안겨주었고 여자들도 일하러 나갈 수 있다는 것을 의미했다. 그렇다고 가사노동의 필요가 완전히 없어진 것은 아니며, 그 친절한 로봇의 존재가 사람들이―문화적인 이유로 대체로 여자들이―추가적 도움이나 동반자의 협력,

심리적 지원, 인간적 시간을 요구하는 것을 더 어렵게 만들 위험도 있다.

    2016년 3월 7일 아침 여섯시 정각, 나는 일어나서 차를 한 잔 만들어 침대로 가져온 다음 앞으로 맞이할 하루에 대비해 스스로 강해지자고 각오를 다졌다. 그날 마크가 병원에서 돌아오기로 되어 있었고 나는 걱정과 불안으로 속이 메슥거렸다. 그는 낫지 않았지만, 이 시점에는 의사들이 그에게 해줄 수 있는 일들도 바닥난 상태였다. 이제 우리는 그때까지 병원에서 받은 치료에서 어떤 결과가 나올지 두고 보는 수밖에 없었다. 마크는 걸을 수 없었고—사실은 거의 움직일 수조차 없었다—그 사실이 달라질 가망도 전혀 없었다. 구급차가 그를 집으로 데려왔고, 나는 구급차 운전자의 도움을 받아 그를 주방으로 데려와 커피를 만들어주었다. 이제 뭘 해야 할까? 나는 이 남자를 어떻게 돌봐야 할지도 몰랐고 심지어 그를 어떻게 대해야 할지도 몰랐다. 치매에 걸린 건 아니지만 마크의 뇌손상은 확실히 그가 행동하고 말하는 방식을 바꿔놓았다. 정신과 전문의는 그가 피질하영역 손상의 '교과서적' 사례라고 말했다. 위키피디아에 따르면 이는 행동적 측면에서 볼 때 그가 다른 사람들의 감정을 알아차리거나 감정이입하는 능력이 떨어질 수 있으며, 행동을 억제할 수 없게 되고 때로는 사고 과정이 이상하거나 납득하기 어려워질 수 있다는 뜻이었다. 전부 마크에게 해당했다. 그는 여전히 똑똑했고 예전의 탁월했던 기억력은 대체로 멀쩡했지만, 간혹 이상한 부분에서 기억이 사라졌다. 우리 막내의 이름을 잊거나 우리가 살고 있는 소도시의 이름을 기억하지 못하는 식이었다. 머리가 이상해지지는 않았으나 우리는 종종 그의 생각이 어떻게 흘러가는지 종잡을 수 없었다. 아이들에게 퉁명스럽게 굴었고 아이들이 하지도 않은 일을 두고, 또는 아이들이 한 일에 나쁜 동기를 붙이며 아이들을 비난해 마음을 상하게 했다. 나는 그중 어디까지가 뇌손상의 결과이고 어디까지가 단순히 그가 처한 상황 때문에 옹고집과 타고난 인간혐오 성향이 더 심해진 결과인지 알 수 없었다.

　이 모든 상황은 칠 년 전 내 아버지가 말기 질환을 앓던 시기와 아주 다른 느낌이었다. 아버지는 폐의 흉막에 생긴 불치 암인 중피종 진단을 받았다. 이는 거의 대부분 석면 때문에 생기는 병으로, 암이 발병하기 수십 년 전에 노출된 석면 탓에 생기는 경우도 많다. 아버지의 경우에는 아마도 이십대 때의 직업과 관련된 것으로 보이는데, 그 일을 하려면 석면으로 단열 처리한 파이프들이 있는 터널을 걸어가야 했다. 내가 태어나기도 전에 아버지가 들이마신 작은 입자가 사십오 년 뒤 아버지의 죽음을 초래한 것이다. 아버지가 받은 화학치료는 아버지의 삶을 육 개월에서 구 개월 정도 연장해주었지만, 아버지는 진단 후 일 년쯤 지났을 때 돌아가셨다. 하지만 아버지가 마지막 해에 보낸 시간의 질은 마크의 마지막 해와 상당히 달랐다. 아버지는 플로리다로 휴가를 떠났고, 부모님은 함께 자전거를 탔고 산책을 다녔다. 오십 년도 더 전에 다퉜던 형제와도 화해했다. 감리교도인 우리 어머니와 결혼하겠다고 하여 유대인 가족에게 의절당했을 때 벌어졌던 다툼이었다. 아버지의 모든 자식과 손주가 아버지와 함께 시간을 보냈다. 내게는 아버지가 돌아가시기 넉 달 전인 마지막 해의 새해 첫날에 우리 모두 함께 찍은 사진이 있다. 아버지는 털모자를 쓴 채 활짝 웃고 있고 아이들은 시골 공원에서 놀고 있다. 아버지는 흔히들 말하듯 당신 인생을 정리했지만, 당신이 행복한 삶을 살았음을, 못해본 모험이 없고 이루지 못한 야망도 없었음을 우리에게 분명히 알려줄 여유도 있었다. 아버지는 행복한 사람으로 살았고 또 그렇게 돌아가셨다. 사망하기 겨우 몇 시간 전까지도 집에서 어머니의 돌봄을 받고 맥밀런 간호사들*의 방문을 받았다. 내가 마지막으로 아버지를 본 건 아버지가 돌아가시기 일주일 전쯤이었다. 그때는 긴 거리를 걷지는 못하셨지만, 어머니와 나와 함께 집 근처 호수까지 차를 타고 가서 호숫가에 서 있을 정도로는 충분히 몸을 움직일 수 있었다. 우리는 캐슈너트를 먹고 사소한 이야기를 나누었다. 아직도 나는 아버지가 그립다.

집에 온 날, 마크는 거의 두 달 만에 처음으로 아래층에서 가족과 함께 식사했다. 그날 저녁 그는 가족이 있는 집으로 온 것이 흡족해 기분이 좋았다. 나는 마크가 집에 있는 것이 그의 정신 건강에 더 유익하다는 걸 알았고, 그래서 집안 분위기가 어떻게 바뀔지보다는 그 사실에 초점을 맞추려 애썼지만, 이미 상쾌한 바깥공기를 맛본 뒤였다. 누가 나를 지켜보고 평가하고 있으며,

---

* 암환자와 가족을 위한 전문적인 건강관리, 정보 및 재정적 지원을 제공하는 비영리단체인 맥밀런 암 지원센터에 소속된 간호사.

항상 아이들의 감정을 보호하기 위해 경계를 세우고 있어야 한다는 억눌리는 감정을 다시 느끼게 되니 질식할 것 같았다. 우리 관계가 편안해질 미래는 보이지 않는 것 같았다. 이튿날 아침, 나는 네시에 잠에서 깨자마자 그냥 울었다. 그토록 막막하고 그토록 덫에 걸린 것 같고 그토록 철저히 비참하다는 기분을 느낀 적은 한 번도 없었다. 나는 자기연민으로 절여지고 있었다. 그러나 마크의 기상시간에 차를 가지고 그의 방에 갔다가 도뇨관 문제로 침대며 깃털이불이며 모든 게 소변에 젖어 있는 걸 발견했을 때는 자기연민도 밀려나고 말았다.

나는 침구를 바꾸고 마크의 옷도 갈아입혔다. 그러고 나자 마크는 완전히 지쳤고 아마 전날 병원에서 집으로 이동한 데 따른 피로도 겹쳐서였는지 저녁이 될 때까지 거의 종일 잠을 잤는데, 저녁에 다시 도뇨관 사고로 침대가 또 엉망이 됐다. 나는 그를 도와 일으켰고, 그는 아주 천천히, 도움을 받아 간신히 욕실까지 가서 씻었지만, 샤워를 끝낸 뒤 욕실 문 앞 계단에서 주저앉았고 다시 일어나지 못했다. 나는 그를 휠체어에 앉히거나 보행보조기를 잡게 할 만큼 충분히 높이 들어올릴 수 없었다. 이윽고 우리는 그가 등을 대고 바닥에 누워 무릎을 들고 발로 바닥을 평평히 짚으면 팔꿈치를 뒤로 조금씩 움직일 수 있다는 걸 알아냈다. 그렇게 해서 마크는 완전히 지쳐버린 상태로 침대에 털썩 누웠고 남은 밤 내내 잠을 잤다.

그 첫 주는 물리치료사, 작업치료사, 일반의를 만나고, 온갖 장비와 용품을 배달받고, 수차례 전화 통화를 하며 지나갔고, 나는 내가 출근할 수 있도록 와서 아침과 점심 식사와 씻기기 등을 도와줄 간병인을 구하려 노력했다. 하지만 이런 상황은 지속할 수 없을 것 같았다. 친구들은 심리적 이유 때문에도 그렇고 집밖에서의 삶을 유지하기 위해서도 그렇고 직업을 계속 갖는 것이 나에게 중요하다고 말했지만, 그러기가 점점 더 어려워졌다.

우리의 현장 학교 주간은 보통 4월에 열렸다. 그해에는 마크를 두고 가는 것과 그에게 긴급한 도움이 필요할 때 바로 올 수 없다는 점 때문에 불안했다. 나는 레스터에서 학생들을 차에 태워 데려가는 일을 동료에게 부탁했고, 그 덕에 꼭 그래야 하는 상황이 생기면 집에 빨리 돌아올 수 있도록 내 차를 몰고 갈 수 있게 되었다. 나는 커비벨라스 마을의 교회 옆에서 학생들을 만나 중세 레스터셔의 흥미로운 흔적이 가득한 두어 군데 현장으로 이어지는 작은 길을 따라 그들을 안내했다. 내가 이곳에 처음 와 본 것은, 마크와 내가 멜턴에서 레스터로 가는 기차를 타고 가다가 이곳에서 길고 선형적인 구조물의 흔적을 발견하고 뭔지 알아보러 왔을 때였다. 실제로 와보니 그 들판에는 고고학 연구 대상으로 삼을 만한 것이 아주 풍부했다. 버려진 중세 마을, 물고기가 사는 연못 여럿, 정원용 장식물, 해자로 둘러싸인 넓은 땅, 그리고 수많은 채석장과 눈으로 바로 알아볼 수 있는 오래된 옛길의 흔적까지. 나는 학생들에게 자기가 알아볼 수 있는 것들을 묘사해 보라고 했고 그런 다음 무엇이 그런 패턴들을 만들어냈을지에 관해 토론했다. 이는 깊이 살펴보고 연관을 짓는 연습이었고, 지식보다는 기술을 갈고닦는 일이었다. 오후에 우리는 근처 다른 마을에서도 비슷한 일을 했는데, 이번에는 풍경의 특징 말고 건물들을 살펴보며 우리가 본 것을 묘사하고 어떤 집이나 교회를 그런 모습으로 보이도록 만든 사건의 순서를 재구성하려 시도했다. 이는 내가 가장 좋아하는 종류의 현장조사였다. 서로에게서 배우며 한 팀이 되어 함께 우리의 이야기를 발전시켜나가는 일. 우리가 우편으로 제공한 교과서와 참고서로 이미 일 년간 혼자서 공부해왔던 이 학생들로서는 서로 질문하고 이야기를 주고받으면서 소속감을 느낄 수 있는 기회였다. 온라인에 동영상을 올리고 세심하게 준비한 '흔히 묻는 질문들' 문서를 돌려 읽는 것으로는, 우리가 그해 봄에 태어난 양들의 잘린 꼬리가 여기저기 흩어진 푸른 초원을 함께 걸으며 우리의 눈과 손과 발로 어느 도랑의 선을 따라가면서 얻은 교육경험과 인간적 이해의 풍부함을 제공할 수 없다. 나에게 이는 과학기술이 사람을 충분히 그리고 완전히 대체할 수 없음을 보여주는 명백한 사례다.

그해 나는 현장 학교에 하루밖에 참가할 수 없었다. 나머지 날에는 매일 마크가 두어 시간 이상 홀로 남겨둘 수 없을 만큼 많이 아팠다. 그 몇 달간 많은 경우에 그랬듯, 나는 내 일을 할 수 없는 상황이었다. 때로는 차를 몰고 레스터의 사무실로 가다가도 마크가 전화를 걸어 넘어졌다거나 뭔가를 치워야 하는 사고가 벌어졌다고 말하면 다시 차를 돌려 곧바로 집으로 돌아가야 했다. 나는 동료들을 너무 오래 못 봤고, 그들이 소리 없이 나의 부재 혹은 전반적인 쓸모없음을 벌충하려고 얼마나 많은 일을 덤으로 하고 있을지 잘 알았기에 죄책감도 들었다. 그래서 나는 공식적으로 업무시간을 줄이는 조치를 취했다.

　　하루하루가 느릿느릿 아무 희망 없이 지나갔다. 마크에게는 통증이 왔다가 물러났지만, 갈수록 왔다가 그냥 눌러앉는 일이 점점 더 많아졌다. 피부는 불붙은 듯 따가웠고 발에는 통제가 잘 안 되는 쥐가 났다. 눈도 잘 안 보이는 경우가 많았는데 때로는 한 번에 몇 시간씩 안 보일 때도 있어서 그가 할 수 있는 건 침대에 누워 라디오를 듣는 것뿐이었다. 집에서 지낸 처음 몇 주 동안 그는 상태가 좀 나은 날이면 아래층으로 내려오려 애썼다. 엉덩이걸음으로 혹은 보행기를 짚거나 휠체어를 타고서 계단참 꼭대기로 갔고, 그런 다음 앉은 채로 계단을 한 칸 내려오고 좀 쉬었다가 다음 칸으로 내려오는 식이었다. 맨 아래 칸에 도착하면 내가 그의 몸을 돌려 휠체어에 앉도록 도왔고, 그렇게 해서 주방으로 들어올 수 있었다. 저녁에는 그 과정을 거꾸로 반복했다. 하지만 그가 다른 방으로 갈 힘이 없거나 심지어 침대에서 나올 힘도 없는 날이 많았다. 등과 다리의 피부가 가려운 것도 끊임없는 짜증의 원인이었는데, 신경의 문제였기 때문에 어떤 피부치료제도 지속적인 효과를 내지 못했다. 내가 등에 모이스처라이저를 발라 문질러줄 때 일시적으로 가려움이 줄어드는 것이 다였다. 이 시기에 마크의 피부는 평생 어느 때보다 더 부드러웠을 것이다.

　　간병인을 구하기 위해 이 주 동안 사회복지 서비스의 전화를 기다린 후, 간병인을 성인 사회복지 서비스가 주선하든 개인적으로 섭외하든 어차피 모든 비용을 우리가 다 내야 한다는 걸 알게 되었고, 그래서 나는 한 시간 동안 여기저기 전화를 돌려 우리

지역에서 바로 그날 우리를 만나 필요한 사항을 의논할 수 있도록 누군가를 보내줄 회사를 찾아냈다. 이른 오후에 두 명의 여성이 도착했고, 우리 부부와 이야기를 나눈 뒤 두 사람은 다음 월요일부터 하루 두 번 아침과 점심 시간에 오겠다고 약속했다. 그러면 나는 레스터로 일하러 갈 수 있을 테고, 실질적인 부담도 어느 정도 덜 수 있을 터였다. 그런데 두 시간 뒤 그중 한 사람이 전화를 걸어서, 생각해보니 자기들은 마크의 간병을 도와줄 수 없겠다고 말했다. 그들은 훨씬 더 나이 많은 남자들을 돌봐왔다며, 마크 정도 나이의 남자에게 내밀한 돌봄을 제공하는 건 불편할 것 같다는 것이었다.

"나 같은 미소년 옆에서는 자신들을 믿을 수 없다는 거구먼." 마크가 빈정대며 말했다.

몹시 화가 났지만, 어쩔 수 없는 일이었다. 다시 간병인을 찾아 전화를 돌리는 수밖에. 그리고 마침내 마크를 맡아주겠다는 다른 회사를 찾아냈다. 간병인들은 마크가 아침과 점심 식사를 하게 도와주고 실내변기를 사용하게 도와주며, 필요한 경우에는 소변주머니도 비워주고, 아침에는 세수와 양치를 도와주기로 했다.

여러 날이 지나갔다. 이때 나는 일을 하고 있는데도 제대로 마무리되는 일이 너무 적어서 내내 스트레스를 받는 상태였고 걸핏하면 눈물이 났다. 마크를 돌보는 일뿐 아니라, 아직 손봐야 할 구석이 너무 많은데다 춥고 습기로 눅눅한 냄새가 나는 끔찍한 집을 손보는 일까지. 거기에 더해 이 시기에 치매가 악화되고 있던 어머니는 하루에도 몇 번씩 전화했다. 대개는 '집에' 가고 싶다며, 오래전에 돌아가신 아버지가 어디 있는지 모르겠다며 괴로운 마음으로 걸어오는 전화였다. 어머니는 밤중 엉뚱한 시간에 전화를 걸어 뭔가를 물어보거나 그냥 잡담을 늘어놓는 버릇이 생겼고, 때로는 하룻밤에 몇 번이나 전화하기도 했다. 당신이 집에서 멀리 떨어진 '이곳에' 와 있다는 걸 나에게 알려주고, 내게 동생들에게도 그 사실을 알려주라고 한 적도 많았다. 어머니는 당신이 전화를 건 때가 새벽 네시 삼십분인지도 몰랐고, 네시 삼십분은 딸에게 전화할 정상적인 시간이 아니라는 것도, 이미 그날 밤 내게, 그리고 두 동생에게도 전화를 걸었다는 사실도 알지 못했다. 불확실한 미래와 이 상태가 얼마나 계속될지 모른다는 점에 분노하고 좌절하고 기진맥진한 나는 아이들에게도 퉁명스럽게 굴었고 마크에게도 툭하면 화를 냈다. 그에게 상처가 되는 말을 했고, 그러고 나면 너무 매정했던 나 자신을 질책했다. 나의 분노가 극도의 피로와 불확실함과 무력함에서 온다는 걸 알았지만 그걸 안다고 분노가 사라지지는 않았다. 내 마음이 아무리 괴롭더라도 마크는 그보다 열 배는 더 괴롭다는 건 잘 알았다. 그는 나보다 더 무력하고 더 깊은 좌절감을 느꼈고, 게다가 자신이 결코 회복하지 못하리라는 전망 앞에서 고통스럽고 비참한 상태였다.

돌이켜보면 나는 그때 내가 감당할 수 있는 한계치에 거의 다다라 있었던 것 같다. 내가 실제로 무너지지 않고 상황이 어디까지 흘러갈 수 있을지 모르겠다며, 마치 내 몸에서 빠져나와 나를 관찰하고 있는 것처럼 생각하다가 깜짝 놀랐던 기억이 난다.

더이상 내가 누구인지도 알 수 없었다. 나는 자기연민에 빠진 따분한 인간이 되었고 늘 화가 나 있었다. 뼛속까지 지쳐 있었다. 어떤 일이 일어날지 알지 못했다. 참을성이 바닥나 있었다. 상황이 제멋대로 굴러가는 걸 조용히 앉아서 지켜보고 싶지는 않았다. 그래서 직접 나서기로 했다. 나는 계획을 잔뜩 세웠다. 심지어 노트도 한 권 사서—업무용 노트 같은 검정 하드커버에 속지에는 단호하게 선이 그어진 노트였다—첫 페이지에 '계획'이라고 쓰고 밑줄을 두 줄 그었다. 노트의 나머지 부분은 흡사 형식논리학 박사논문 같다. 만약 M의 결과가 나왔을 때 암의 증거가 보인다면, 그렇다면 그는 이달 말부터는 치료를 시작할 수 있고, 만약 그 치료가 효과가 있다면 그는 크리스마스에는 다시 걸을 수 있을 것이다. 나는 대화를 나눠도 대화의 보람을 느낄 수 없게 하는 사람이 되었다. 사람들은 계속해서 내게 마크의 상태가 어떠냐고 물었지만, 나는 어떤 명확한 대답도 해줄 수 없었다. 실제 확인된 사실이라고 할 만한 게 하나도 없었으니까. 어쩔 수 없이 나는 친구들이 듣고 싶어하는 말을 해줄 수 없었다. 이제 우린 그 병이 뭔지 알아, 그건 이런 뜻이야, 앞으로는 이렇게 될 거야, 그는, 나는, 우리는 이렇게 될 거야, 하는 식의 말을. 마지막까지도 그의 모든 치료와 모든 증상, 모든 병원 방문, 변해가는 그의 능력에는 아무런 플롯도 없었다. 마크의 병에는 명확한 서사의 줄기가 없었다. 나는 그 병을 진행성이라고 말했지만, 그 진행의 방향은 불분명했다. 친구들과 친척들이 듣고 싶어하는 종류의 이야기를 내가 지어낼 순 없었다. 알아낼 수 없는 것이 너무 많았고, 확인된 점은 너무 적었다. 우리가 들어와 있는 이야기가 어떤 종류의 이야기인지 우리는 알지 못했다.

우리가 옥스퍼드에 마지막으로 간 건 4월 1일 금요일이었다. 나는 시간에 맞춰 마크의 옷을 입히고 아래층으로 데려가 차에 태울 수 있도록 다섯시 정각에 일어났다. 우리는 여섯시 삼십분쯤 집을 나섰다. 결국 우리는 레이트 박사와 신경학 전문 간호사 메리 쿼크와 세 시간 넘게 함께 있었다. 그들은 많은 사항을 노트에 기록하고, 마크를 검사하고, 또다시 표본을 채취했다. 그런데도 그 모든 것의 결과는 여전히 그 병에 알려진 원인은 없으며 마크의 병은 점점 더 악화하고 있다는 것뿐이었다. 부담스러울 정도로 낙관적인 레이트 박사마저 처음으로 '진행성'이라는 단어를 입에 올렸다. 마크가 호전될 방법이 나타날 거라는 희망을 한 번도 놓지 않았던 레이트 박사도 결국 이제는 치료의 목표가 병세를 뒤집거나 병을 치유하는 것이 아니라 진행 속도를 늦추는 것이라고 인정한 셈이었다. 마크의 가장 큰 두려움이자 나의 가장 큰 두려움이기도 했던 것은, 만약 레이트 박사가 병의 꾸준한 진행 속도를 늦추거나 진행을 멈추는 데 성공한다면 마크는 어쩌면 이십 년 정도 더 같은 상태를 겪어야 하거나, 아니면 병이 서서히 느릿느릿 악화하는 가운데 시간만 쌓여갈 뿐 더 많은 증상을 겪어내야 하리라는 것이었다. 그런 건 이상적인 목표처럼 들리지 않았다.

마크는 이 소식을 별 무리 없이 받아들이는 것 같았다. 들은 이야기를 제대로 이해하지 못했기 때문이었는지, 아니면 그저 레이트 박사를 만난 것만으로도 기운이 나고 주치의가 자신에게 그렇게 많은 시간을 내주고 신경을 써준 것에 감동해서였는지는 나로서는 알 수 없었다.

나는 혹여 나쁜 예후를 받아들여야 할지라도 마크의 상태에 관해 정확히 알게 되기를 너무나도 바랐지만, 마크는 나쁜 소식은 알고 싶어하지 않았다. 원래 그는 천성적으로 기질이 나보다 더 낙천적이었다. 나는 그가 회복할 거라는 생각을 편안히 받아들이는 이유를 알 수 있었다. 진단이나 예후가 나오지 않는 한 그는 자기 병이 일시적인 병인 것처럼 굴 수 있었고, 우리는 그가 살라미를 만들고 정원일을 하며 아이들이 성장하는 걸 지켜보고, 이윽고 내가 재정과 경력 면에서 모험을 시도할 수 있도록 나를 지원해줄 미래를 계속 그려나갈 수 있는 것이다.

나는 양단간에 어느 쪽인지 알고 싶었다. 마크가 살 것인지 죽을 것인지. 만약 마크의 상태가 안정화되었으며 현재 상태가 유지될 것으로 예상된다는 말을 들었다면, 우리는 집을 그 상황에 맞게 어떻게 고쳐야 할지 더 잘 결정할 수 있었을 것이다. 아니, 애초에 그렇게 부적합한 집으로 이사하지 않도록 더 나은 결정을 내릴 수 있었겠지. 전문 간호사 메리는 마크를 더 수월히 돌볼 수 있도록 집에 설치할 수 있는 장비들과 도입할 변화에 관한 제안을 끝없이 내놓았다. 계단용 리프트를 설치해라, 바깥 계단 위와 집안 바닥 중 높이가 달라지는 곳에는 경사로를 설치해라 등등. 병원에서 퇴원해 처음 돌아왔을 때 마크는 자기 방 자기 침대에만 있고 싶어했다. 보행보조기와 휠체어가 있었지만 둘 다 계단에서는 사용할 수 없었다. 병원에 입원하기 전에는 아래층에 있을 때 휠체어를 사용했고, 계단 꼭대기에서 침대로 갈 때와 침실에서 욕실로 갈 때는 보행보조기를 사용했다. 하지만 3월 초에 퇴원하고 얼마 안 됐을 때, 계단에 앉아 있는 상태에서 휠체어로 옮겨 앉거나 보행보조기에 기댈 만큼 몸을 일으키는 것이 거의 불가능해졌다. 계단용 리프트로 꼭대기까지 올라갔을 때 내가 그를 리프트에서 휠체어로 옮겨 앉는 걸 도울 수 없다면 리프트가 크게 쓸모 있을 것 같지 않았다. 그리고 내가 감히 입 밖에 내지 못한 의문도 하나 있었다. 그럴 가치가 있을까? 그런 생각을 하는 내가 죄스럽게 느껴졌다. 마크의 삶을 아주 조금이라도 더 견딜 만하게 만들어주는 거라면 뭐든 기꺼이 하려 들어야 하는 게 아닐까? 그게 수천 파운드가 들고 집을 요양원으로 바꿔놓는 일이라 해도, 심지어 그가 겨우 일이 주밖에 사용하지 않을 것이라 해도?

나는 메리에게 집에서 마크를 돌보는 일의 현실적인 여러 문제에 관해 이야기했다. 마크의 낙상에 관해, 그를 욕실로 데려가기가 얼마나 어려운지에 관해. 마크가 내 도움을 받을 때조차 침대에서 실내변기로 몸을 옮기는 것이 점점 얼마나 어려워지고 있는지도 이야기했다. 병원 진료 예약이 있는 날이면 그를 집에서 데리고 나왔다가 데리고 들어가는 데, 그가 계단을 내려가고 올라가도록 들어올리는 데 들어가는 노력에 관해서도. 이런 실질적인 문제에 대해 메리는 실용적인 해결책을 내놓았다. 이 상담시간에 만반의 준비를 갖추고 온 메리는 가방에서 두꺼운 카탈로그를 꺼내더니 휘리릭 페이지를 넘기다가 멈추고는 크고 넓적한 부메랑처럼 생긴 것을 내게 보여주었다. 바나나보드라고 했다. 바나나보드를 이용하면 그를 침대에서 실내변기나 휠체어로 쉽게 옮길 수 있다는 것이다. 또다른 페이지에는 스키 위에 거대한 앵글포이즈 램프*를 올려둔 것처럼 생긴 물건이 있었다. "들어올리는 장치예요!" 메리가 환한 미소를 지으며 말했다. "이것 역시 몸을 옮기는 데 도움이 될 거고, 만약 마크가 또 넘어진다면 그때 일으켜세우는 데도 도움이 될 거예요!"

카탈로그는 임상용 기구들의 집대성이었고, 메리는 내게 그 카탈로그를 가져가라고 강력히 권했다. 그때 이미 우리에게는 보행보조기와 휠체어, 침대용 테이블과 실내변기가 있었다. 샤워부스에는 손잡이용 레일이 있었고, 마크가 화장실을 사용할 수 있던 때부터 변기 옆에도 하나 있었다. 우리는 병원용 침대도 주문해 사용하고 있었고, 소변주머니와 성인용 기저귀, 일회용 장갑으로 가득한 상자가 여럿 있었다. 침대 보호대도 있고 미끄럼 방지 바닥 매트도 있었다. 하지만 아직 우리는 장애 보조기구 카탈로그라는 흉측한 동굴에는 들어가본 적이 없었다. 경사로를 뒷문 계단 위에도 설치할 수 있을 테고, 집으로 들어오는 한 칸짜리 계단 위에도 설치할 수 있고, 마크가 샤워부스로 들어갈 때 문턱을 넘어갈 수 있게 또하나 설치할 수도 있을 것 같았다. 정문으로 이어지는 가파른 계단에는 설치할 수 없겠지만. 마크가 마비된 다리를 스스로 침대에서 빼내도록 도와줄, 끈 달린 등자처럼 생긴 레그리프터를 살 수도 있을 터였다. 침대에 들어가고 나가기 쉽게 해줄 침대 가장자리 레일을 설치할 수도 있을 테고, 종아리와 발에 화끈거리는 통증과 뭔가 기어다니는 느낌이 들고 진통제로도

---

* 팔 관절처럼 움직여 빛을 비추는 각도를 조절할 수 있는 조명기구.

해결되지 않을 때 이불이 발과 다리에 닿지 않도록 들어올려줄 받침대를 살 수도 있을 터였다. 내가 외출할 때를 대비해 비상 연락용 알람과 벨을 집안 곳곳에 설치하고 휴대용으로도 구입할 수 있을 것이고.

"찬찬히 살펴보시고 원하는 물건이 뭔지 알려주세요." 메리는 우리 문제를 해결하게 돼서, 도움이 될 물건들을 찾아내서 아주 흡족한 것처럼 보였다. 당연히 그 물건들은 도움이 될 터였다. 그 문제들을 실행상의 문제로 제시했던 나의 잘못이었다. 물론 그 문제들은 실행상의 문제인 것이 사실이지만 그게 이야기의 전부는 아니었고, 이중 어느 것도 진짜 문제에는 도움이 되지 않았다. 그 문제는 바로 마크가 무기력한 몸만 남은 문제덩어리로 전락하기를 원치 않는다는 것이었고, 사용할 수 있는 도구가 무엇이든 나는 이 일을 하는 걸 원치 않는다는 것이었다. 메리가 말하는 들어올리는 도구나 바나나보드 이야기는 내게 이루 말로 표현할 수 없을 만큼 우울하게 들렸다. 이런 게 이제 우리 인생임을 당연시하는 것이 경악스러웠을 뿐 아니라, 그런 얘기를 그렇게 쾌활하게 말하는 것도 짜증이 났다. 메리가 이 몇 가지 장비만 있으면 모든 게 좋아지리라는 뜻으로 한 말은 아닐 것이다. 게다가 사실 메리 입장에서 달리 무엇을 할 수 있겠는가? 하지만 나는 매릴린이 말한 시골 대저택의 문제를 생각했고, 현실적 문제를 해결하는 기발한 장치들이 겉으로는 인간의 필요를 충족시키는 것 같지만 사실은 그 장치의 사용자들을 고립시킨다는 문제가 은폐되는 정황에 관해 생각했다. 우리의 문제는 해결되지 않았다. 나는 궁금했다. "이건 과거 당신들의 삶과 한때 당신들이 상상했던 미래의 삶은 사실상 끝났다는 뜻이다"라는 말은 왜 아무도 해주지 않는 것인지.

그리고 메리와 작업치료사들이 우리에게 제안하는 모든 도구를 받아들이는 것은 내가 암묵적으로 간병인을 나의 새 역할로 받아들이는 것이라는 느낌이 들었다. 아무도 나와 의논한 적 없고, 내게 받아들일 준비가 되었느냐고 물은 적도 없는 그 역할, 보아하니 그 역할은 무기한으로, 다른 누구보다 먼저, 아마도 다른 모두를 제외한 나만의 역할이 될 모양이었다. 나는 볼멘소리로 말하고 싶었다. 아뇨, 나는 들어올리는 장치도 바나나보드도 원치 않아요. 내가 원하는 건 우리 삶을 되찾는 거예요. 나는 일을 하러 가고 싶고, 학과 재편성 문제에 관해서나 걱정했으면 좋겠어요. 그리고 만약 내 인생을 돌려받지 못한다면, 당신들이 장치 몇 개로 모든 게 다 괜찮아질 것처럼 굴 게 아니라(왜냐면 그런다고 괜찮아지는 게 아니니까) 실제로 벌어지고 있는 일들을 인정해주면 좋겠어요. 여기에 괜찮은 일은 아무것도 없어요. 마크가 언제라도 바닥에 고꾸라질 수 있다는 것도 괜찮지 않고, 내가 어찌어찌해서 출근을 한다고 해도 마크가 어디선가 떨어졌거나 통증이 생겼거나 어떤 이유로든 나를 필요로 해서 곧바로 다시 집으로 돌아가야만 할 확률이 높다는 것도 괜찮지 않아요. 나는 지금 마흔여덟 살이고, 지금은 내 경력을 쌓아야 하고 정원 정비 계획을 세워야 할 때지, 처방약을 받아오거나 큰 상자에 든 성인용 기저귀를 사러 매주 약국으로 출동해야 할 때가 아니라고요.

나는 매릴린의 시골 저택 기술 문제 중 하인을 부르는 벨의 도입에 관한 문제가 생각났다. 이런 벨은 시대극 드라마에서도 으리으리한 대저택 투어에서도 여러 번 봤다. 주방이나 식기 보관실에 줄지어 달려 있으며, 각자 집안 여러 장소의 이름표가 달린 작은 벨들 말이다. 저택의 소유주에게 이 벨들은 하인들이 자신을 확인하러 올 때까지 기다리거나 직접 그들을 찾으러 가지 않고도 침실에서든 응접실에서든 어디서든 그냥 벨을 울리면 하인들이 무엇이 필요한지 보러 온다는 것을 의미했다. 효율적으로 낭비를 줄일 수 있는 것이다. 단 매릴린이 지적했듯이, 벨이 울릴 때 주인이 찾는 하인이 주방에 없는 경우는 예외다. 예컨대 하인들이 서재의 벽난로를 청소하고 있을 때 벨소리를 들었다면, 그들은 먼저 어느 벨이 울리고 있는지 알아보기 위해 주방으로 부리나케 달려갔다가, 고용주의 필요를 충족시키러 또 달려가야 하는 것이다. 시중을 받는 사람에게는 더 효율적이겠지만, 시중드는 사람의 입장에서는 충족시켜야 할 기대가 한층 더 늘어나는 일이다. 매릴린이 해준 유사한 또다른 이야기도 기억났다. 새로운 기술을 도입하면 대개 저택의 하인 수는 크게 줄었는데, 이때 남은 하인들은 일의 육체적 부담을 덜어주는 도구에서 혜택을 입기는 했어도 떠난 이들과 계단참 아랫방에서 함께 생활하던 시절과 동료애를 그리워했다는 얘기였다. 내게는 쉽게 납득이 되는 이야기였다. 과학기술은 나에게 주어진 선물이었고 나는 그 기술에 감사해야 했으며 물론 감사했으나, 그렇다고 그 기술이 공동체와 인간적 지원과 이해에 대한 필요까지 없애주지는 않았다.

그해 3월과 4월과 5월 초 내내 나는 대체로 그저 피곤하기만 했다. 마크를 돌보는 일, 집을 관리하는 일, 해고되지 않을 만큼은 충분히 내 일을 해내려 노력하는 것이 내 인생에서 아주 큰 부분을 차지했다. 감정적으로는 아이들이 휴가 때 집으로 가져와 휴지에 싸서 빈 마가린통에 넣어둔 게딱지처럼 금방이라도 부서질 듯 바싹 마른 상태였다. 당시 나는 너무 피곤해서 부모 노릇도 제대로 할 수 없었다. 아이들에게 강제하던 영상 시청시간 제한도 포기했다. 그에 대한 건전한 대안을 궁리해낼 만한 정신적 자원이 바닥나 있었기 때문이다. 이제는 아이들이 숙제와 음악 실기 연습과 침대 치우기만 끝냈다면, 트롤에게 불덩이를 쏘아대도 그냥 내버려뒀다. 나라도 그 게임을 하면 카타르시스를 느낄 것 같았다.

나의 몇몇 친구들은 좋은 의도로, 그렇게 스트레스가 심한 상황에서는 나 자신을 돌보는 것이 정말로 중요하다는 말을 자주 했다. 간병인들을 위한 책자나 웹사이트에서도 비슷한 충고를 자주 보았다. 비행기에서 자기가 먼저 산소마스크를 써야 다른 사람을 도울 수 있다는 얘기를 간병에 빗대서 하는 말도 물리도록 들었다. 그 말에 일말의 진실이 있긴 하지만, 사실 충고로는 아무 쓸모도 없다. 나는 그 말은 물론이고, 심지어 누가 그 말을 꺼낼 기미만 보여도 질색했다. 아, 그 빌어먹을 산소마스크 얘기는 그만 좀 해. 이 충고는 내가 겪는 현실과 그 현실을 이해하는 내 친구들의 능력 사이의 거리만 부각할 뿐이었다. 내가 스파에서 휴식을 취하고 있으면 그동안 마크는 누가 돌볼 건데? 아이들은 어떻게 챙겨 먹이고 냉장고는 누가 채워둘 거냐고? 내가 일을 포기했다면, 혹은 일을 그렇게 많이 하지 않았다면 우리는 무엇으로 생계를 유지했을까? 이는 간병 행위를 둘러싼 여러 침묵 중 하나다. 간병은 스트레스가 극심하고 극도로 많은 것이 요구되는 일이며, 스트레스에는 자신을 돌보겠다는 적극적 다짐보다 더 많은 것이 필요하다. 사회는 간병인들에게 추가적인 책임을 지우려 해서는 안 된다. 그들이 기진맥진한 것은 스스로 원해서 그렇게 된 게 아니다. 간병인들은 버거운 상황에 짓눌려 번아웃 상태에 빠져 있지만, 그건 아무 도움 없이 스스로 용맹하게 해내겠다는 순교자적 결단에 따른 것이 아니다. 대개 그들은 집에서 만들어 온 식사를 가지고 몰려온 친구들과 친척들을, 잔디를 깎아주겠다고 나서고 나더러 혼자만의 시간을 좀 가지라며 주말에 우리집에 와서 머물러주는 그들을 내치지 않는다. 선택권이 있다면 아무도 탈진할 만큼 힘든 상황을 선택하지 않는다. 내가 그랬듯 그 사람들이 하루종일, 한 달 내내 일하는 간병인이 된 자신을 발견하는 건, 다른 대안이 하나도 없기 때문이다. 자신을 친절하게 대하라는 말은 힘을 내라는 말이나 걱정하지 말라는 말과 같다. 이것이야말로 미치도록 힘들게 만드는 점인데, 우리의 삶은 이제 우리가 통제할 수 있는 게 아니다. 나는 묻고 싶다. 산소가 있는데도 내가 산소를 들이마시지 않을 거라고 생각하는 건가? 내가 게걸스러운 돼지처럼 필사적으로 산소를 빨아들일 거라는 걸 당신들은 모른단 말인가?

매주 화요일 여섯시 정각에 애덤은 얀이라는 남자에게서 기타 교습을 받았다. 얀의 집에는 주차할 공간이 없었다. 그래서 우리가 그랜섬에서 보낸 첫해 겨울에 나는 어두운 저녁에 애덤을 태워다주고, 그런 다음 조금 떨어진 길가에 있는 KFC에서 도서관에서 빌려온 책을 읽고 골판지 컵에 담긴, 부글부글 끓인 끔찍한 차를 마시며 애덤을 기다렸다. 그러다 겨울이 가고 봄이 오자 여섯시는 더이상 어두운 시간이 아니었다. 나는 KFC 대신 프리미어 인 주차장에 차를 세워두고, 그랜섬 운하의 예선로*를 따라 외곽 쪽으로 걸으며 나무들이 연두색 보송보송한 새잎을 틔워 올리는 것을 지켜보고, 나중에는 백조들이 깃털에 찐득한 녹조를 묻힌 채 새끼 백조들을 이끌고 물위를 지나가는 모습을 바라보았다. 오래 산책할 시간은 없었고, 그것도 대여섯 번 정도밖에 안 되었지만, 그래도 이 소중한 삼십 분은 고난의 바다에서 내가 만날 수 있었던 긍정성의 섬들이었다. 그러나 저녁 햇살과 혼자만의 조용한 시간을 음미하는 동안에도 나는 마크의 삶에는 이런 작은 섬조차 없다는 것을 의식하고 있었다. 그의 삶은 고통과 지루함과 좌절의 대양이었다. 대부분의 시간 동안 마크는 자신의 삶을 앗아가고 있는 병을 극기적인 태도로 대했다. 한 번도 "왜 나에게 이런 일이 일어났을까?"라거나 "하필 왜 지금?"이라고 묻지 않았고, 그 부당함에 대해 불평하지 않았다. 그나마 그가 자기 병의 무작위적 부당함에 대한 마음을 표현했다고 볼 만한 일이라면, 내가

---

*   하천, 운하 등 내륙 수로를 운항하는 선박이 여러 요인으로 자력으로 운항할 수 없는 경우 사람이나 동물이 줄을 끌어 예인하도록 물가를 따라 나 있는 길.

나중에 돌아가 그날그날의 산책에 관해 이야기해주었을 때 당연하게도 침울한 모습을 자주 보였던 것이다.

"당신은 운이 좋네."

나는 운이 좋다고 느끼지 않았지만, 마크의 입장에서 보니 내가 운이 좋았던 것 같다. 나는 살아 있었다. 나는 걸을 수 있고, 운전할 수 있고, 통증 없이 움직일 수 있으며, 차를 마시고 싶을 땐 직접 차를 끓일 수 있었다. 먹어야 할 약도 없었고, 날짜를 지켜서 가야 할 병원 예약도 없었다. 나는 아이들과 시간을 보내는 것이 쉬웠고, 아이들이 성장하고 집에서 나가 각자의 삶을 찾아가는 모습을 지켜보리라는 기대를 품고 앞날을 내다보기가 쉬웠다. 나에게는 희망을 품어볼 뭔가가 있었다.

웨일스에 있는 마크의 작은 주택에서 처음으로 함께 살기 시작했을 때, 우리는 침대에 누워 황갈색올빼미가 우는 소리를 듣곤 했다. 마크는 황갈색올빼미의 흉내를 아주 잘 냈다. 이제 나는 혼자 운하 옆을 걸을 때 황갈색올빼미의 소리를 들었다. 마크가 들을 수 있는 건 집 앞 큰길에서 나는 차 소리뿐이었다. 심지어 올빼미 소리가 들려온다고 해도 올빼미의 모습을 찾아보러 창가까지도 갈 수 없었다. 나의 경력은 끼익 멈춰 섰고 나는 완전히 지쳤으며 분노에 차 있었지만, 그래도 맞는 말이다, 나는 운이 좋았던 것 같다. 나의 미래는 불투명했지만 적어도 미래가 있으리라고 희망할 수는 있었다.

그런데, 중요한 건 나 역시 죽는다는 것이다. 마크는 나 대신 죽는 것이 아니다. 그는 그저 나보다 먼저 죽는 것이다. 내게도 닥쳐올 일이다. 어느 날엔가는 나 역시 내가 왔던 그 무한의 시간 속으로 다시 건너가야 할 것이고, 누구든 그럴 것이다. 그때가 되면 내 시간이 충분히 길었다고는 느껴지지 않을 것이다. 다른 많은 사람이 그렇듯이 나도 내게 죽음이 올 때는 빠른 죽음이기를, 여러 달이나 여러 해 고통을 견디고 난 끝이 아니기를 바란다. 내가 치매로 세상을 떠날 가능성도 충분하다. 어쨌든 우리 가족에게는 치매 가족력이 있으니까. 현재 영국인의 사망 원인 중 12퍼센트가 치매이며, 다른 원인으로 사망하는 이들 중에도 치매까지 있는 이들이 많다. 2015년 이후 치매는 영국인의 주요 사망 원인이다. 내가 우리 어머니처럼 자아가 오랫동안 서서히 떨어져나가는 증상에 시달리는 것은 충분히 있을 수 있는 일이다. 어머니는 처음에는 자신이 무엇을 잃어가는지 가슴 아플 정도로 잘 인식했지만, 나중에는 어떤 복잡한 표현도 생각도 할 수 없게 된, 장기들의 부조리한 주머니가 됐을 뿐이다. 마크, 당신은 죽어가고 있지만, 먼저 가든 나중에 가든 우린 모두 다 죽어가고 있어. 그리고 이것도 생각해봐야 한다. 나는 건강하게 살아가고 있는 나의 소중한 세월을 당신의 말년에 당신을 보살피는 일로 보내고 있다는 것, 그리고 이는 당신이 사십대를 보낸 방식은 아니라는 것.

 2019년 영국에서는 팔백만 명의 성인이 간병인으로 추정되었다. 정확한 수를 추산하기란 불가능한데, 첫째로는 사람들이 간병인이 되었다가 더이상 간병인이 아닌 상태로 바뀌는 일이 끊임없이 일어나기 때문이지만, 파트너나 자식으로서 으레 하는 정도의 돌봄이 '간병인'으로서 하는 돌봄으로 넘어가는 지점이 정확히 어디인지 쉽게 단언하기 어렵기 때문이기도 하다. 다섯 명 중 세 명 정도는 살면서 어느 시점엔가는 간병인이 된다. 영국에서는 돌봄을 제공하는 사람이 대부분 가족이나 친구들이다. 그들의 돌봄이 없다면 우리의 사회복지 서비스와 의료 서비스는 무너질 것이다. 간병인들은 약 40 대 60 정도 비율로 남자보다는 여자일 가능성이 더 크며, 간병인이 가장 많은 연령은 50세에서 64세 사이다. 가족 간병인 중 약 40퍼센트는 부모를 돌보며, 사분의 일 정도는 배우자나 파트너를 돌본다. 간병인들은 일반 인구에 비해 건강이 더 나쁘고 돈은 더 적다. 일 년 넘게 돌보는 일에서 하루도 벗어나지 못한 사람이 40퍼센트다. 간병인 두 명 중 한 명은 돈을 버는 직업도 갖고 있지만, 전체 간병인 중 절반 이상이 일을 포기하거나 일하는 시간을 줄여야만 했다. 간병인은 간병인이 아닌 사람에 비해 항상 혹은 대부분의 시간 동안 외로움을 느낀다고 말할 확률이 일곱 배 높다.

구글에서 '간병인 되기'를 검색하니 내게 받을 권리가 있을지도 모를 혜택을 청구하는 방법에 관한 정보가 여러 페이지에 걸쳐 이어졌다. 중요한 일이지만, 내가 원했던 건 나의 경험에 관해 더 많은 걸 얘기해줄 수 있는 무언가였다. '간병인이 되는 데 따른 감정적 영향'을 검색하니 피로에 관한 웹사이트들이 나왔고 이는 분명 나에게도 공감을 일으키긴 했다. 하지만 이런 이야기들은 거의 대부분 돌봄의 대상에 대한 사랑과 염려에 기반한 돌봄 경험 서사로 구축되어 있었고, 그들이 좋은 일을 하고 있다고 재확인해주는 일에 초점이 맞춰져 있었다. 나 혼자만 이기적이고 억울해하는 간병인인 것 같았다. 나의 전망과 행복이 잠식되는 것을 두려워하며, 내가 간병인 역할을 제대로 하고 있는지가 아니라 애초에 이 역할을 해야 한다는 것에 대해 울분을 느끼고 있다는 점이 유일한 걱정인 간병인. 우리가 만난 모든 의료전문가, 모든 웹사이트, 모든 일반인 친구 들이 똑같이 품고 있던 믿음은, 간병인은 사랑하니까 기쁘게 보살피고 있는 사람이라는 것이다. 간병인들은 간병하기를 원하며, 그들은 스스로 선택해서 그 일을 하는 것이라고. 그 이야기 속에 울분의 자리는 없었고, 당신이 결코 받아들이겠다고 동의한 적 없는 일련의 기대들로 인한 속박감의 자리도, 분노의 자리도, 간과되고 보이지 않는 존재가 되어버렸다는 허탈함의 자리도 없었다. 이런 믿음을 품고 있으면 속이 편하다. 돈을 받지 않고 돌보는 가족 간병인들이 가족이나 친족을 기꺼이 보살피지 않는다면, 알고 보니 그들이 그런 봉사를 명예나 기쁨으로 여기지 않는다면, 그건 불편한 진실을 직시하는 일이 될 것이다. 그것은 우리가 한 사회로서 기능하는 우리의 능력을 불행의 토대 위에 세우고 있다는 뜻일 테니까. 병, 허약함, 불행 혹은 무능력 때문에 손상된 한 삶이 일시적이라 할지라도 또다른 삶까지 함께 끌고 들어간다는 뜻일 테니까.

그래서 내게는, 최소한 한동안은 내 내면의 대차대조표를 참고하는 쪽이 더 나았다. 한쪽에는 내 자기연민의 모든 근거가 있었다. 마크, 어머니, 집의 상태, 난파된 듯 보이는 내 경력, 사회적 고립, 현실적 지원의 부재. 반대쪽에는 모든 '그래도 최소한'이 있었다. 나 자신은 건강했고, 아이들도 건강했다. 우리에겐 충분한 돈이 있었다. 마크를 위한 요양원 비용만 생각하지 않는다면 말이다. 아이들은 더이상 아기가 아니었고, 어머니에게 필요한 것들은 이제 양로원의 직원들이 채워주고 있었다. 대변貸邊과 차변借邊. 훌륭한 상황은 아니었지만 더 나빴을 수도 있었다. 후에 마크가 세상을 떠난 뒤 나는 상황이 더 나쁜 젊은 과부들을 만났다. 남편이 큰 빚을 남긴 경우나 예상치 못한 정부가 나타나 유언장에 이의를 제기한 경우도 있었다. 어떤 사람은 남편이 사망하고 겨우 몇 달 만에 일곱 살 딸이 악성 암 진단을 받았다. 몇몇 사람은 죽은 남편의 가족들에게 개인적인 학대와 법정을 통한 괴롭힘을 당했는데, 이 경우 시집 식구들은 자신이 느끼는 고통 때문에 책임을 전가할 수 있을 만한 사람이면 아무나 붙잡고 공격해댔다. 또 고용주가 사별에 대한 특별 휴가는 일주일 이상 용인할 수 없다는 이유로 해고해 암담한 처지가 된 이들도 있었다. 그때 나는, 젊은 나이에 아이들과 함께 남게 된 과부들의 감춰진 세상에서 내가 행운아 중 하나임을 납득했다.

12

블루 피그

우정에 대한 갈망은 나만의 것이 아니었다. 그레그는 초등학교의 마지막 학년이 절반쯤 지났을 때 새 학교로 전학한 터였다. 그리고 9월이 되어야 애덤이 다니는 중등학교에 갈 예정이었다. 누나와 형과 달리 그레그는 학교에서 조용한 아이였고 큰 무리의 일원이 되기보다 친한 친구 한두 명과 속닥하게 지내는 걸 더 좋아했다. 그레그가 새로 전학한 학교에서 친구를 사귈 수 있을까? 멜턴에서도 제일 친한 친구 제이밀이 가족과 함께 인도로 추방된 뒤 아이는 마지막 몇 달을 다소 표류하는 듯한 상태로 지냈다. 그레그에게 정치적 인식이 생겨나기 시작한 건 이 친구의 추방사건 때부터였다. 내무부 장관 테리사 메이가 내린 정책 결정이 자기가 알고 사랑하는 사람들의 인생을 실질적으로 바꾸는 결과를 초래할 수 있음을 깨달았기 때문이다. 그레그는 멜턴의 학교에서 제이밀을 대신할 수 있는 친구를 찾지 못했다. 그랜섬의 학교에서는 좀더 운이 좋을까?

그레그가 새 학교에 간 첫날 아이를 데리러 갔을 때, 나는 그레그가 그 일을 잘해낼 거라고 확신하면서도 친구를 한 명이라도 사귀었는지 어서 듣고 싶었다. 그레그는 에드워드라는 작고 똑똑한 아이 옆자리에 앉았다며, 그 아이가 자기의 새로운 친한 친구인 것 같다고 했다.

"걔는 우주랑 별들이랑 그런 걸 정말 좋아해요. 엄마는 중국인이고 걔도 중국인 같은 얼굴인데, 볼에 블러셔를 엄청 칠한 것처럼 보여요." 바로 그때 한 여인과 남자아이가 자전거를 타고 우리 옆을 지나갔는데 둘 다 큰 코트를 입고 목도리를 둘둘 감고 있었다. 바이크 헬멧 아래로 분홍색 볼과 섬세해 보이는 얼굴, 검은 머리카락 끝부분이 보였다. "저 애예요!"

나는 이 열 살짜리 괴짜 둘의 동맹이 쭉 가기를 바랐다. 지난 몇 년 동안 우리집에 아이들의 친구들을 데려오는 건 꽤 위험한 일이었다. 마크가 집에 찾아오는 모든 사람에게 툭하면 무례하게 행동하거나 말했기 때문에 사교에 관한 일은 신중하게 관리해야 했다. 1월부터 2월 사이 마크가 병원에 있던 시기는 애덤과 그레그가 학교 친구들을 집에 데려와 차를 대접하며 새 우정을 다질 기회가 되었고, 레이철 또한 대학의 독서 주간*에 남자친구를

---

* 서양의 많은 대학에서 시행하는 제도. 학기중 학생들이 뒤처진 수업을 따라잡거나 기분전환을 할 수 있도록 일주일 정도 짧은 방학을 준다.

초대해 우리집에 며칠 머물게 할 수 있었다. 좋았다. 나는 탄탄한 우정이 얼마나 귀중한지 배워가고 있었다. 때로는 응원해주는 친구의 존재가 결혼보다 더 필요한 것 같다.

우리 결혼기념일은 4월 22일이다. 나도 방금 찾아서 확인해보고 알았다. 나는 그 날짜를 기억하고 있지 않았다. 우리 결혼은 평범한 것과는 너무나 거리가 멀었으며, 우리 관계 초기에 내가 소망했던 종류의 결혼과도 전혀 달랐다. 우리가 처음에 함께 몇 주를 지낸 뒤로, 마크는 거의 고의적이라고 할 만큼 낭만과는 담을 쌓았다. 그는 나를 사랑한다는 말을 단 한 번도 다시 하지 않았다. 그는 전반적으로 결혼의 가치를 믿지 않았고, "내 관계를 왜 교회나 국가로부터 인가받아야 하는지 그 이유를 모르겠어"라고 말했다. 하지만 그런 그도 딱 한 번 결혼을 제안하기는 했다. 2002년에 내가 애덤을 임신했을 때였거나, 아니면 그전에 유산된 아기를 임신했을 때였다. 정확히는 기억나지 않는다. 우리는 어느 저녁 레스터에 있는 내 집 거실에 있었다. 마크가 아직 웨일스에 살면서 주말이면 레이철과 나를 만나러 차를 몰고 오던 시절이었다. 나는 창가에 서서 거리를 내다보고 있었고, 마크는 방의 반대쪽 끝에 있는 테이블 뒤에 있었다. 그가 말했다. "거기 그대로 있어. 당신이 착각하는 건 원치 않으니까. 이건 낭만으로 하려는 일이 아니야. 혹시 당신, 우리가 결혼하는 게 좋겠다고 생각해? 내가 이 말을 하는 건 오직 아기 때문이야."

나는 주먹으로 한 대 얻어맞은 느낌이었지만 아무 말도 하지 않았다. 지금까지도 그때 내가 얼마나 상처받고 모욕당한 느낌이었는지를 그에게 왜 감춰야 한다고 생각했는지 모르겠다. 나를 소중히 여긴다는 걸, 나에게 전념하겠다는 걸 보여주는 것이 그에게는 그렇게 끔찍한 일이었을까? 당시 내 자존심은 그런 청혼을 받아들이는 걸 허락지 않았다. 그리고 마지막에 가서 그는 자기답게 낭만적이지 않은 결혼식을 치렀다. 이번에도 결혼은 그의 생각이었고, 이번에도 역시 동기는 사랑이 아니라 자기 신변을 제대로 정리하겠다는 프로젝트의 일환이었다.

우리 관계의 이 시점에 나는 낭만을 바라거나 원하는 것을 이미 진작 그만둔 터였다. 사실은 마크가 스스로 충분히 자기 몸을 건사할 수만 있게 된다면 그때는 우리의 파트너관계를 끝낼 거라고, 정말 진지하게 생각하고 있었다. 사랑과 상처는 이미 원한과 울분으로 변해 있었다. 우리 관계가 이보다 더 나쁜 적이 없었을 만큼 최악이었던 그 시점에 결혼한다는 것은 미친 생각 같았다. 대학에서 부활절 휴일을 맞아서 온 레이철을 집으로 태워 가면서 결혼 계획을 이야기하자 그애는 관계의 나락에 도달한 두 사람이 결혼할 생각을 한다는 걸 이해하지 못했다. "내가 들어본 것 중 가장 미친 짓이에요."

마크가 나를 설득해 생각을 돌리는 데는 한 달 정도가 걸렸다. 이보다 더 이상하고 이보다 더 낭만과는 거리가 먼 결혼식은 없었을 것이다. 퇴원하여 다시 집에 왔을 때부터 마크는 사실상 침대에서 벗어날 수 없는 상태였으므로, 혼인신고 담당관을 우리집으로 오도록 주선하는 일은 내가 해야만 했다. 게다가 담당관을 우리집으로 오게 하기 위해서는 추가로 서류를 작성해야 했고 의사의 확인서도 받아 와야 했다. 우리는 마크의 침대를 중심으로 일종의 결혼식을 준비했다.

당일 아침에 나는 애즈더 슈퍼마켓에서 장을 봐 왔다. 담당관은 두시에 오기로 되어 있었고, 내 친구 다이앤과 그 파트너에게 와서 증인이 되어달라고 부탁한 터였다. 마크와 점심을 먹고 치운 뒤 욕실을 청소하고 머리에 빗질을 했다. 모두 도착했을 때 나는 어떤 형식으로 식을 치러야 할지 감이 잘 오지 않았다.

"차를 좀 만들어 올까요, 아니면 그냥 바로 시작할까요?"

여성 담당관이 차를 마실 시간이 있을 것 같다고 하여 우리는 차를 마시며 잡담을 좀 나눴다. 그런 다음 내가 마크의 침대 가장자리에 앉은 채로 우리는 결혼식을 치렀다. 드레스도 없었고 사진사도 없었으며—정말이지 사진 한 장이 없다—신부 들러리도 하객도 피로연도 첫번째 춤도 케이크도 없었다. 그날 아침에 내가 애즈더에서 사 온 맥아빵 한 덩이를 케이크로 쳐준다면 또 모르지만. 그런 다음 다이앤과 파트너는 뉴어크 근처에 있는 가축 분뇨 저장 웅덩이를 검사하러 갔다. 그들이 직업상 해야 하는 일이었다. 그들이 가고 몇 분 지나자 애덤과 그레그가 학교에서 돌아왔다. 그게 다였다. 나는 마크의 아내가 되어 있었다. 나중에 드러났듯 그것도 겨우 보름 동안의 아내였고, 그 이후로는 과부가 되었다.

십 년이나 십이 년 전이었다면 나는 사랑으로 마크와 기쁘게 결혼했을 것이다. 마침내 우리가 결혼했을 때는 로맨스라곤 남아 있지 않았고, 과거 우리가 품었던 사랑은 굶주리고 웃자란 잡초에 뒤덮여 죽어 있었다. 하지만 마크가 옳았다. 불과 두어 주 뒤, 나는 종일 전화를 붙들고 마크의 보험, 연금, 세무, 유언장 검인 등의 문제를 처리하고 있었으니 말이다. 이 모든 일을 처리하는 데는 우리가 결혼한 상태인 것이 훨씬 수월했다. 삼 주 뒤, 우리 결혼식을 주관한 담당관이 사망인 명부에서 마크의 이름을 보고 내게 애도의 편지를 보내왔다. "그런 결혼식은 별로 하지 않거든요"라고 담당관은 썼다. "그래서 단박에 선생님이 기억났고, 무슨 일이 생겼는지 알고는 마음이 몹시 아팠습니다." 담당관에게는 내가 분명 임종의 침상에서 결혼한 비극적 신부로 보였을 것임을 알지만, 이상하게도 나는 그 과정 전체에서 떨어져나와 있는 느낌이었다. 마치 얼마 동안은 내 삶의 감정을 설계하는 사람이 내가 아닌 것처럼.

　과부들의 인터넷 포럼이나 어디든 과부들이 만나는 곳에서 주기적으로 등장하는 논의 주제 중 하나는, 장례식에 와서 울었던 친구들이 이후로는 입을 닫고 다시는 전화하거나 방문하지 않는다는 것이다. 내게도 그런 친구가 몇 명 있는데, 그들을 비난할 마음은 전혀 없다. 나 역시 우정을 그냥 떠가게 내버려두는 사람이라 확신하며, 우리가 항상 모든 사람을 우리 인생에 남아 있게 할 수는 없는 법이다. 특히 멀리 떨어져 살거나 자기만의 압박에 짓눌려 살고 있다면 말이다. 하지만 이 동전의 다른 면은, 길고도 깊은 역경의 시기가 당신의 가장 가까운 친구라고는 생각지 못했던 사람들의 친절함과 변함없음과 관대함을 꺼내 보여준다는 점이다.

내 친구 세라는 바로 이런 친구였고 지금도 여전히 그렇다. 우리는 대학에서 친한 친구였고 이후에는 이따금 연락하며 지냈다. 하지만 마크가 아프기 시작한 이후로 우리는 이메일과 편지로 계속 연락하게 됐다. 세라는 내가 아는 사람 가운데 아직도 편지봉투에 넣어 우편 소인을 찍은 진짜 편지를, 그것도 점점 더 자주 쓰는 유일한 사람이다. 스코틀랜드에 사는 세라는 우리가 그랜섬으로 이사하고 마크가 세상을 떠날 때까지 다섯 달 사이에 먼 거리와 자기 가족과 직업과 누구나 겪는 복잡한 사정에도 불구하고 두 번이나 우리집에 찾아와주었다.

마크와 내가 결혼한 날 저녁에, 금요일 일을 끝낸 다음 주말을 맞아 폴커크에서 기차를 타고 한참을 달려 저녁 늦게 헝클어진 머리로 활짝 웃으며 찾아온 사람도 세라였고, 나와 밤늦도록 함께 앉아 이야기를 나눈 것도 세라였다. 직장생활을 하고 가정을 꾸리고 아이들을 키우며 수십 년을 보낸 뒤라 학생시절 불타는 듯 빨갛던 세라의 머리카락은 빛이 바랬고, 우리 둘 다 턱선은 늘어지고 피부도 처졌지만, 직접 뜬 스웨터를 입고 자선 중고품 가게에서 산 부츠를 신고 민속 축제에서 팔 법한 인디언풍의 튜닉을 입은 세라는 여전히 아름다웠다. 토스트에 치즈를 얹어 먹고 와인 한 잔을 마셨더니 졸음이 몰려왔다. 시간이 늦어지자 더 피곤해져서 눈꺼풀에 추를 올려놓은 것 같았는데도 우리는 서로를 침대에 보내줄 수가 없었다.

이튿날 아침 세라는 활력과 실용성을 장착하고 깨어났다.

잡초가 웃자란 거대한 정원에 막막해하던 무렵이었다. 내게는 정원일을 시작할 시간도 의향도 솜씨도 없었지만, 세라의 격려와 활기가 더해지자 놀랍게도 나는 우리집 진입로에 침입한 인동딸기 덤불을 베어내고 잘라내는 일을 어느새 즐기고 있었다. 해야 할 일이 끝이 없어 해봐야 별 소용 없을 것 같았는데도, 세라는 굴하지 않고 잡초를 베고 통로와 파티오를 청소했다. 무언가를—뭐라도—달성했다는 것이, 그리고 우리가 함께한 추억과 현재 상황, 미래의 희망에 관해 몇 시간씩 이야기를 나눈 것도 내 기분과 사기를 끌어올렸다.

점심식사 후에 나는 세라와 함께 마크의 처방약을 타러 시내에 나갔다. 집에서 벗어났을 뿐 아니라 동행까지 있다는 사실에 기분이 가벼워지고 해방감이 느껴져서, 시내의 술집에 가보자고 제안했다. 그랜섬에 다섯 달째 살고 있으면서도 아직 어느 술집에도 가본 적이 없었는데, 그랜섬에는 흥미로운 술집이 제법 있었다. 예를 들어 비하이브는 문밖에 서 있는 나무에 간판 대신 진짜 벌집이 있었고 노바디 인은 항상 사람들로 가득차 있는 것 같았으며,* 교회 맞은편에는 블루 피그라는 중세풍의 아기자기한 술집이 있었다. 그 토요일 오후에 우리가 고른 곳은 블루 피그였고, 납으로 된 작은 격자창 옆 테이블에 각자 300밀리리터짜리 비터 에일을 한 병씩 놓고 앉았다. 케임브리지의 술집에서 시간을 보내

---

* '비하이브'는 '벌집'을 뜻하는 영어 단어, '노바디'는 '아무도 없다'는 뜻의 영어 단어이다.

던 이십오 년 전 대학시절로 돌아간 느낌이었다.

"너, 우리가 헤엄쳐서 집에 가기로 했던 밤 기억해? 속옷이랑 티셔츠만 입고 미드서머커먼공원에서 캠강에 뛰어들었다가, 펜 코즈웨이 도로에서 강둑 위로 진흙 범벅이 된 채 기어올라와서는, 흠뻑 젖은 채 맨다리를 내놓고 걸어서 집에 갔던 거?"

"테살리아에 발굴하러 갔을 때는 기억나? 네덜란드 학생들이 우리를 빨간 머리 세라, 까만 머리 세라라고 구별해서 불렀잖아."

과거의 나, 과거의 우리를 다시 떠올리니 기분이 좋았다. 수영하고 춤추는 걸 좋아했고 주방에서 유치한 팝송을 가사도 틀려가며 부르기를 좋아했던 사람들을.

추억에도 취하고 각자 랜드로드 맥주를 600밀리리터씩 마시기도 해서 알딸딸해진 우리는 집에 돌아와 저녁을 준비하기 시작했다. 나는 마크가 어떤지 보려고 차를 한 잔 가지고 올라갔다. 우리는 짧은 대화를 나누었지만, 어서 세라가 있는 아래층으로 내려가고 싶어 좀이 쑤셨다. 그만큼 세라와 보내는 시간이 즐거웠기 때문이다. 우리가 채소를 썰고 음악을 들으며 빈둥거리고 주방에서 웃고 떠들 때 마크가 자기 방으로 나를 불러올렸다. 방에 들어가자마자 그가 얼마나 기분이 나쁜지 바로 알 수 있었다. 상처받고 화가 난 그는 거세게 나를 몰아세우기 시작했다. 자기가 혼자 이 위에서 죽어가고 있는 게 우리에게는 재미있었느냐, 어떻게 자기의 고통을 무시하거나 잊어버릴 수가 있느냐, 따라갈 수 없는 남자를 뒤에 남겨두고 나가서 술을 마시고 웃고 떠들다니 무슨 생각을 하는 거냐, 그건 자기를 저버리는 일이며 잔인한 짓이다, 라면서.

나는 할말이 없었다. 내 삶 역시 재미있지도 쉽지도 않았고, 나도 휴식을 갖고 친구와 단둘이 시간을 보낼 자격은 있다고 느꼈지만, 당시 내 인생이 아무리 어려웠다 한들 그의 인생보다는 훨씬 나았으니까. 그가 분노하는 것도 정당하게 느껴졌다. 왜 우리는 마크의 방에 가서 그의 고립감과 따분함을 덜어주지 않고 아래층에서 우리끼리 쏙닥거린 걸까? 똑 부러지는 이유도 없었고, 내가 그에게 할 수 있는 말도 없었다. 진실은 나도 잠깐 벗어나 쉬고 싶었다는 것이고, 세라는 그의 친구가 아니라 내 친구라는 것, 그는 성미가 고약하고 까다로워서 함께 시간을 보내기에 유쾌한 사람이 아니라는 것이었다. 하지만 그에게 들리는 것은 단지 자신이 없는 어딘가—사실 육체적으로도 정신적으로도 그가 도달할 수 없는 어딘가—에서 들려오는 행복한 소리뿐이었고, 분명 그 소리는 잘 봐주어도 자신의 고통에는 무심한 소리로 느껴졌을 것이다. 나는 사과하고 그를 달래려 애썼지만, 질책당한 기분과 죄책감이 들었다. 그날 저녁의 나머지 시간은 분위기가 가라앉아 있었다. 세라와 나는 올라가 마크의 침대 옆에 앉아 있었지만, 그는 병세가 너무 깊었고 상처 입고 분노한 상태여서 편안한 대화를 나눌 수 없었으며, 우리 역시 심하게 질책당한 기분이어서 그날 오후에 느꼈던 행복감을 되살릴 수는 없었다. 마크는 내가 친구가 아니라 자기에게 와서 함께 있어주고 재미있게 해주고 감정적으로 지원해주기를 원했지만, 쉴새없이 스트레스에 짓눌려 있을 때는, 더구나 우리 관계 자체가 그 스트레스의 원인일 때는 내게도 나를 안정시켜줄 다른 닻들이 절실히 필요했다.

이튿날 나는 일어나자마자 마크의 상태를 확인하러 갔다. 평소에는 마크에게 차 한 잔과 아침 약을 가져가고, 그가 그걸 먹는 동안 나는 그의 소변주머니를 비우고 손과 얼굴을 닦을 면포를 가져다준다. 그러나 그날 아침에는 마크가 고통에 시달린 얼굴로 나를 보며 말했다. "당신이 일어나서 정말 다행이군. 나, 너무 고통스러웠어."

어째선지 밤사이에 도뇨관이 반쯤 빠져나와 있었고 그 때문에 마크는 끔찍한 통증을 느꼈다. 도뇨관을 도로 끼워넣어야 하는데 우리 두 사람 다 아무리 해도 안 됐다. 아침 일곱시 삼십분에 간호사에게 전화를 걸었더니 열시 삼십분 이전에는 우리집에 와줄 수가 없다고 했다. 그사이에 진통제도 효과가 거의 없어서 마크는 몹시 괴로워했다. 나는 친구가 주말을 나와 함께하기 위해 스코틀랜드에서부터 와주었는데, 손님을 맞이하는 주인 역할을 제대로 못하고 있다는 점도 신경이 쓰였다. 세라가 주방에서 달그락거리는 소리가 들려왔는데, 내가 아침을 준비해주지 못하니 자기가 직접 준비하는 모양이었다. 하지만 나는 마크를 두고 갈 수가 없었다. 아이들도 그날은 각자 알아서 제 앞가림을 해야 할 터였다. 누군가 고통스러워하는 모습을 보면서도 고통을 덜어주기 위해 할 수 있는 일이 아무것도 없다는 것은 몹시 속상하고 무력감이 느껴지는 일이지만, 고통을 겪는 당사자보다는 당연히 훨씬 나은 처지이리라. 나는 아무 소용도 없는 차만 가져다 나르면서 이부프로펜에 파라세타몰까지 더해봤지만 무엇도 그의 아픔을 어루만져주지는 못하는 것 같았다.

구역 담당 간호사 두 명이 와서 시도했다가 실패하고 나자, 결국 누군가 튜브를 다시 끼워줄 수 있는—필요하다면 마취제도 써서—병원까지 직접 가는 수밖에 없어 보였고, 그래서 우리는 구급차를 불렀다. 병의 이 단계에서는 마크의 장애가 너무 심해서 내가 그를 차에 태울 수 있는 상태가 아니었다. 누군가 그를 들어올려 아래층으로 내려와야만 했다. 우리에게는 그를 침대에서 병원으로 데려가줄 구급대원이 필요했다. 그들은 점심시간이 지나서야 우리집에 도착했는데, 우리가 응급실에 도착하자 병원에서는 금세 우리를 봐줬고, 비뇨기과 응급의사인 쾌활한 나이지리아인 의사가 수월하게 도뇨관을 바로 끼워주었다. 그런 다음 나는 마크를 다시 집과 침대로 데려다달라고 도움을 구하기 위해 상당 시간 설득하고 부탁해야 했다.

나와 함께 이야기를 나누거나 정원을 파헤칠 가능성이 매우 희박하다는 걸 깨달은 세라는 구급차가 도착했을 즈음 일찌감치 집으로 돌아가는 기차에 올랐다. 세라가 우리집에 와 지낸 시간은 사십팔 시간이 채 안 되었고 그중 나와 지낸 시간은 절반도 안 되었지만, 세라의 방문이 나의 기분에 미친 영향은 어마어마했다. 나에게는 친구가 있었고, 그 친구는 온 세상의 바나나보드를 다 모은 것보다 내게 더 큰 가치가 있었다. 이후 몇 달 동안 우리는 모두 그 견고하고 깊은 관계에 의존하게 되었다. 마크가 세상을 떠난 후 한 해가 지나는 동안 나는 새로운 친구들을 사귀었고, 그중에는 그레그가 그랜섬의 학교에 처음 등교한 날 자전거를 타고 우리 옆을 지나갔던 에드워드의 엄마도 있다. 하지만 내 최악의 모습을 보고도 곁에 남아준 오랜 친구들은, 내가 넘어지려 할 때 넘어지지 않도록 나의 어깨를 잡아주고 넘어졌을 때는 바로 일으켜세워준, 지금도 세워주고 있는 팔과 같다. 육 년이 지난 지금도 그레그와 에드워드는 여전히 제일 친한 친구 사이다.

그때가 마크가 세라를 마지막으로 본 때였다. 돌이켜보면 그 시점에 그는 이미 자기 누이도 친구들도 마지막으로 본 뒤였다. 생각해보면 기묘한 일이다. 우리는 첫번째는 늘 기억한다. 나에게 중요한 누군가를 어떻게 처음 만났는지, 어떤 새로운 장소에 처음 방문한 건 언제인지. 사귀는 관계라면 첫 키스를, 처음 섹스했던 때를 기억한다. 하지만 마지막의 중요성을 그만큼 무게감 있게 느끼는 일은 드물다. 나는 이미 어떤 마지막이 나를 지나갔는지도 모른다. 확실히 아는 게 몇 가지 있기는 하다. 나는 나의 마지막 아이를 낳았고, 모유수유를 할 일도 다시는 없을 것이다. 내가 장거리 달리기를 한 번이라도 다시 하게 될까? 나는 살면서 여러 번 마라톤을 뛰었는데, 매번 빙하처럼 느리게 움직였고 끝까지 달리기도 힘들었지만 그래도 억지로 밀고 나가면서 스펀지 같은 다리로 터덜거리며 간신히 결승선을 넘었다. 나는 이미 나의 마지막 마라톤을 뛴 걸까? 마지막 하프마라톤은? 요즘은 예전만큼 많이 달리지도 않는다. 마크의 인생에서 마지막 이 년 정도는 달리기를 아예 하지 않았다. 나가서 달린다는 것이 더이상 긴장을 풀어주지도 못했으며, 하지 않으면 꺼림칙한 또하나의 숙제로 변해버렸음을 깨달았을 때부터였다. 보통 우리는 지금이 어떤 사람을 그가 죽기 전에 마지막으로 보는 것임을, 살면서 하는 마지막 기차여행임을, 마지막으로 슈퍼마켓에 가는 때임을 당시에는 알지 못한다. 지금이 이 파트너—혹은 어느 시점에는 그 누구라도—와 마지막으로 섹스하는 때가 되리라는 것도, 누군가에게 마지막으로 차 한 잔을 가져다주는 때가 되리라는 것도 우리는 알지 못한다. 마크가 자기 인생이 끝날 날짜를 알았다면 그런 마지막에 관해 생각했을지 궁금하다. 이것이 내가 이 집을 마지막으로 나서는 순간이다, 혹은 이것이 내가 듣는 〈뉴스 퀴즈〉의 마지막 에피소드가 될 것이다, 하고 그는 생각했을까? 심지어 그런 다음, 시드니 카턴처럼 그 역시 자기가 어떤 계획을 세웠는지 아무에게도 말하지 않고 자신의 비범한 희생 행위를 준비한 것일까?

13

아마도 한 명,
하지만 확실히는
모름

 백열전구 하나를 가는 데 고고학자가 몇 명 필요할까? 아마도 한 명이겠지만, 우리도 확실히는 모른다. 이건 농담이지만, 또한 순전한 농담이라고만은 할 수 없다. 고고학자들은 다른 어떤 사람들보다 모르는 일에 익숙하기 때문이다. 우리에게는 최선의 추측과 개연성 있는 이야기, 어쩌면과 아마도밖에 없다. 고고학에는 이론의 여지가 없는 명확한 답이 무척 드물다는 점, 그리고 내가 학문적 삶에서 항상 복잡성과 불확실성을 포용해왔다는 점을 고려할 때, 내가 마크의 진단에 명확한 결론이 없고 늘 가능성이 열려 있는 상태를 너무나 힘들어한다는 것이 나에게도 놀라웠다.
 공적인 영역에서 애매함과 모호함과 의심스러운 구석은 실패나 무능이나 줏대 없음의 증거로 여겨져 무시당한다. 확실성이 최고다. 라디오에 나온 저널리스트들은 "그것이 진실인가, 아닌가?"하고 소리친다. 하지만 우리는 과학이 항상 진실을 내놓는 건 아님을 알고 있다. 과학은 잘해봐야 우리에게 사실을 제시한다. 우리가 그 사실들을 어떻게 이야기로 구성할 것인지는 논의가 필요한 문제다. 우리의 고고학적 데이터가 훼손되었거나 불완전하거나 모호하다면, 혹은 때로 움찔할 정도로 복잡하다면, 거기에는 언제나 다른 이야기들을 풀어낼 여지, 다른 패턴들을 짜넣을 여지가 있다. 하지만 우리의 증거가 이런 성격을 띠는 걸 꼭 문제로 보아야 하는 건 아니다. 사실 그것은 우리가 설명하고자 하는 상실된 삶, 관계, 과정 들의 뒤죽박죽되고 복잡한 성격을 더욱 진실하게 반영한다. 다시 말해서, 만약 우리가 존재하는 모든 사실을 어떻게든 다 찾아냈다고 해도, 우리는 여전히 과거에 관한 최종적이고 확실한 이야기는 얻지 못할 것이다. 맑은 밤 바깥에 서 있다면 나는 별들을 볼 수 있다. 사자자리, 북두칠성, 오리온자리 같은 몇몇 별자리도 알아볼 것이다. 그런데 내가 만약 그 별 가운데 일부만 골라내고 하늘의 다른 부분에 속하는 몇몇 별을 포함시킨다면, 혹은 다른 종류의 천문학을 배웠다면, 나는 뱀이나 주전자나 어린아이 모양의 별자리를 알아볼지도 모른다. 그리고 만약 이 은하의 다른 어딘가에 살고 있다면, 나는 똑같은 별들을 보면서도 다른 패턴을 찾아낼 것이다. 나는 내가 이미 알고 있는 것, 내가 있는 곳, 그리고 내가 보리라고 기대하는 것을 모아 나만의 이야기 별자리들을 만든다.

진실은, 유일무이한 진실 같은 건 없다는 것이다. 언제나 다른 이야기들, 다른 별자리들이 존재한다. 이런 인식도 내가 마크의 병이 지닌 모호성에 대처하는 데는 아무 도움도 안 되었지만 말이다. 우리는 어느 이야기 안에 있었던 걸까? 그가 나아지는 이야기? 아니면 그가 죽는 이야기? 로맨스? 비극? 추리소설? 어느 쪽이든, 지금 내가 있는 은하계의 영역에서는 모두 다 다르게 보인다.

잠정적이고 불완전한 것이기는 했지만 마크가 처음에 받은 진단은 자가면역뇌염이었다. 그 진단도 우리에게 원인을 말해주지는 않았다. 뇌염이란 뇌에 염증이 생겼음을 기술하는 한 방식일 뿐이고, 그건 최초의 스캔 결과로도 뚜렷이 알 수 있는 사실이었다. 뇌염은 마크의 머릿속에서 무슨 일이 벌어지고 있는지 말해줄 뿐, 왜 그 일이 일어나는지는 말해주지 않았다. 처음에 의사는 뇌전증 발작이 마크의 뇌에 약간의 손상을 초래한 것이기를, 그래서 일단 발작이 멈추면—몸의 다른 부분이 건강하다면 종종 어떤 손상도 복구할 수 있는 놀랍도록 가소적인 기관인—뇌가 치유되기를 바랐다. 그런 일은 일어나지 않았다. 오히려 시간이 지나면서 손상 영역이 서서히 확장됐다. 마크의 머리에서 일어나는 일이 무엇이든 발작은 원인이 아니라 결과였던 것이다. 뇌염은 보통 감염 아니면 자가면역의 결과로 생긴다. 감염된 경우는 갑자기 발생하고 급속히 악화하는 편이다. 자가면역뇌염은 발병하는 속도도 느리고 진단하기도 더 어려울 수 있다. 이 경우는 몸이 스스로 만들어낸 항체들이 자기 뇌를 공격하는 것이다. 자가면역뇌염에 관한 의학적 이해는 급속도로 발전하고 있고, 계속해서 새로운 항체들이 발견되어 뇌염과 관련있다고 알려진 기존의 항체 목록에 추가되고 있다. 마크는 레스터의 병원에서 가장 흔한 몇몇 항체에 대한 검사를 받았고, 이후 노팅엄에서도 항체검사를 받았다. 모든 검사에서 결과는 음성으로 나왔다.

뇌염의 원인이 될 만한 세번째 병은 부종양증후군으로, 몸의 어딘가에 생긴 암의 간접적 결과로 뇌염이 생기는 것이다. 다른 자가면역질환들과 마찬가지로 이 역시 지나치게 성실한 면역 반응 때문에 일어나는 일이다. 부종양성 뇌염이 있는 경우 몸은 암을, 심지어 환자가 알아차리지 못할 정도로 작은 암마저 매우 유능하게 퇴치할 수 있다. 다만 문제는 몸이 이어서, 때로는 암이 사라진 뒤에도 계속해서 건강한 조직을 공격한다는 점이다. 시각적으로 암을 찾아낼 수 있는지 알아보기 위해 마크는 전신스캔을 두 차례 받았고, 그에게 있을 가능성이 높은 종류의 암들에 대한 생체지표를 찾기 위해 혈액검사도 여러 번 받았다. 이번에도 모두 아무런 답도 나오지 않았다. 다만 마크는 알파태아단백 농도가 아주 조금 높았는데 이는 고환암과 연관이 있을 수 있는 지표였고, 상세한 스캔 결과 마크의 고환에서 약간의 음영이 보이기도 했다. 만일에 대비해, 그리고 혹시 암 종양이 있었다가 저절로 소멸한 적이 있는지 확인해보기 위해 레스터의 비뇨기과 의사는 고환을 제거하기로 했다.

여러 해 전 그레고리가 태어난 뒤, 마크와 나는 더이상 아이를 갖지 않기로 동의했다. 우리 관계에서 피임에 대한 책임은 언제나 내가 져왔다. 내가 아는 남자들 가운데에는 병원에 가본 적이 없고 그 어떤 병으로도 처방받은 일이 없다는 사실을 부적절하게도 자랑스럽게 여기는 이들이 여럿 있었는데, 마크도 그리 다르지 않았다. 첫째로 약물 사용에 대한 그의 철저한 신중함이 불법적으로 손에 넣거나 제대로 시험을 거치지 않은 약물에는 전혀 적용되지 않는다는 사실, 둘째로 그의 몸을 순수하고 자연스러운 상태로 유지하는 대가가 내 몸에 합성호르몬을 주입하는 일이라는 사실, 거기에다 피임과 관련해 병원을 방문하고 처방약을 타오는 일이 모두 내 책임이라는 사실을 생각하면 다소 분한 마음이 들었다. 그러다 그레고리가 태어난 후, 마크는 정관절제술을 받는 걸 반대하지는 않는다고 말했다. 다만 자기 몸을 자른다는 생각은 좀 불쾌하다고, 그래도 자기는 '원칙적으로' 그걸 자르겠다고 결정할 준비가 되어 있다고 내게 힘주어 말했다. 하지만 원칙적 결정이란 게 가족계획 전략으로 효과가 있을 리 없다. 나는 다시 진료소로 가서 자궁 내 피임장치 삽입술을 받고 왔다.

그렇다보니 마크의 몸이라는 사원이 이제 약물의 전당이 되었다는 사실에, 구 년 전에는 사소한 시술을 받는 것도 거부했던 남자가 이제는 고환을 잘라내게 생겼다는 사실에 심술궂은 마음으로 고소해할 만도 했다. 하지만 마크가 어찌나 시무룩해 있는지 불쌍한 마음이 들지 않을 수가 없었다. 수술 전날 밤, 마크는 내게 "고환에게 작별인사를 할 겸" 섹스를 하자고 제안했다. 우리는 여러 달째 내밀한 접촉 없이 지내던 차였다. 나는 심지어 그가 나를 만지는 것도, 내 벗은 몸을 보는 것도 싫었다. 매일 밤 나는 최대한 몸매가 드러나지 않는 나이트가운을 입고 그와 몸이 닿지 않도록 신경쓰면서 조심스럽게 침대의 내 쪽 자리로 들어갔다. 나는 차가운 분노의 수류탄이었으며, 주방에서 거실 그리고 침실까지 지뢰선이 깔려 있었다. 육체적 접촉을 이때보다 더 원치 않았던 때는 없었다.

몇 주 뒤 우리가 비뇨기과에 갔을 때, 그 대기실에서 자기가 암에 걸렸다는 말을 듣기를 고대하는 사람은 마크가 유일할 거라는 생각이 들었다. 만약 암이 있다면 그의 뇌염은 부종양성으로 확인될 터였다. 고환암이야 치료할 수 있을 테니 병이 호전될 가능성이 높아지는 셈이었다. 고환암은 치료하기 쉬운 종류의 암으로 오 년 생존율이 98퍼센트다. 만약 걸려도 '괜찮은' 암이 있다면 바로 고환암이 그런 암이다. 하지만 마크가 실제로 암에 걸렸다거나, 과거 한때라도 암이 있었다는 증거는 전혀 나오지 않았다. 그러니까 그의 뇌염은 부종양성이 아니라는 얘기였다.

마크는 생애 마지막 몇 년 동안 평생 쓴 것보다 열 배는 더 많은 약을 썼다. 마크의 증상이 나타나기 시작했을 때는 우리집 약장이 빈약했다. 아이들을 위한 반창고나 칼폴(해열진통제)을 꺼낼 때, 그리고 아이들이 영유아일 때 잠이 부족해 헤매던 내가 간혹 칼폴을 슬쩍 꺼내 꿀꺽할 때를 제외하고는 약장을 여는 일도 별로 없었다.

마크의 발작이 뇌전증으로 밝혀지자마자 그는 뇌전증 표준 약물 중 하나인 케프라(레비티라세탐)를 하루에 두 번씩 복용해야 했다. 이 약은 발작 횟수를 줄이는 데 도움이 되었지만, 그래도 여전히 하루에 몇 번씩 발작 삽화가 발생했으므로 또다른 항뇌전증약 라모트리진도 추가되었다.

그러다가 그의 몸 상태가 악화되면서 스테로이드도 처방받았다. 처음에는 정맥주사로 맞다가 나중에는 매우 고용량의 경구용 약을 받았다. 그러니까 이제 그가 매일 복용하는 약물에는 뇌전증약들과 항우울제 외에도 스테로이드제 프레드니솔론, 그리고 스테로이드로 인한 손상에서 위를 보호하는 오메프라졸, 가려움과 통증 같은 기타 신경 증상을 완화하기 위한 카르바마제핀, 스테로이드 때문에 골다공증이 생길 가능성을 줄이기 위한 애드칼, 만성적인 요도감염을 치료하기 위한 항생제 코트리목사졸, 항생제 복용 때문에 생길 수 있는 진균 감염 예방을 위한 항진균제 플루코나졸, 원래도 높았으나 병이 생기면서 제대로 운동을 못하게 된 후로 더 높아진 혈압 때문에 복용하는 암로디핀과 저용량 아스피린까지 포함됐다.

마크의 의사들은 매일 규칙적으로 복용하는 약 외에도 병원 입원이 필요한 다른 치료들을 다양하게 시도했다. 마크는 뇌를 공격할 수도 있는 항체들을 (일시적 조치이기는 하지만) 혈액에서 씻어내는 혈장교환술도 몇 차례 받았다. 첫 혈장교환은 시술 후 적어도 이 주 정도는 마크의 기분과 신체 능력에 현저한 효과를 냈는데, 두번째는 처음보다 효과가 줄었고, 이후 이어진 치료들은 갈수록 더 효과가 줄고 주기도 짧아졌다.

그후에는 시클로포스파미드를 여러 차례 주입받았는데, 이 약물은 보통 암 화학치료에 쓰이지만 면역계를 억제하기 때문에 레이트 박사는 마크에게 효과가 좋을 수도 있다고 생각했다. 이 약물을 쓰려면 약물 주입 기계를 연결해야 했으므로 마크는 정기적으로 옥스퍼드에 가야 했는데, 그는 늘 똑같은 곳에서 벗어나는 것도, 간호사들과 잡담을 나누는 것도, 끝난 뒤 WRVS* 카페테리아에 차와 에그롤을 먹으러 가는 것도 꽤 좋아했다. 하지만 시클로포스파미드는 아무 효과가 없었다.

현대 의과학은 경이로운 학문이다. 오늘날 의사들이 사용할 수 있는 여러 진단도구와 다양하고 효과적인 치료법은 겨우 일이십 년 전에 비해서도 한참 앞서 있으며, 예전에는 불치라 여겨지던 여러 병에 대한 치료법도 다양해졌다. 그리고 온갖 최고의 약들이 우리를 구하지 못할 때는, 우리가 편안하게 삶에서 빠져나가도록 해주고 한밤중에 고통 없이 생을 마감하게 해주는 완화의료도 존재한다. 이제 나는 우리가 약리학에 믿음을 가질 수는 있다 해도 때로는 약이 우리를 실망시킨다는 것 또한 잘 안다. 우리는 아는 게 많지만 모든 걸 아는 건 아니다. 그러면서도 "이 병을 호전시킬 방법은 모릅니다"라는 말은 잘 하지도, 듣지도 못한다. 거기에 더해 과학과 기술이 할 수 없는 일들을 보충해줄 공동체와 인간적 접촉을 제공하는 일에도 매우 서툴다.

로버트 매크럼은 『세 번에 한 번은 그 생각』이라는 책에서 자기 세대의 사람들이 죽음의 필연성을 껄끄러워하는 이유가 항상 자기실현을 추구할 능력과 권리를 겸비한 독립적이고 능동적

---

* 영국의 여성 중심 자선단체. 제2차세계대전중 전시에 피해를 입은 민간인을 지원했고, 오늘날에는 주로 병원 서비스나 노인 복지 등에 중점을 두고 있다. WRVS(Women's Royal Voluntary Service)는 2013년까지 쓰인 명칭이며 이후 RVS로 바뀌었다.

인 자아에 너무 큰 가치를 두는 탓이라고 썼다. 매크럼과 그의 친구들은 정확히 자기가 원하는 삶을 찾거나 창조할 힘, 자기가 누려 마땅한 삶을 쟁취할 힘이 있다고 믿도록 길러진 사람들이다. 만약 문제가 있다면 의지와 적합한 전략으로 풀 수 있다. 너는 무엇이든 네가 원하는 존재가 될 수 있다. 단 하나, 실망스럽겠지만, 불멸의 존재는 빼고. 이러한 베이비붐 세대의 자신감을 노화와 의존성과 쇠퇴, 그리고 궁극적이고 필연적으로 죽음과 타협시키기란 쉽지 않다. 매크럼은 나보다 나이가 좀 많지만, 우리 세대도 전혀 다르지 않다. 의료 전문가들은 서로 공모하여 우리에게도 아직 '뭔가 해볼 수 있는 일'이 있다고, 단호한 마음과 적합한 약만 있으면 퍼져나가는 종양도 뇌에 쌓인 플라크도 막힌 심혈관도 파열된 동맥도 이겨낼 수 있다는 듣기 좋은 거짓말을 한다. 그래서 우리는 앞선 세대들에 비해 죽음과 쇠퇴를 직면할 준비가 제대로 되어 있지 않다는 것이 매크럼의 말이다. 과거에는 피할 수 없는 진실이었고 신앙과 철학이 줄 수 있는 모든 위안을 끌어모아 담대하게 대처해야 했던 것이, 이제는 곁눈질로 슬쩍만 보거나 아예 쳐다보지 말아야 하는 것이 되었다. 아르스 모리엔디를 열심히 읽었던 17세기 사람들은 오늘날 너무 많은 사람이 잊어버린 뭔가를 알고 있었다.

    신경질환의 경우에는, 최근의 뇌가소성 논의 때문에 대체로 고칠 수 있다는 집단적 환상이 생겨났다. 우리 친구 사이먼은 내가 알기로 누구보다 낙천적인 사람이다. 자신감 넘치고 야심 많은 뉴질랜드인인 사이먼은 무엇이든 머리에 떠오르는 계획이나 꿈을 밀고 나간다. 얼마 전에는 아보카도 농장을 만들겠다고, 저축해둔 돈과 자원을 전부 뉴사우스웨일스에 있는 토지에 투자했다. 이미 일흔이 넘었고 한쪽 발이 불편한데다, 새로 심은 아보카도나무가 상품성 있는 열매를 맺으려면 적어도 칠 년은 걸리는데도 말이다. 사이먼은 '할 수 있다' 정신의 화신이며, 누구보다 쾌활하고 열정적인 사람이다. 마크의 말년에 사이먼은 정신과 의사 노먼 도이지가 쓴 『스스로 치유하는 뇌』를 읽었다. 이 책에서 도이지는 신경가소성에 관해 설명하면서, 인간의 뇌는 적절한 종류의 치료만 받는다면 잃었던 기능을 회복할 수 있으며 심지어 손상된 구조물도 재생할 수 있음을 발견했다고 말한다. 과거에는 되돌릴 수 없다고 여겨졌던 병에 시달리는 사람들 중 다수에게도 해당하는 이야기라고 도이지는 힘주어 말한다. 사이먼은 이 책이 마크에게 희망을 품을 이유를 줄 수 있다고 확신했고, 마크도 꼭 그 책을 읽고 거기 실린 사례연구와 치료와 운동으로부터 영감과 실질적 도움을 모두 얻기를 열렬히 바랐다. 사이먼이 그 책을 가져다주려고 계획했던 주에 마크가 죽었다. 그가 세상을 떠난 뒤 사이먼은 미적거린 자신을 질책했다. 사이먼은 도이지의 통찰이 마크의 죽음을 막을 수 있었을 거라고 진심으로 믿었던 것 같다. 하지만 마크가 겪은 손상의 정도와 기간을 생각할 때, 나로서는 도저히 그런 일이 가능할 거라고는 믿기 어렵다. 신경가소성은 질병과 여러 증상 때문에 삶이 제약받고 축소된 많은 사람에게 실질적 혜택을 주지만, 가소성이 곧 무제한적 회생능력은 아니며 어떤 신경질환이든 치료로 병의 진행을 막을 수 없는 시점이 있다. 모든 사람이다 치유될 수 있는 것은 아니다.

생의 마지막 해에 마크는 전처 힐러리와 다시 연락이 닿았다. 그들의 결혼생활은 짧게 끝났다. 식을 올린 지 겨우 몇 달 만에 둘이 거의 같은 시기에 바람이 나면서 깨진 경우였다. 이게 마크가 나와 결혼하지 않으려 한 이유 중 하나일지도 몰랐다. 그러나 둘의 결별은 비교적 우호적으로 마무리되었고, 내가 그를 처음 만났을 때는 이미 수년 전에 끝난 일이었다. 힐러리는 재혼해서 아이 넷을 낳았고, 그런 다음 또다른 관계를 맺었다.

2016년 봄에 힐러리는 런던과 맨체스터 사이를 자주 오갈 일이 있어, 마크가 옥스퍼드에 있는 병원에서 입원치료를 받고 있을 때 최소한 일주일에 두 번은 중간에 옥스퍼드에 들러 마크를 문병할 수 있었다. 마크의 장례식 전에 내가 힐러리를 본 건 딱 한 번이었는데, 그가 죽기 삼 주 전쯤 우리집으로 마크를 만나러 왔을 때였다. 나는 힐러리가 와서 기뻤다. 그때 마크의 인생은 아주 작게 축소되어 오로지 침대 안에서만 모든 것이 돌아갔고, 사이사이 아이들과 내가 등장하고 라디오가 곁을 지켜주는 게 다였다. 게다가 한때 마크가 무척이나 사랑했다는 여인을 만난다니 개인적인 호기심도 동했다. 너무 오랜 세월을 함께 지낸 뒤라 마크의 예전 여자들에게 질투를 느끼는 시점은 이미 지났지만, 한 가지는 궁금했다. 힐러리는 나와 비슷할까? 마크에게 좋아하는 타입이 있었을까?

힐러리가 도착했다. 나보다 더 날씬하고 더 부유하고 더 나이가 많았지만 멋쟁이였고 자신감이 있었고 직설적이었다. 마크가 그런 모습을 좋아했으리란 걸 알 수 있었다. 대화는 흔히 그렇듯 마크의 병에 관한 이야기로 흘러갔다. 힐러리는 마크의 상태에 대한 명확한 진단이 계속해서 나오지 않는 상황을 자기가 풀어야 할 도전으로 여기는 부류는 아니었다(예를 들어 내 대학 동료 한 사람은 의학교육을 받지 않았고 임상경험이 전혀 없음에도 불구하고 항상 새로운 가능성을 제안하며 알아보라고 권했다. 그는 나를 보면 이런 식으로 인사를 건넸다. "세라! 좋은 아침이네요! 라임병 생각은 해봤어요?"). 하지만 힐러리는 담당의가 마크의 병을 자가면역질환으로 생각한다는 말을 듣더니 무척 반가워했다. 마침 자기 파트너도 자가면역 문제로 곤란을 겪었는데, 힐러리 자신이 알아보고 매일 비타민 B 보조제를 먹였더니 성공적으로 치료되어 완전히 나았다며 열변을 토했다. 힐러리는 그게 마크에게도 효과가 있을 수 있다고 생각했고, 그래도 아무 문제 될 게 없다는 듯 자기 마음대로 비타민 한 병을 가져와서 마치 벨벳쿠션 위에 파베르제의 보석 달걀을 올려두는 것처럼 마크의 침대 옆 캐비닛 위에 올려두었다. 나는 표정을 단속했다. 정말 이런다고? 하는 생각이 들었다. 마크는 세 군데 주에서 대여섯 명의 베테랑 신경과 전문의들에게 검진을 받았는데, 그 의사들이 모두 단순한 비타민 결핍을 놓쳤을 거라고 생각하는 건가?

그 행동의 오만함에 느꼈던 짜증을 제외하면, 지금 와서는 그때 내 심사를 그렇게 뒤틀리게 한 게 무엇이었는지 도저히 기억나지 않는다. 그건 가짜 희망이었을지도 모르지만, 그렇다고 해로

울 것도 없지 않은가? 마크 역시 그 엉터리 소리를 따라봐야 효과가 없으리라는 건 분명 알았을 테지만, 어쨌든 그 비타민을 먹었다. 나라도 그렇게 했을 것이다. 정치풍자작가이자 유머소설과 판타지소설 수십 편을 쓴 저자 테리 프래쳇은 치료되지 않는 자신의 알츠하이머병을 두고 추천받은 온갖 뉴에이지 요법에 관해 이렇게 말했다. "도움이 될 가능성이 티끌만큼이라도 있다면 죽은 두더지의 엉덩이라도 먹겠다." 어쩌면 나는 힐러리가 마크의 병세가 얼마나 심각한지 인지하지 못하는 데에 화가 났던 건지도 모르겠다. 마크는 그냥 몸이 좀 찌뿌둥한 게 아니었다. 뭔가 불분명한 증상으로 불편해하다가 비특이성 자가면역질환 진단을 받는, 그리고 모든 검사 결과가 정상으로 나오는 그런 흔한 경우 중 하나도 아니었다. 마크의 스캔과 검사 결과들은 지극히 비정상이었다. 그저 이 비정상적 상태를 초래하는 것이 뭔지 알 수 없었을 따름이다. 그는 몸이 마비되었고, 배뇨를 통제하지 못했으며, 감각 능력에도 심각한 결함이 생겼다. 나는 힐러리의 파트너를 만나본 적은 없었지만, 그의 자가면역질환이 마크의 질환과 전혀 달랐으리라는 데 기꺼이 판돈을 걸 수 있었다. 그건 걸리적거리는 물집을 절단한 다리에 비교하는 것이나 마찬가지였다. 마크의 상황을 누군지도 모를 그 남자와 한데 엮는 것에 맘속에서 분노가 치솟았다. 나는 힐러리가 현실감각을 챙기기를, 무슨 일이 벌어지고 있고 무슨 일이 벌어지려 하는지 인정하기를 바랐다. 그러나 힐러리는 오히려 매크럼이 지적한 자기 세대의 문제를 실례로 보여주고 있었다. 힐러리에게 죽음이 다가오고 있는 상황은 풀어야 할 문제이자 피해야 할 위협이었다.

중년에 이르러 통제할 수 없는 상태로 굴러내려가는 내리막길과 피할 수 없는 종지부를 인지했던 매크럼은 무엇이 좋은 죽음을 혹은 나쁜 죽음을 만드느냐 하는 질문에 사로잡혔다. 그는 메멘토 모리의 거장이다. 메멘토 모리는 죽음을 기억하라는 뜻으로, 예술과 문화의 주제로서 초기 근대에는 세상 어디에나 퍼져있었다. 그러나 지금은 다소 방치되어 이제 잘 보이지도 않을뿐더러, 진지하게 고찰되는 일은 더욱 드물다. 하지만 아직도 우리에게는 때때로 그 문구를 상기하는 게 도움이 될 때가 있다. 치유에만 초점을 맞추는 일은, 우리 역시 죽을 것임을 알게 될 때 필연적으로 찾아올 감정적 충격을 그저 뒤로 미루는 일일 뿐이다. 메멘토 모리. 때로는 이 모든 딴청을 멈출 필요가 있다.

컴퓨터 과학자인 내 친구 리처드는 화성 탐사부터 석유 시추공을 안전하게 폐쇄하는 일, 임상시험을 꾸리는 일까지 다양한 프로젝트에서 일해왔다. 그가 몇 년 전 참가한 프로젝트 하나는 알츠하이머병에 걸린 사람들을 치료하는 일과 관련된 것이었다. 리처드는 나에게 퀄리QALY, 그러니까 질보정생존년Quality-Adjusted Life Year이라는 개념을 소개해주었다. 퀄리는 의료적 개입이 주는 이점에 가치를 매기는 방법이다. 완벽한 건강 상태로 보내는 일 년이 1퀄리다. 죽음의 점수는 0퀄리다. 살아 있기는 하지만 건강이 완벽하지 않은 채로 보내는 일 년의 점수는 1퀄리와 0퀄리 사이 어딘가에 해당한다. 퀄리 값에 음수는 없다. 퀄리 값으로 측정한 의료의 혜택 대비 비용을 고려해보면, 어떤 치료가 받을 가치가 있는지, 그리고 제한된 공적 자금을 어떻게 할당하는 게 최선인지 같은 임상 결정을 내리는 데 도움이 된다. 예를 들어 어떤 환자에게 삶의 질을 0.5퀄리로 떨어뜨리는 만성질환이 있는데, 받을 수 있는 치료 가운데 전반적 수명에는 영향을 미치지 않으면서 퀄리를 0.75까지 올릴 만큼 증상을 완화해주는 치료법이 있다면 이는 한 해에 0.25퀄리 이득인 셈이다. 만약 환자가 어떤 질병 때문에 일상적 삶의 질이 매우—예컨대 0.8퀄리로—악화했고 수명은 이 년밖에 남지 않았는데, 이때 삶의 질에는 영향을 주지 않지만 수명을 사 년으로 늘려주는 신약이 등장한다면, 이 환자는 추가된 이 년에 0.8을 곱해서 1.6퀄리를 얻게 된다. 의료계에서 '삶의 질'이라는 말을 쓸 때 이 삶이란 일반적으로 심한 고통이 없고 아직 환자가 평범한 일들을 할 수 있는 삶을 의미한다. 인생을 의미 있게 만드는 것이 무엇인지, 혹은 살아 있는 것을 가치 있게 만드는 것이 무엇인지 같은 형이상학적 영역은 건드리지 않는 개념이라는 말이다.

    내가 열 살쯤 되었을 때 우리 가족은 프랑스 북부로 캠핑 여행을 갔다. 나는 온종일 동생들과 해변에서 놀며 보냈다. 바위 웅덩이의 얕은 물속으로 깃털 같은 촉수를 내미는 작은 서관충에게 흥미를 느꼈던 기억이 난다. 이 벌레들의 삶이 너무나 이상할 정도로 제한되어 있다는 게 내게는 매우 충격적으로 느껴졌다. 조수가 들어올 때를 기다리다가 물이 들어오면 몇 시간 동안 물속에서 촉수를 흔들흔들하며 먹이가 될 만한 것들을 잡아먹고 다시 구멍 속으로 들어갔다가 열두 시간 뒤 같은 일을 고스란히 반복하는 것이. 그렇게 평생을 보낸다는 것이. 서관충이 죽는 이유가 뭐든 그 이유로 죽을 때까지, 아니면 갈매기나 물고기나 게 같은 것에게 잡아먹힐 때까지. 저렇게 사는 데 무슨 의미가 있을까? 서관충은 행복하기는 할까? 나는 아버지에게 이런 생각을 이야기했다. 아버지의 반응은 전혀 위로가 되지 않았다.

"그러면 우리 삶의 의미는 뭔데?"

무서운 말이었다. 내 인생도 서관충의 삶과 별로 다를 것 없는 삶일까? 놀고, 학교에 가고, 먹고, 책 읽고, 텔레비전을 보는 그 모든 것이 그저 촉수를 열심히 흔들어대는 짓인 걸까? 잠자러 갔다가 잠에서 깨고, 옷을 입었다가 다시 옷을 벗는 일. 나는 거대한 은유적 갈매기가 나를 먹어치우기 전까지 그냥 시간만 메꾸고 있는 걸까?

안타깝게도 나는 어떤 게 좋은 삶 혹은 의미 있는 삶이냐는 질문의 답은 찾지 못했지만, 삶에는 심한 통증 없이 일정 기간 촉수만 흔들어대는 일 이상의 의미가 분명 존재할 거라고 확신한다. 퀄리의 맹점은 고통 및 손상의 정도와 시간만 고려한다는 점이다. 삶의 가치를 그 둘의 함수로만 측정하며 한 변수의 점수가 낮으면 다른 변수의 높은 점수로 벌충할 수 있다고 본다. 만약 당신이 살아 있으면서 겪는 일이 정말로 몹시 끔찍하다면, 예컨대 통증, 정신적 괴로움, 거동 불능, 감각 박탈을 모두 동시에 겪고 있다면 당신의 퀄리 점수는 0.1로 매우 낮을 것이다. 하지만 퀄리 공식을 따른다면, 수명을 여러 해 더 늘림으로써 그 낮은 점수를 벌충할 수 있다. 그러니까 그 끔찍한 상태로 십 년을 사는 점수가,

완벽한 건강 상태로 돌고래와 함께 수영하고 아이스크림을 먹고 당신의 튼튼한 몸이 허용하는 모든 일을 즐기며 정말 행복한 삶을 사는 일 년의 점수와 똑같아지는 것이다. 끔찍한 상황을 더 오래 지속시키는 것을 대부분의 사람은 합리적 보상으로 여기지 않는다.

테리 프래쳇은 2015년에 66세로 세상을 떠났다. 생전에 그는 최소한 일흔다섯 권의 책을 썼는데, 생애 마지막 팔 년 동안 치료가 안 되는 치매, 구체적으로 말해 조기 발병 알츠하이머병의 한 유형인 후두피질위축증에 시달렸다는 사실을 고려하면 더욱 대단한 결실이라 할 수 있다. 후두피질위축증에서 회복하는 사람은 단 한 명도 없다. 당신이 할 수 있는 일이라고는 무거운 가구들을 최대한 모아 와 성문을 막아 바리케이드를 친 다음, 당신의 뇌를 에워싸고 공성전을 펼치고 있는 그 포악하고 무자비한 군대의 공성 망치가 성문을 부수는 데 시간이 오래 걸리기를 바라는 것뿐이다. 그리고 이건 영화가 아니다. 절체절명의 순간에 당신을 구해줄 기병대는 없고 성은 기어이 무너질 것이다.

프래쳇은 그 시간이 다가올 때 무엇을 할 것인지 열심히 생각했다. 누구라도 그럴 것이다. 만약 그가 성문이 쪼개지는 것을, 고치기 불가능할 정도로 경첩이 완전히 떨어져나가는 것을 인지할 수 있다면 그때 그는 무엇을 원할까? 마크와는 달리 프래쳇은 말기 진단을 받았기에 디그니타스가 운영하는 스위스의 안락사 클리닉으로 가는 계획 단계에 착수할 수 있었다. 결국 그곳에 가지는 않았지만, 프래쳇은 자기 죽음의 시기와 방식을 선택하는 일을 열정적으로 옹호했고 그것이 대단히 온전한 정신으로 내리는 선택이라고 믿었다. 자살이란 일시적으로 정신의 균형이 무너졌을 때 일어나는 일이라는 전통적 시각과 달리 프래쳇은 이렇게 말했다. "나는 사람이 스스로 죽겠다는 결정을 내리는 것은 오히려 정신이 안정적으로 균형 잡히고 현실적이고 실용적이며 냉철하고 예리한 상태이기 때문에 가능한 일이라는 결론에 도달했다. 이것이 신중하게 고민하고 저울질한 끝에 친절한 의학적 수단을 빌려 자기 삶을 끝내는 일에 '조력자살'이라는 용어를 쓰는 것을 마땅치 않게 여기는 이유다."

만약 자신의 종말을 스스로 통제할 수 있다고 확신한다면, 그 시점까지 이어질 날들과 주들과 달들과 해들은 덜 두렵고 더 소중하게 여겨질 것이다. 2010년에 프래쳇은 다음과 같은 말로 강연을 마무리했다. "나는 이 병이 나를 집어삼키기 전에 평화롭게, 아이팟으로 토머스 탤리스의 음악을 들으며 죽고 싶습니다. 그리고 그런 때가 한동안은 안 왔으면 좋겠네요. 만약 언제든 내가 원하는 시간에 죽을 수 있다는 걸 알게 된다면 별안간 하루하루가 백만 파운드보다 더 소중해질 테니까요. 만약 내가 죽을 수 있다는 걸 알게 된다면, 나는 살려고 할 겁니다. 나의 인생, 나의 죽음, 나의 선택이죠."

마크와 나는 죽음에 관해 꽤 많이 이야기했다. 죽음이란 새로운 게 아니었다. 평소 나는 누구에게나 죽음에 관해 쉽게 이야기한다. 그때까지 나는 죽음이 불편한 주제라고 생각한 적도,

내가 부적절한 말을 하고 있는 게 아닐까 우려한 적도 없었다. 1965년에 고고학자 제프리 고러는 죽음이 금기가 되었다고 말했다. 형의 죽음이 그에게 깊은 영향을 미쳤음에도, 아무도 그에게 형의 죽음에 관해 이야기하지 못했고 그가 형의 죽음에 관해 말하게 두지도 않았다는 것이다. 하지만 이는 내 경험과는 전혀 달랐다. 나는 사별 뒤 남겨진 유족 곁에 있을 때도 불편함을 느끼지 않았고, 나 자신이 사별로 느낀 슬픔에 관해서도 말할 수 없다고 느낀 적이 없었다. 다만 다가오는 마크의 죽음을 마크 본인과 이야기하는 일에서는, 내게도 편안히 대화하는 데 한계가 있다는 사실을 알게 되었다. 그의 증세가 심해지고 나아질 수 있다는 확언을 더이상 들을 수 없게 되면서, 둘 다 서로 마음 상하지 않게 하려 애쓰는 가운데 우리가 나눈 대화들은 종잡을 수 없이 이상해졌다. 왜 이렇게 달라진 걸까? 아무래도 우리는 둘 다 그의 죽음이 임박했다는 걸 인정하기가 두려웠던 것 같다. 이전까지 나는 누군가가 특정한 상황에서 죽었다는 사실을 말하는 일에 익숙했고, 내가 그 말을 한다고 불쾌해한 이는 아무도 없었으며, 깨뜨리면 안 될 안이한 환상도 불편한 환상도 없었다. 고고학자로서, 그리고 장례식 주례자로서 나는 죽음이라는 사건을 멀리서 되돌아보는 일에 익숙했지만, 내 앞에 닥친 죽음을 면밀히 들여다보는 일에는 익숙하지 않았다. 죽음을 직면하고 있는 사람, 그것도 나와 개인적 관계로 얽혀 있는 사람과 곧 닥쳐올 가능성이 있는 죽음에 관해 이야기한다는 것은 죽음의 역사적 흐름이나 고고학적 증거에 관한 학문적 논의와도, 유족과 그들의 상실에 관해 나누는 대화와도 전혀 달랐다. 만약 닥쳐온다면, 그리고 언젠가 닥쳐왔을 때 이 죽음은 내가 경험한 다른 어떤 죽음보다, 내 아버지의 죽음이나 이미 생을 마감한 다른 어떤 친구나 동료나 지인의 죽음보다도 나에게 더 깊이 영향을 미칠 터였다. 마크의 병이 오래 계속될수록, 그리고 더 많은 증상이 나타날수록, 이 병이 그의 죽음으로 끝날 수도 있겠다는 나의 깨달음은 더욱 또렷해졌다. 그런데도 우리가 만나는 의료계 사람들은 단 한 명도 이러한 가능성을 입에 올리지 않았다. 내가 상황을 너무 파국적으로 인식했던 걸까? 마크가 신파조의 감상에 빠져 있던 걸까? 그는 소셜미디어의 프로필 사진을 내가 프로젝트에서 연구하던 해골 사진으로 바꿨다. 만약 마크가 죽는다면…… 하지만 그건 내가 떠올려서도 안 되는 생각이었다. 대체 어떤 괴물이 자기 파트너의 죽음에 대한 계획을 세운단 말인가? 우리는 둘 다 그 주제에 관한 우리의 생각과 감정과 계획을 예행연습해보고 싶었으면서도 서로에게 상처를 입힐까봐 두려워했고, 혹시 그의 병세를 우리가 잘못 판단한 건 아닐지 우려하기도 했다. 죽음이 하나의 가능성으로 거론된 적조차 없었기에, 그 선을 넘어서는 상상은 심지어 서로에게조차 상도를 벗어난 일처럼 느껴졌다. 마크의 첫 증상이 나타나고 사 년이 지났는데도 여전히 삶과 죽음의 풍경에서 우리가 정확히 어디에 있는 건지 명확히 알 수 없었고, 이 여행이 나아가는 방향성을 알려주는 것이라곤 우리가 몸소 관찰한 쇠퇴의 과정뿐이었다. 그러니 물론 아무도 확실히 단정할 수는 없었겠지만, 그가 죽을 수도 있다고, 마크와 같은 신경질환이 있는 사람들은 일이 년 안에 혹은 십 년 안에 죽는 경우가 많다거나 아니면 자연 수명까지 살다가 그 병과는 무관한 어떤 이유로 사망하게 된다고, 누구든 어떤 얘기라도 해주었다면 도움이 되었을 것이다. 우리의 의문들은 질문으로 나오지도 대답을 듣지도 못한 채로 그냥 머물러 있었다.

침대에서 떨어진 마크를 내가 들어올릴 수 없었던 어느 날 우리는 구급차를 불렀다. 그날은 마크가 죽기 전 구급대원들이 우리집에 마지막으로 온 날이었다. 구급대원들은 한 번 출동할 때마다 보고서를 작성해야 한다. 이번에 생긴 일은 분명 큰 사고는 아니었지만 우리에게 심각한 결과를 가져올 일로 보였다.

"아시겠지만 선생님은 정말로 여기 계셔서는 안 됩니다. 안전하지가 않아요."

"알아요. 여러분이 도와주셔서 정말 감사하고 있어요. 하지만 이제는 저도 이 사람이 다시 떨어졌을 때 어떻게 일으켜세울지 방법을 알게 됐고, 아이들도 분명 도울 수 있을 테니까요."

"아뇨, 제 말은, 정말로 안전하지 않다고요. 만약 불이라도 난다면 어떻게 되겠습니까? 어떻게 이분을 밖으로 데리고 나오실 수 있겠느냐고요. 저희로서는 이 일을 보고할 수밖에 없습니다."

그들이 염려하는 것도 전혀 놀라운 일이 아니었다. 그런 일이 일어날 가능성에 관해서는 우리도 이미 이야기한 적이 있었으니까. 마크는 제대로 된 보살핌을 받을 수 있는 곳으로 옮겨가야 하는지도 몰랐다. 장애가 있는 사람들을 위한 시설이 갖춰진 곳.

이를테면 요양원으로.

"바로 보고하지는 말아주세요." 내가 간곡히 부탁했다. "몇 주만 시간을 더 주시면 저희가 알아서 일을 처리할게요. 약속드려요. 그리고 다음주엔 저희가 결혼식을 올려야 해서 혼인신고 담당관님이 이리 오시기로 되어 있거든요. 최소한 그때까지만이라도 시간을 주세요. 맹세코 그후에는 저희가 조치를 취할게요."

구급대원들은 미심쩍어하는 눈치였지만, 그래도 우리가 그들의 낭만에 호소하거나 아니면 동정심을 불러일으키는 데 성공한 모양이다. 짧은 기간이라도 연기해달라는 요청을 받아준 걸 보면 말이다.

이 주 뒤, 나는 우리 지역에 있는 요양시설 세 군데를 둘러보러 갔다. 더할 수 없이 비참했다. 이 무렵 치매가 진행되어 더이상 당신의 집에 머물 수 없는 상태가 된 어머니는 이미 요양시설에서 지내고 있었다. 나는 어머니의 요양원을 고르기 전에 여동생 조와 함께 여러 군데를 방문했기 때문에 그런 시설의 구조와 운영 방식에 익숙했다. 하지만 마크를 위한 장소를 알아보는 일은 느낌이 상당히 달랐다. 내가 어머니를 위해 원했던 것들—노래 교실, 빙고 게임, 카펫 볼링, 함께 지낼 노인 수십 명—은 아직 일할 나이의 똑똑한 남자에게는 그로테스크한 생활환경이었다. 요양소의 모든 입주민은 마크보다 훨씬 나이가 많았고 그중 다수는 치매가 시작된 상태였다. 매일 아침 그를 휠체어에 태워 텔레비전 앞에 밀어다놓거나 제2차세계대전 시기의 노래를 함께 부르게 한다니, 생각만 해도 오싹했다. 마크는 아직 예리한 지적 능력을 지니고 있었고, 필요한 건 신체적 돌봄뿐이었다. 세번째 요양원을 보고 나온 나는 머리를 감싸쥔 채 차 안에 앉아 있었다.

나는 왜 이 어이없고 실용성이라곤 없는 집을 사는 걸 허락했을까? 왜 우리는 주거단지에 있는 평범하고 현대적인 집을 고르지 않았을까? 그랬다면 집을 마크에게 맞게 쉽사리 고칠 수 있었을 것이고 집에서 그를 돌볼 수 있었을 텐데.

그날 저녁 나는 요양원 세 군데에서 가져온 안내책자와 비용 리스트를 주방 테이블에 펼쳐놓았다. 마크에게는 아무 말도 하지 않았다. 우리가 사는 지역은 영국에서 저렴한 편에 속한다. 집도 싸고, 요양원 요금도 평균보다 저렴하다. 그렇다 해도 최소한 한 해에 5만 파운드 정도는 들 터였다. 마크의 연금 소득은 1만 8천 파운드였다. 나는 일 년에 3만 2천 파운드 혹은 그 이상 더 벌 필요가 있었다. 나는 공책을 한 권 꺼내 우리의 모든 자산을 적어보았다. 얼마간은 괜찮겠지만, 아주 빠른 시일 안에 저축해둔 돈이 바닥날 것 같았다. 그다음은 어쩐다? 물론 더 작은 집으로 옮기면 조금은 여유가 생길 것이다. 공책의 다른 페이지에 나는 평소에 쓰는 비용을 모두 적고 내 실급여에서 그 비용을 차감했다. 하지만 충분한 금액 근처에도 가지 못했다. 목록에서 휴가와 의복, 구독을 모두 지웠다. 모든 예산 항목에서 10퍼센트씩 줄였다. 아직도 어림없었다. 심지어 이건 집에서 아이들을 돌봐줄 사람이 아무도 없는 상태에서 내가 풀타임으로 일을 계속할 수 있다고 전제할 때의 상황이었다. 예전에 나는 마크에게, 만약 그가 요양원에 갈 상황이 오더라도 우리가 감당할 수 있을 거라고 말한 적이 있었다. 나는 우리가 그럴 형편이 안 된다고 말할 준비도, 그 비용이 얼마나 될지 그에게 알릴 준비도 안 되어 있었다. 어쨌든 일이 년 정도는 괜찮을 테고, 그때가 되면 또 무슨 수가 생기겠지, 하고 생각했다. 아니면 우리 가족에게 부탁해볼 수도 있을 테고. 나는 요양원에 들어가는 일에 관해 마크에게 말해야 했고 하루빨리 그 이야기를 나눠야 했지만, 오늘은 아니었다. 아직은 아니다. 나는 그 사실을, 그를 직면할 수 없었다. 내가 가본 요양원 모두 다 그가 질색할 게 분명했지만, 그중 한 곳에 들여보내는 결정 외에는 다른 어떤 대안도 찾을 수 없었다. 내가 배신자처럼 느껴졌다. 나는 배신자였다.

14

양립할 수 없는
믿음들

　　지속 유대의 관점으로 애도에 접근할 때 좋은 점은 해소되지 않은 슬픔을 그대로 남겨둬도 괜찮다는 마음의 여유가 생긴다는 점이다. 남은 사람들이 죽은 사람을 계속 그리워하고 사랑할 수 있으며, 사자와 이야기를 나누든, 그의 물건에 의미를 부여하든, 대화와 계획에 그를 계속 포함하든, 아무튼 사자와 연결을 계속 이어가면서 위안을 얻는 일에 당당해질 수 있는 여유. 이에 비해 사후에도 부정적이고 적대적인 감정이 우세한 채로 지속되는 관계에 대한 논의는 그리 흔하지 않다. 역사와 고고학에는 그런 관계들이 가득한데 말이다. 죽은 사람들은 사랑과 명예의 대상일 뿐 아니라 원망, 복수심, 원한, 편견, 분노의 대상이 될 수도 있다.
　　대학시절에 나는 맨섬에 있는 밸러둘 고고학 유적지에 매혹되었다. 이곳은 제2차세계대전 당시 맨섬에 적성외국인으로 억

류된 독일인 고고학자 게르하르트 베르주가 발굴한 유적지로, 서기 900년경의 것으로 밝혀진 고대 스칸디나비아의 선관묘船棺墓도 여기 속한다. 이 묘에는 부장품이 풍부한데, 꽤 큰 보트 한 척, 동물들의 유해, 그리고 배에 탔던 주요 승객 한 사람 외에도 최소한 한 명 이상의 유해가 더 있다. 하지만 스칸디나비아의 이교도들이 이 언덕 위 땅을 최초로 이용한 사람들은 아니다. 이 유적지에는 중석기와 청동기, 철기의 특징도 보이며, 초기 기독교 예배당의 잔해도 있다. 가장 드라마틱한 것은 선관묘 바로 밑에 최소한 열일곱 구의 시신이 묻힌 기독교 묘지가 있다는 점이다. 그 배로 된 관을 매장하기 위해, 더 이전부터 있던 무덤 몇 기를 훼손했고 부패중이던 시신들을 끌어내 스칸디나비아 보트 아래 바닥에 팽개쳐두었다. 끌려나온 시신들의 손과 발 뼈들이 아직 뚜렷한 모양을 갖추고 있는 걸 보면, 뼈를 붙잡아주는 인대가 부패할 만큼 무덤 속에 충분히 오래 묻혀 있지 못했음을 알 수 있다. 밸러둘 선관묘가 의미하는 바에 관해서는 의견이 분분하지만, 나로서는 적의를 갖고 한 행위라고밖에 달리 해석하기가 어렵다. 기독교도와 이교도 사이의, 기존에 거주하던 집단과 새로 온 집단 사이의 갈등을 표출하는 데 죽은 이들의 시신을 이용한 것이라고.

강렬한 감정이 우리와 죽은 이들을 여전히 연결하고 있으며, 죽는다고 관계가 끝나는 것이 아니라는 지속 유대 이론가들의 생각은 옳다. 하지만 살아 있는 자와 사자의 관계가 언제나 애정과 사랑의 관계만은 아니라는 것 역시 사실이다. 살아남은 우리는 죽은 이들에 대해 훨씬 고약한 감정을 품고 있을 수도 있다.

학생시절에 밸러둘 선관묘에 관한 글을 처음 읽은 이후로 나는 사후의 처벌에, 그러니까 산 자들이 죽은 자들의 시신에 복수심과 분노와 앙심을 퍼붓는 방식에 깊은 관심을 느껴왔다. 이 관심은 18세기와 19세기에 처형된 범죄자들의 시신에 벌어진 일에 관한 연구 프로젝트로 정점에 달했다. 그 프로젝트는 자금 지원을 넉넉히 받아 오 년간 이어졌다. 결국 리처드 3세 시신의 발견에 완전히 가려지긴 했지만. 18세기 중반에 잉글랜드와 웨일스에서는 걷잡을 수 없는 처벌의 인플레이션이 자리잡았다. 이론상 죽음으로 벌할 수 있는 죄가―예를 들면 운하의 기슭을 손상하는 짓이나 독 묻은 펜으로 편지를 쓰는 짓 등―너무 많아지자 사람들은 특히 흉악한 중죄를 처벌할 더 가혹한 벌을 찾기 시작했다. 유럽대륙에서는 그 목적으로 사람을 더욱더 잔혹하게 죽이는 방법을 고안했다. 영국에서 택한 해법은 처벌을 죽음 시점 이후로까지 확장하는 것이었다. 이런 이유로 1751년에 '끔찍한 살인 범죄를 더 잘 예방하기 위한 법'이 통과되었다. 살인법은 처형당한 살인자의 시체는 정상적으로 기독교식 매장을 할 수 없으며, 대신 해부학자에게 해부 용도로 보내거나 현시대에 매달아 전시하도록 규정했다. 현시형은 시체를 철제케이지로 감싸 기둥이나 나무, 혹은 이렇게 쓰기 위해 특별히 만든 현시대에 매달아서 살점이 다 떨어지고 동물에게 먹히고 자연적인 부패의 과정이 끝날 때까지 두는 것이다.

누가 생각한 것이든 사후의 처벌이 효과적인 제지의 수단이 될 거라고 여긴 이유는 무엇일까? 몇몇 사람은 내게, 조각난 몸은 부활할 수 없으므로 그것이야말로 영혼에 대한 진정한 처벌이라고 말했다. 하지만 내가 아는 한 그 당시에 이렇게 말한 사람은 없었다. 오히려 정반대였다. 가톨릭과 개신교 양쪽 저술가들 모두 신은 가장 작고 가장 가망 없는 조각들을 가지고도 신체를 재건하여 부활시킬 수 있는 능력이 있다고 열변을 토하며 강조했다. 마치 〈쥐라기 공원〉의 과학자들이 모기의 뱃속에 든 피 한 방울로 디플로도쿠스를 만들어낸 것처럼 말이다. 17세기 말에 옥스퍼드의 목사 토머스 비콘솔은 법의학적 관점에서 신체의 부활 메커니즘을 논하면서, 신은 신체의 아주 작은 조각으로부터도, 심지어 "더욱 미세하고 섬세한 종류의 배출로 인해 떠다니는…… 쉬이 사라질 수 있는 입자들"로부터도 신체의 형상을 재건할 수 있다고 결론 내렸다. 그렇다면 해부를 처벌 방식으로 삼을 신학적 정당성도 없었다는 말인데, 왜 사람들은 해부를 꺼림칙하게 여긴 것일까? 내가 발견한 당시의 글은 모두 해부를 꺼림칙해할 이유가 없다고 말하는 듯했다.

초기 근대인들은 시체에 관해 실제로 어떤 믿음을 갖고 있었을까? 『병든 사람을 위한 연고』의 저자 토머스 비컨은 "나의 영혼이 이 내 몸의 감옥에서 구출되자마자 곧바로 천국의 축복받은 유산을 소유하게 될" 때를 기대했다. 또다른 아르스 모리엔디 저자 재커리 보이드는 1629년에 다음과 같은 수사적 질문을 던졌다. "진흙으로 지은 한낱 오두막, 작업장, 임시 거처에 지나지 않는 몸뚱이에서 재빨리 벗어나는 것이 당신의 가장 큰 욕망이 아닙니까? 당신의 영혼이 이렇게 악취나는 거처에 머문다는 것이 지긋

지긋하지 않습니까?" 죽은 육신은 그저 벌레들의 먹이일 뿐이며, 욕구와 너절함, 갈망, 욕정을 품은 육신의 삶이란 순수한 정신과 정반대되는 것이다. 그렇다면 죽음은? 그것은 육신의 무가치함을 조롱하며 상기시키는 것이자, 우리의 허영에 대한 질책이다. 일기 작가 새뮤얼 우드퍼드의 아내 얼리셔 우드퍼드는 1664년에 둘째 아이를 낳은 직후 사망했다. 얼리셔는 산 채로 매장될지도 모른다는 두려움 때문에 자기를 묻기 전에 이삼일은 침대에 그냥 두어달라고 부탁했는데, 당시에는 이런 부탁을 하는 일이 드물지 않았다. 그러나 하루가 지나자 시체에서는 역겨운 냄새가 났고, 배가 너무 부풀어오르는 바람에 터지는 걸 막기 위해 꽁꽁 묶어두어야 했다. 황망해진 남편은 일기에 이렇게 썼다. "오, 신이시여. 당신의 손으로 우리의 숨을 거두어가신 뒤에 우리는 대체 무엇이란 말입니까?"

이 17세기 저자들에게는 표현이 얼마나 명백한지의 차이만 있을 뿐, 모두 육체와 영혼을 대립적인 것으로 제시한다는 공통점이 있다. 영혼은 영원하고 영예로우며 신성하고 아름답고 순수하지만, 육체는 가변적이고 물질적이며 흉하고 세속적이다. 육체의 필요를 보살피는 데 쏟는 시간과 정성은 헛되고 공허하다.

하지만 내가 이 시기의 매장 유적에서 나온 고고학적 증거를 살펴보면서 목격하는 것은 이러한 관점과는 맞지 않는다. 오히려 그 사람들은 죽은 육신에 엄청난 정성과 노력을 쏟은 것으로 보인다. 이 시기의 시신은 그 어느 시기보다도 부패를 지연하기 위해 관이나 밀랍 처리한 천에 감싸인 경우가 많았고, 좋은 옷을 입혀두는가 하면 마치 잠자리에 드는 것처럼 잠옷을 입혀둔 경우도 많았다. 이 시신들은 틀니를 끼고 머리장식을 한 채 그 상황에서는 최대한 보기 좋은 모습으로 매장되어 있었다. 머리 주변에는 예쁘고 달콤한 향이 나는 식물들을 놓아둔 채 매장했고, 무덤 위에는 공들여 만든 묘비가 세워져 있었다. 신학자들이 죽은 육신의 무의미함을 역설하고 있었음에도, 배우자나 자녀나 부모와 한 무덤에 묻히는 걸 선택하는 사람들은 점점 더 많아졌다. 여기서는 시신에 대한 방치도, 의미에 대한 부인도 보이지 않았다. 보이는 게 있다면 오히려 보살핌과 의무 부여의 과잉이었다.

나는 시신에 관한 질문을 던지는 데서 시작했지만, 결국에는 믿음이 어떻게 작동하느냐가 더 흥미로운 질문이라고 생각하게 되었다. 사람들이 지닌 여러 믿음이 일관되거나 정합적인 이해의 체계를 형성하지 않는다는 사실이 갈수록 더 명백해졌다. 모든 믿음을 하나로 묶어주는 통일적 구조를 찾으려 노력하면 할수록 답은 더욱더 미끄럽게 손아귀를 빠져나가고 모순만 더 깊어지는 것 같다. 알고 보면 양립하지 않는 믿음들을 동시에 품고 있는 것이 모든 걸 합리적으로 정리하고 이해하는 것보다 더 쉽다. 어떤 주름은 절대 사라지지 않는 듯 보이며, 다리미로 주름을 억지로 펴려 하면 오히려 주름이 더 많이 생긴다.

마크가 항상 얼어붙을 듯한 추위에 시달리던 2013년 가을과 겨울에, 그는 옷을 네댓 겹 껴입고 주황색 안락의자에 앉아 무표정한 얼굴로 허공을 응시하며 보냈다. 침대에서 깃털이불을 덮고 누워 온기를 유지하려 애쓰며 라디오를 듣는 일이 더 많았지만. 그는 심기가 사나웠고, 침울했다. 대체로 말이 없었고, 우리가 질문을 하거나 말을 걸어도 최소한으로만 반응하거나 아예 반응하지 않았다. 다이앤은 멜턴에 살 때 내 가장 친한 친구였는데, 우리집에 찾아오는 빈도를 서서히 줄이더니 얼음처럼 차가운 경멸의 폭발을 또다시 마주하지 않으려고 결국에는 아예 발길을 끊어버렸다. 너무 쌀쌀맞게 구는 마크 때문에 민망해진 나는 집에 찾아오는 몇 명 남지 않은 사람들에게 변명을 하기 시작했다. 돌이켜보면 당시 마크의 냉정한 심기와 우울감은 둘 다 그의 병 때문이었을지 모른다는 생각이 든다. 그렇게 그는 안락의자에 앉아서, 자기를 위로하거나 기분을 풀어주려 애쓰는 가족들의 모든 노력에 냉담한 태도를 보이며 집안의 화목함을 모조리 집어삼켜 없애버렸다. 이제 십대가 된 레이철은 자기 침실로 들어가 틀어박혔다. 두 아들과 내가 할 수 있는 일이라고는 그 상태를 견디며 그에게 차를 만들어다주고 추위를 막을 담요를 가져다주는 것, 그리고 뼛속까지 얼릴 것 같은 그의 비참함이 뿜어내는 냉기에 우리까지 얼어버리지 않도록 우리 자신을 보호하려는 노력에 집중하는 것뿐이었다.

　가능하면 집을 벗어나 있으려는 전략의 일환으로 깨어 있는 시간의 절반은 버로힐에서 보냈다. 내가 철기시대의 누벽 주위를 걷는 동안, 추위에 꽁꽁 싸맨 두 아들은 가시금작화 덤불과 모아온 화석들을 가지고 은신처를 만들었다. 아이들이 너무 어두워서 싫다고 혹은 그냥 가기 싫다고 할 때는 나 혼자 탈출해 샌디레인을 따라 혹은 들판 사이를 가로질러 성큼성큼 걸으며 댕기물떼새나 산토끼가 보이는지 찾았다. 두려움과 분노에 압도되어 제정신이 아니던 나는 툭하면 휘청거리며 감정적 평정의 가장자리 밖으로 굴러나와 눈물이나 짜증을 터뜨렸다. 예전에 공군기 이륙장이 있던 들판 위에서 댕기물떼새들이 갑자기 하늘에서 굴러떨어진 것처럼 눈에 들어올 때가 있었는데, 그때 그 새들은 어쩐지 토템처럼, 뭔가를 예언하는 것처럼 보였다. 이 새들이 보이면 나는 마음이 환해졌다. 왠지 그 새들이 심오한 감동을 안겨주는 것 같았는데, 이렇게 반응하는 나 자신이 좀 어리석고 감상적으로 느껴질 정도였다. 나는 댕기물떼새의 카리스마에 특히 사족을 못 쓰는 것 같다. 이 새들의 기운차면서도 좌우로 기우뚱거리며 날아가는 전혀 우아하지 않은 비행 방식을, 퍼덕거리는 사각형의 커다란 날개를 사랑한다. 이 새들의 영리함도 사랑한다. 직접 본 적은 없지만, 댕기물떼새는 땅에 둥지를 트는데 둥지에 있는 새끼들을 보호하기 위해 일부러 다친 시늉을 하며 포식자를 유인한다고 알려져 있다. 옛날에 사람들은 댕기물떼새가 산토끼로 변신할 수 있으며 산토끼 새끼는 댕기물떼새 알에서 부화한다고 생각했다. 이게 부활절 토끼 신화의 기원이라고 말하는 사람들도 있다. 산토끼는 땅을 얕게 판 구덩이에 보금자리를 만드는데, 댕기물떼새가 둥지를 만들 때 선호하는 장소도 바로 이런 구덩이다. 그러니 버려진 산토끼 보금자리에 때로 댕기물떼새가 알을 낳는 일도 있었을 것이고, 이리하여 알을 낳는 산토끼의, 나중에는 알을 낳는 토끼의 신화가 탄생했을지도 모른다. 어쩌면 말이다. 아무튼 새끼 보호본

능이 강한 이 부모 새들, 이 볼품없고 저돌적인 공중 곡예사들에게는 즐거움을 안겨주는 구석이 있다.

그런데 여기에는 당시 내가 누구에게도 털어놓지 않으려 한 어떤 것이 있다. 나는 합리적인 사람이며 인문주의자이지, 종교적인 사람은 아니고 심지어 '영적인' 사람도 아니다. 친구들이 종교적 신앙의 매력, 혹은 더 높은 힘에 대한 믿음에 관해 말할 때면, 그들과 나 사이에 이해할 수 없는 기나긴 거리가 펼쳐져 있는 느낌을 받는다. 나는 누구에게든 내 삶을 가득 채우고 거기 의미를 부여하는 데는 이 세계와 그 안에 존재하는 사람, 동물, 식물, 사물만으로 충분하며, 초자연적인 덧칠 같은 것은 필요 없다고 말할 것이다. 하지만 이 시기에 나는 은밀히 신호와 조짐과 징조에 집착했다. 이는 나의 학자적 자아와는 심히 상충하며, 솔직히 말해 합리적이고 비판적이고 논리적인 내 평소 성격과도 어긋난다. 나는 댕기물떼새를 볼 때나 손톱 끝 같은 초승달을 볼 때면 그때를 낙관의 순간으로, 상황이 잘 풀리리라는 확신의 순간으로 여겼다. 어느 날이든 누가 달의 위상을 물었다면 나는 그날의 위상을 정확히 말해줄 수 있었을 것이다. 지금도 그럴 수 있다. 이건 그 시기가 내 삶에 남긴 유산인 것 같다. 나는 소망했다. 반쯤 미친 나만의 주문들도 만들어냈다. 당시 열 살쯤 되었던 애덤은 전자시계를 봐서 시간이 대칭형일 때 소원을 빌면 이루어진다고 말했다. 시각적인 대칭이어야지 회문구조는 안 된다. 그러니까 22:55은 되지만 13:31은 안 된다는 것이다. 그때부터 나도 애덤의 규칙을 독실히 따랐다. 열한시 십일분은 소원을 빌 시간이었다. 내가 점괘를 읽는 일에 은밀하게 집착한다는 사실이 겸연쩍었다. 보통 친구들에게는 이에 관해 말하지 않았지만, 사별 경험이 있는 동지들이라면 이런 내 마음을 이해할 것이다. 라디오에서 한 젊은 홀아비—의사였으니 아마 전반적으로 과학적이고 논리적인 사람일 것이다—가 아내의 마지막 투병 시기에 자신도 놀랄 만큼 각종 미신과 강박증적 사고를 비합리적으로 고수했다고 털어놓는 말을 들은 적이 있다. 명철한 조앤 디디온이 소중한 가족을 충격적으로 잃은 일을 이야기하는 회고록의 제목을 『마법적 사고의 해 The Year of Magical Thinking』•라고 지은 것 또한 우연은 아니다.

이 시기 내가 했던 비합리적 행동 중에는 널리 알려진 민간신앙을 따르는 일도 있었는데, 예를 들어 까치를 보면 경례하는 습관이 그랬다. 내 현실감각이 얼마나 불안정해졌는지 아무에게도 들키고 싶지 않았으므로, 누군가와 함께 있다가 까치를 볼 때면 이마를 긁을 것처럼 이마에 손을 끌어올렸다가 재빨리 경례를 붙이고는 아무 일 없다는 듯 머리카락을 다듬거나 눈썹을 매만지는 기술을 갈고닦았다. 그런가 하면 내 정신에서 나온 비합리적인 믿음도 있었다. 무엇이든 내가 선택한 현상에서 징조를 읽어내게 해주는, 우주와 나의 개인적 흥정이라고나 할까. 나는 초승달과 댕기물떼새뿐 아니라, 마크의 병원 진료일처럼 중요한 날을 위해 행운의 브라를 아껴두는 일에 집착하기도 했고, 아침으로 뮤즐리를 먹는 것이 길조라고 확신하기도 했다. 환일幻日에도 특별한

•   국내에는 '상실'이라는 제목으로 번역되어 있다.

의미를 부여했다. 태양이 낮게 떠 있을 때 태양의 양옆으로 무지갯빛 빛무리를 거느린 그 밝은 점들 말이다.

그런데 이런 모든 행동을 하는 동안에도 나는 여전히 신을 믿지 않았고 지금도 믿지 않으며, 그 어느 때도 기도하고 싶다는 마음이 든 적은 없었다. 그렇다면 소망을 말할 때 나는 누구에게 말하고 있었던 걸까? 그건 나도 알 수 없다. 이 미친 짓은 정당화할 수도 해명할 수도 없다. 내가 할 수 있는 말은 그것이 통제력의 부재가 아니라 예측 가능성의 부재 때문이었다는 것뿐이다. 이는 내가 끊임없이 계획을 세우는 것과도 일맥상통한다. 십이 개월 계획, 오 년 계획, 다음 여름 계획. 그리고 각 계획에서 다시 여러 상황을 가정하고 각 상황에 맞춰 또 계획을 세운다. 만약 이러이러하다면 이렇게 하겠다는 식으로. 이는 무작위적이고 예측할 수 없는 세계를 내가 대처할 수 있는 상태로 조직하려는 필사적인 시도다.

2014년 겨울에는 주방 창문 앞에 있는 개암나무에 대한 집착이 생겼다. 나는 속으로 이렇게 말했다. 저 나무의 잎이 다 떨어지면 무슨 일이 일어날지 알게 될 거야. 개암나무는 잎이 아주 조금밖에 안 남은 상태로 여러 주를 버텼는데, 그러다 잎이 두 개만 남았고, 마침내 필연적으로 그 두 잎마저 떨어졌다. 하지만 실망스럽게도 여전히 내가 더 알게 된 건 없었다. 난 뭔가 명확히 밝혀질 시점으로 기한을 하나 정하고 이어서 또하나 정했다. 그 가운데 어떤 건 합리적이기도 했다. '마크의 다음번 검사 결과를 받게 될 때, 혹은 다음번 담당의 진료 예약일에는 예후와 시간적 척도를 얻게 될 거야'처럼. 다음번 초승달이 뜰 때나 이 병에 든 마멀레이드를 다 먹을 때처럼 얼토당토않은 것도 있었다. 어떤 기한도 내가 원한 결과를 가져다주지는 않았다.

내가 혼자 만든 미신과 마법적 사고에 매달리기 시작한 이유는 심리학 학위가 없어도 알 수 있다. 나는 뉴스를, 다음에 무슨 일이 일어날 거라는 예언을, 어떤 식으로든 분명해지는 진행을, 무언가 일어날 일을 강박적으로 기다리고 있었다. 그리고 이 알고자 하는 욕구는 내 상황의 막막함과 상황을 호전시킬 수 없는 나의 무능력 때문에, 심지어 이게 내가 노력한다고 나아질 일인지 혹은 그런 노력을 하는 게 맞는 일인지조차 모른다는 점 때문에 더욱 집요해졌다. 나는 상관관계를 찾기 시작했다. 무엇이든 좋은 일이 일어났을 때, 그 좋은 결과로 이끈 건 무엇이었을까? 만약 내가 그때와 똑같은 단계를 밟는다면 그와 유사한 보상을 받을 수 있을까? 그러니까 마크에게 뇌종양이 없다는 말을 들었던 날 입고 있던 바로 그 브라를 입고 똑같은 아침을 먹는다면 혹시 용기가 날 만한 소식이 들려오지 않을까? 나는 학자이고 이게 세상이 돌아가는 방식이 아니라는 건 분명히 알고 있다. 이런 믿음과 나란히 가는 이중의 사고를 설명하기는 어렵다. 나는 17세기 사람들에게서 목격했던, 양립할 수 없는 믿음을 동시에 유지하는 능력과 정확히 똑같은 능력을 내 안에서도 발견했다. 아무 근거 없는 헛소리라는 걸 알면서도, 어쨌거나 나는 행운의 브라를 입었다.

이 일은 내가 어느 학술 서적을 집필할 당시 자료 조사를 위해 민간전승에 관한 문헌을 아주 많이 읽던 시기를 떠올리게 했다. 이때 로버트 커크라는 스코틀랜드의 성직자가 쓴 『은밀한 공동체The Secret Commonwealth』라는 책도 읽었다. 어떤 면에서는 필립 풀먼*이 동명의 소설을 쓰는 데 영감을 준 책이기도 하다. 커크가 1690년대 초에 수집한 이야기들을 바탕으로 쓴 이 책은 요정들의 자연사自然史라고 할 수 있다. 그는 요정의 존재를 아무런 의심 없이 믿었다. 지빠귀나 다람쥐가 존재한다는 걸 의심하지 않는 만큼 요정의 존재도 확신했다. 커크는 성경을 최초로 게일어로 번역한 독실한 기독교인이었으므로, 기독교의 우주에 잘 맞게 요정들을 끼워넣을 방법을 찾아내는 것이 그가 풀어야 할 난제였다. 그는 요정이 사악한 정령이나 어둠의 피조물이 아니라 사람들과 천사들 사이를 중재하는 신분이라고 주장했다. 요정들은 투명한 몸을 갖고 있지만, 그들을 찾아보려고 하는 이들은 눈으로 볼 수 있다. 그는 요정의 모습을 응결된 공기 또는 응축된 구름으로 묘사했다. 요정들을 만날 가능성이 가장 높은 장소로는 그들이 사는 둔덕 근처, 교회 묘지 안이나 그 옆을 꼽았고, 하루 중 요정을 만나기 가장 좋은 시간은 저녁이라고 설명했다. 난해한 신학과 요정 탐색가를 위한 안내서가 결합된 듯한 책이었다. 하지만 커크의 책은 아주 짧은 시간 동안 몰입해 읽었을 뿐인데도 이후 내가 세상을 경험하는 방식을 바꿔놓았다. 당시 나는 글쓰기와 연구를 진행하다가 산책이나 달리기로 휴식을 취하는 걸 좋아했다.

---

* 『황금 나침반』 『존 블레이크의 모험』 등을 쓴 영국의 판타지·어린이 소설 작가.

멜턴 모브레이의 가장자리에 있던 우리집에서 출발해 샌디레인을 따라 걷거나 달리다보면 어느 순간 비포장길로 바뀌고 그다음엔 그냥 들판을 가로지르는 길이 나왔다. 『은밀한 공동체』를 읽은 뒤 며칠 동안은 요정들이 좋아할 만한 지세의 조용한 곳에 가면 요정들이 보이는지 열심히 찾고 있는 나를 발견했다. 요정들이 활발히 활동하는 시간인 황혼 무렵에 밖에 있으려고 산책시간을 뒤로 미루기도 했다. 물론 나는 요정의 존재를 믿지 않는다. 하지만 커크의 강한 확신에는 나도 모르게 따르게 되는 힘이 있었다. 그는 우리 모두 알아보는 가축과 나무뿐 아니라 보이지 않는 존재와 반쯤만 보이는 존재도 있는 세계에서 살았고, 나도 거기에 살고 싶었다.

15

펠로 데 세

 마크가 자기 병이 치료될 수 없을지 모른다는 생각을 처음 하기 시작한 순간을 나는 기억한다. 그때 우리는 멜턴 집의 주방에 있었다. 내가 막 테스코에서 돌아온 참이어서 바닥과 테이블 위에 식료품 봉지들이 놓여 있었다. 마크는 셀러리 한 묶음을 집어들고 냉장고 쪽으로 갔다. 그러더니 열린 냉장고 문 뒤에 모습을 감춘 채 내게 물었다. "자기 상황에 대해 스스로 결단을 내리기 시작하는 시점이 언제라고 생각해?"
 십대의 가정교육에 관한 어떤 책에서는 '나란히 앉아 듣기'라는 방법을 추천한다. 이 책은 십대 자녀가 조용한 공간에서 부모와 마주앉아 있으면 눈을 마주칠 수밖에 없으므로, 마음을 열고 자기에게 중요한 대화를 나누기가 어렵다는 점을 지적한다. 그러니 서로 눈이 마주치는 걸 피할 수 있는 순간을 골라 대화하면, 말을 주고받다가 자칫 불편한 상황으로 번질 수 있는 대화에서 긴장감을 좀 뺄 수 있다는 것이다. 예를 들면 밤에 차를 몰고 가면서 대화를 나누는 상황이 이상적이다. 운전하는 사람은 도로에 집중해야 하고, 옆에 탄 사람은 도로를 봐도 되고 보지 않아도 된다. 우리 둘 다 주방 안을 돌아다니며 그리 큰 집중력을 요하지 않는 일을 하다가 찬장과 냉장고에 머리를 들이밀고 있을 때, 그러니까 서로를 쳐다보고 있지 않을 때 마크가 그 문제를 꺼낸 것도 비슷한 일이라고 생각한다. 어떻게 대답해야 할까? 나는 그가 무슨 말을 하는 건지 정확히 알았지만, 비겁하게 빠져나가는 쪽을 택했다.

"어떤 사람이 개선의 희망이 전혀 없다고 느낀다면, 혹은 고통이 너무 끔찍해서 차라리 다시는 아무것도 느끼지 않는 게 더 낫다고 느낀다면, 그런 때가 아닐까. 그 사람이 아무런 희망도 없다고 확신할 때, 혹은 그 희망이 너무 작고도 멀어서 더는 희망을 붙들고 있을 수 없을 때, 아마도 그런 때겠지." 어떤 사람!? 딴청도 이런 딴청이 없었다.

마크는 이미 꽉 찬 우리집 5인용 냉장고에 다 집어넣기 위해 여러 개가 한 묶음으로 된 요구르트의 포장을 뜯으며 질문을 이어갔다.

"자기가 그런 시점에 도달했다는 건 어떻게 알게 된다고 생각해?"

"글쎄. 아마도 의사들이 말해주지 않을까? 아니, 그 사람들은 안 해줄 수도 있겠다. 만약 그 지점에 도달한다면 아마도 본인이 알겠지."

우리 사이에는 이 대화를 우리 자신과 무관한 일인 것처럼 취급하자는 암묵적 합의가 있었다.

"그렇지만 친구들과 가족에게는 힘든 일일 거야." 나는 이층으로 가져갈 물건더미에 치약 두 개를 올리며 무미건조하게 덧붙였다. "그 사람의 계획을 알면서도 막지 않는다니…… 어떻게 그럴 수 있겠어? 사랑하는 사람이 죽는데, 당신이 죽음을 막을 수 있다면 그냥 손놓고 있을 수 있겠어? 그러면 나중에 어떻게 자신을 용납하고 살 수 있겠어?"

"하지만 어떤 사람을 사랑하는데, 그 사람이 매일 아침 깨어날 때마다 자기가 간밤에 죽지 않았다는 사실에 실망한다는 걸 알게 된다면. 만약 그 사람이 그 모든 걸 끝낼 수 있기를 원한다면, 사랑하는 이를 위해 자기도 같은 바람을 갖지 않을까?"

지나치게 조심했고 겁에 질려 있던 저때의 내 뺨을 후려치고 싶다. 그래서 정신 차리고 그 자리에서 제대로 말하게 만들 수 있다면 얼마나 좋을까. 하지만 그러기에는 위험이 너무 컸고, 나는 아무 준비 없이 기습적으로 저 말을 들었다. 왜 이렇게 말하지 않았을까? '무슨 일이 일어나든 당신을 혼자 두지 않을 거야. 당신이 무슨 생각을 하고 있는지 말해줘. 내가 할 수 있는 한 당신이 원하는 방식으로 당신을 도우려 노력할게.' 아니면, 그보다 왜 그냥 그를 안아주지 않았을까? 그러는 대신 나는 내 인생의 파트너에게 무슨 세미나라도 하는 것처럼 말을 이어나갔다.

"만약 내가 그런 상황이라면 나도 내 고통이 끝나기를 원할 것 같아. 하지만 실제로 그럴 수 있을지는 모르겠어. 그러니까 알약을 삼키거나 다리 위에서 뛰어내리거나 하는 일 말이야. 너무 무서워서 난 못할 거 같아." 나는 이 말을 너무 빠르고 너무 밝은 말투로 말했고, 그러면서 장 봐 온 영수증을 필요 이상으로 잘게 찢어 재활용품통에 흩뿌렸다. "당신은 정말 그런 일을 할 수 있을 거 같아? 어떻게 그럴 수 있어? 그러면 당신 시체는 누가 발견하고?"

마크는 속내를 알 수 없는 소리를 냈다. "그래. 나도 모르겠어." 더 긴 침묵이 이어졌다. "우리, 슈레디스•는 이미 세 통쯤 있지 않았나?"

조조 모예스의 소설 『미 비포 유』에서, 사고로 하반신마비가 된 뒤 그런 삶을 견딜 수 없게 된 윌은 스위스에 있는 안락사 클리닉으로 가서 인생을 끝내기로 결심한다. 윌의 여자친구이자 간병인인 루는 이에 경악해서 자기가 생각할 수 있는 모든 방법으로 그의 마음을 돌리려 노력하지만 윌의 결심은 단호하고, 결국 루는 내키지 않지만 안락사클리닉으로 윌과 함께 가서 그가 죽을 때 곁에 있기로 마음먹는다. 그후로 루는 주변 사람들이 보내는 적의와 비난에 직면한다. 심지어 루의 어머니조차 루를 살인자 취급한다. 남자친구의 상황에 대한 루의 반응은 자기 인생을 끝내고 싶다는 마크의 바람에 내가 반응한 방식과는 완전히 다르고, 우리를 알았던 사람 중 적어도 내가 아는 한에서는 마크

• 네슬레에서 제조하는 시리얼 브랜드.

의 그런 바람이나 결국 그가 행한 일을 두고 마크나 나를 비난한 이는 아무도 없었다. 이 첫 대화를 나눌 때 나는 심장이 내려앉을 것 같은 두려움을 느꼈고, 어떻게 반응해야 할지, 내가 이 일을 감당할 깜냥—그 '깜냥'이란 게 무엇이든—이 있기나 한지 자신이 없어 숨이 막힐 만큼 불안했다. 그렇지만 계속 악화하는 고통과 쇠퇴하는 능력을 안고 존재하는 것보다는 아예 존재하지 않는 것이 더 나을 수도 있다는 사실을 처음부터 납득했다. 삶이란 것이 오로지 숨만 쉬는 일이라면, 그게 대체 무슨 인생이겠는가? 그리고 몰입의 순간, 기쁨의 순간이 있다고 한들, 당신이 걸을 수 없고 말할 수 없고 하고 싶은 일을 할 수 없고 계획을 세울 수도 실행할 수도 없다면, 그래도 그걸로 충분할까?

마크가 그 얘기를 꺼냈던 바로 그날 오후 나는 두 아들을 데리고 친구 린을 만나러 갔다. 옛 동료인 린은 이웃 마을인 롱클로슨에 살고 있었는데, 고대 그리스의 여성과 베틀추에 관해 연구한 바로 그 린이다. 애덤과 그레그는 린의 남편 해미시의 일을 거들 수 있고 그들의 넓은 채소밭에서 모닥불을 피울 수 있다는 얘기에 혹해서 따라간 참이었다. 나에게는 아이들을 우리집의 침울함에서 벗어나게 해줄 기회이기도 했다. 마르고 강단 있는 체구의 해미시는 당시 육십대 중반으로 헝클어진 회색 머리에 턱수염을 덥수룩하게 길렀다. 이날도 오래되어 늘어난 바짓자락을 고무장화에 밀어넣고 팔꿈치에 구멍이 난 헐렁한 스웨터를 입고 있었는데, 나는 해미시가 이렇게 정원일을 위한 옷차림 외에 다른 차림을 한 모습을 본 적이 거의 없다. 남편과 나이가 비슷한 린은 긴 회색 머리를 대충 틀어올렸는데, 이 트레머리는 툭하면 밑으로 흘러내려 수시로 다시 고정해줘야 했다. 린은 키가 크고 꼬챙이처럼 말랐으며 1980년대의 보헤미안 십대처럼 옷을 입었다. 해미시와 아이들이 멀리 있는 산울타리에서 죽은 나뭇가지들을 끌고 오는 동안 린과 나는 주방의 큰 서랍장 옆 짝짝이 의자에 앉아 있었다. 싱크대 옆에는 다듬지 않은 순무가 한 단 있었고, 레이번 오븐 옆에서는 티타월을 덮어씌운 볼 안에서 반죽이 부풀고 있었다. 린은 우리가 마실 차를 준비하고는 쌓인 종이무더기를 식탁 중간으로 밀어서 머그잔을 놓을 자리를 만들었다. 아케이드의 동전 떨어뜨리기 게임기 속 동전들처럼 식탁 위 모든 물건이 조금씩 옆으로 밀렸다. 나보다 십오 년 정도 연상인 린과 해미시는 마크와 내가 장차 살기 바랐던 종류의 삶을 살고 있었다. 자녀들은 각자 성인기의 삶에 행복하게 안착했고, 부부는 학문적 작업과 요리, 정원일 그리고 여러 가지 취미활동에 시간을 나눠 썼다. 시간을 내 연극과 콘서트를 보러 가고, 어떤 중독치료 프로그램도 소용없을 독서 습관을 갖고 있었으며, 마을 공동체의 활동에도 참여하고 새로운 관심사와 대의에 두려움 없이 뛰어들었다. 하지만 그날 나는 우리의 미래가 그 바람과는 꽤 다를 수 있겠다는 생각을 하고 있었다. 마크가 호전되지 않는다면 어쩌나? 오히려 병세가 더 나빠진다면? 정원일이나 살라미 만들기나 편집, 정치, 가르치는 일, 이 모든 일이 그에게 불가능해지면 어쩌지? 그리고 야멸차게도 나는 그게 나에게는 무엇을 뜻할 것인지도 알고 싶었다. 그 상황에서 돌보는 사람에게는 어떤 일이 수반될까? 우리의 돈은 어디서 나올까? 나는 계속 일을 할 수 있을까, 집과 세 아이와 아무것도 할 수 없게 된 파트너를 동시에 보살필 만큼 충분한 돈을 나 혼자서 벌 수 있을까. 혹은 과부로 혼자 지내는 미래를 살게 된다면? 내가 헤쳐나갈 수 있을까? 만약 그러지 못한다면, 대안은 뭘까? 린에게 마크가 한 말을 들려주었지만 린은 전혀 충격 받지 않는 것 같았다. 인생에서 더이상 기쁨을 얻을 수 없을 때, 상황이 바뀌리라는 희망이 거의 혹은 전혀 없을 때 스스로 자신의 삶을 끝내겠다는 결정을 내리는 것이 전적으로 타당하다고 여기는 사람들은 생각보다 많은 것 같다.

매년 자살 인식의 날은 페이스북이 분주해지는 날이다. 자살로 사별한 경험이 없는 페이스북 친구들은 자살에 관해 말하고 들어야 하는 일이 얼마나 중요한지 알리는 영감 넘치는 포스터 이미지들을 공유하지만, 내가 속해 있는 자살사별자 그룹에서 올라오는 포스트는 그와 성격이 다르다. 스스로 목숨을 끊은 남편이나 아내의 사진처럼 단순한 추모 게시물을 올리는 이들이 많다. 하지만 일부는 더 분노에 차 있다. 대부분 사람들의 머릿속에서는 자살 인식과 자살 예방이 잘 구별되지 않고, 소셜미디어는 자살 위험이 있는 이와 가까운 사람들이 경고신호를 알아차리고 예방 조치를 할 책임을 강조하는 기사, 정보성 포스트, 슬로건 들로 넘쳐난다. 그런 일을 직접 겪은 사람들은 이런 종류의 충고가 자살을 예방하지 못했다며 유족과 친구들을 은근히 비난한다는 느낌을 받는다. 어쨌든 자살이 전조를 알아보고 도움을 구해서 예방할 수 있는 것이라면, 기회가 있을 때 개입하여 생명을 구하지 않는 사람은 멍청하거나 사악하거나 사이코패스임이 분명할 것이다. 그러나 그렇게 '냉혹한' 자살사별자 클럽의 회원 중 다수는 수년간 자신과 가족의 행복을 크게 희생해가면서까지 정신 또는 신체 건강에 문제가 있는 누군가를 돕기 위해 힘겹게 애썼던 사람들이다. 그들은 물론 그 신호를 알아차렸고 도움을 받으려 애썼으며 항상 주의를 바짝 세우고 있었지만, 전문가의 도움을 얻기가 어렵거나 불가능하다는 사실을, 또는 배우자가 협조할 의사가 전혀 없다는 사실을 알게 되었다. 그날 린이 나에게 짚어주었듯이, "누군가가 정말로 자기 삶을 끝내기를 원한다면 그 일을 막기 위해 다른 사람들이 할 수 있는 일은 많지 않다". 때로는 수년에 걸쳐 혹은 여러 차례의 시도에 걸쳐 자살을 막으려 노력한다는 것은, 그들이 한 모든 말을 되새기며 단서나 경고신호를 찾고, 생각 없이 뱉은 말이나 결정을 오해하여 당신의 남편이 차고로 달려가 자기 차의 배기관에 호스를 연결하는 일이 없도록 항상 자신의 말과 행동을 조심하면서 영원히 코드 레드 상태로 지내는 것을 의미한다. 그것은 당신이 집을 나설 때마다 멀미가 날 듯한 불안을 느낀다는 뜻이며, 항상 부모와 친구, 자녀, 고용주, 동료에 대한 당신의 다른 책임은 모두 뒤로 밀쳐두는데도 당신의 노력은 늘 모자란다는 뜻이다. 당신의 안녕은 이 그림에서 완전히 삭제된다. 자살이란 항상 막을 수 있는 것이 아니다.

그리고 내가 보기에 자살을 막는 것이 항상 좋은 일도 아니다. 일시적인 문제로 끝날 수도 있었을 우울증 때문에, 혹은 빚이

나 실직처럼 바뀔 수 있는 상황 때문에 삶을 마감했다면 이는 분명 죽은 개인과 그를 사랑한 사람들 모두에게 언제나 비극이다. 로빈 윌리엄스가 말했듯이 자살이란 일시적인 문제에 대한 영구적인 해법이다. 그러나 고통을 끝내기 위한 대안으로 택하는 자살은 분명히 다른 문제다. 그 말을 한 지 몇 년 뒤 윌리엄스 본인이 택한 자살은 회복할 수도 있었을 우울증의 결과가 아니라, 부검에서 밝혀진 것처럼 루이소체 치매에서 기인한 신경적 증상들이 점점 악화한 결과였다.

'스위스로 가는 것'이 고통에 대한 단순명료한 대안도 아니다. 안락사와 조력자살은 영국의 모든 지역에서 불법이며, 따라서 자기 삶을 끝내기를 원하지만 그에 필요한 능동적 행동을 할 신체적 능력이 없다면 선택할 수 있는 방법은 제한적이다. 이 글을 쓰는 현재, 의사 조력자살이 합법인 국가는 벨기에, 룩셈부르크, 네덜란드, 스위스, 콜롬비아, 캐나다, 뉴질랜드, 그리고 호주와 미국의 일부 지역이다. 스위스의 디그니타스클리닉이 제공하는 서비스를 이용하려면 그 조직과 최초 연락하는 시점부터 최소한 삼 개월이 걸린다. 의무적으로 상담을 받아야 하며, 고통을 해결해줄 수도 있을 다른 치료법을 모두 검토해본 뒤에야 조력사망에 대한 승인을 받을 수 있다. 디그니타스는 '의학적으로 희망이 없거나 치료 불가로 진단된 병, 참을 수 없는 고통 또는 견딜 수 없는 장애'에 대한 확인된 의학적 증거가 없는 한 조력사망—그들은 '동행 자살'이라는 용어를 사용한다—절차에 착수하지 않는다. 진단이 없으니 마크는 디그니타스에 지원했다고 하더라도 성공했을 가능성이 전혀 없다.

　　영국에 사는 사람들에게 디그니타스를 이용한다는 것은 지루하게 질질 끄는 온갖 절차와 돈이 매우 많이 드는 해외여행을 감수해야 한다는 걸 의미한다. 최근 한 보고서는 영국인이 디그니타스를 통해 죽을 때 드는 비용을 1만에서 1만 6천 파운드로 추산했는데, 그렇다면 영국에서 가장 심각한 병을 앓고 있는 사람들 대부분은 엄두도 낼 수 없는 일이라는 말이다. 또한 디그니타스클리닉에서 생을 마감하려면 스위스까지 갈 수 있는 몸 상태는 되어야 한다.

　　하지만 디그니타스는 다른 어떤 대안으로도 자신에게 필요한 것을 얻을 수 없다고 생각하여 확실히 마음을 정한 사람들에게는 적절한 감독하에 당사자가 선택한 시간에, 그리고 무엇보다 중요한 일인데, 가까운 사람들에게 작별인사를 전할 기회를 준 뒤 고통 없고 확실히 죽을 수 있는 방법을 제공하며, 그 사람들은 혼자서 죽지 않아도 된다. 디그니타스의 웹사이트에는 이렇게 적혀 있다.

> 디그니타스는 또한 회원님들에게, 이 계획에 관해 가족과 친구들에게 언제든 최대한 빨리 알리는 것이 대단히 중요하다고 조언드립니다. 이렇게 하면 가족과 친구에게는 마지막 순간까지 회원님과 함께할 기회가 생깁니다.
> (…) 친족이나 친구를 잃은 뒤 남겨질 사람들이 그 일을 준비하는 과정에 참여하고, 또한 가장 중요하게 그 일 자체에

참여하는 것은 상실과 애도 과정을 더 수월하게 통과하도록 해주는 효과가 있습니다. 그 과정 전체를 함께한 사람은 사랑하는 사람의 곁을 지켜주고 사랑의 희생적 봉사를 행함으로써, 자신이 최후의 순간까지 충실한 마음을 그 사람에게 보여주었으며 그 자리에 함께한 모두가 마음의 평화 속에서 서로 작별인사를 나눌 수 있었다고 확신할 수 있게 됩니다.

흥미롭게도 처음에 디그니타스에서 동행 자살을 허락받은 사람들 가운데 70퍼센트만이 실제로 다음 실행 단계로 넘어간다. 필요한 경우 자신의 고통을 끝낼 방법이 있다는 사실을 아는 것만으로도, 생명이 자연적으로 끝날 때까지 계속 살아갈 수 있을 만큼 충분한 위로가 되는 모양이다. 네덜란드에서 실시한 의사 조력자살에 관한 연구에서도 비슷한 결과가 나왔다. 네덜란드의 법은 고통이 참을 수 없이 심하며 회복할 가능성이 없다는 것을 의사에게 증명한 사람은 치명적 용량의 자살 약물을 얻도록 허용한다. 환자는 반복적으로 요구함으로써, 죽고자 하는 자신의 바람이 확고하여 바뀌지 않았음을 증명해야만 한다. 이와 유사하게 미국의 열 개 주에서는 자발적인 안락사를 허용하는데, 환자는 십오 일 간격으로 두 차례 요청해야 하며 그런 다음 이틀을 더 기다린 뒤에 약을 받을 수 있다. 그 시점에도 치명적 약물을 처방받은 사람들 가운데 삼분의 이만이 실제로 그 약을 먹는다. 여기에 비유하기에는 너무 사소한 이야기일지 모르나, 첫 출산 때 내가 병원에서 아이를 낳고 싶어했던 이유는 통증이 너무 심해질 경우 경막외마취를 받을 수 있기 때문이었다. 결국 나는 진통가스보다 더 강한 진통제는 요구하지 않았다. 그때도 그랬고 이후 두 번의 출산에서도 그랬다. 하지만 견딜 수 있는 한계를 넘어선 통증이 올지도 모른다는 불안감을 품은 채로는 내가 원하는 만큼 자연스럽게 아이를 낳을 수 없거나 그 경이로운 일을 온전하게 경험하지 못할 것 같다는 두려움이 있었나보다. 대처할 방법이 있다는 사실을 알았기 때문에 그 방법을 쓰지 않을 수 있었다.

내가 이 책을 쓰는 사이 뉴질랜드는 조력사망 합법화에 대한 국민투표 결과를 발표했다. 상정된 법안은 의학적 조력을 받아 생을 마감할 자격을 검토받으려면 병이 말기여야 하고 여명이 육 개월 이내여야 한다고 명시했다. 어차피 죽을 사람들에게만 조력사망을 허용하겠다는 것이다. 불가피한 일을 더 앞당기는 데 그치는 결과다. 물론 엄격히 말하면 모든 형태의 자살이 가져오는 결과가 바로 그런 것이겠지만 말이다. 우리 중 죽지 않는 존재는 아무도 없다. 미국과 캐나다, 호주에서 조력사망 관련 법안이 있는 지역들 역시 말기 환자들에게 뉴질랜드와 유사한 자격 요건을 요구한다. 참을 수 없는 고통에 시달리고 있고 유의미한 호전의 가망이 없는 것만으로 조건이 충분하다고 보는 곳들도 있다. 단 벨기에에서는 환자의 병이 말기가 아닌 경우 한 달의 유예기간을 둬야 한다. 나는 여명에 제한을 두는 조건이 다소 의아했다. 단기간의 참을 수 없는 고통은 회피해도 되는데, 장기간의 참을 수 없는 고통은 왜 회피하면 안 된다는 것일까? 그래도 아무것도 안 되는 것보다는 낫다. 뉴질랜드의 국민투표는 조력사망 합법화를 지지해 통과시켰다. 이는 좋은 일이고 바른 방향으로 나아가는 한 걸음이다. 내게 퀄리를 소개해준 뉴질랜드인 친구 리처드는 상정된 개정에 반대하는 사람들의 말을 듣고 놀랐다고, 심지어 전반적으로 자유주의자인 친구들도 일부 반대해서 놀랐다고 말했다. 그러한 반대 의견은, 먼저 그 나라의 완화의료 수준을 개선해서 다른 좋은 대안이 없어 자살을 선택할 수밖에 없다고 느끼는 사람들이 없게 해야 한다는 주장에 근거했다. 처음에는 나도 이 말이 어느 정도 일리가 있다고 생각했는데, 가만히 생각해보니 오히려 상황을 더 혼란스럽게 만드는 의견에 불과했다. 혜택을 받을 수 있는 사람이라면 누구나 훌륭하고 쉽게 이용할 수 있는 완화의료를 제공받아야 한다는 것은 아주 당연한 말이지만, 이는 별개의 사안이다. 완화의료 의사들이 뭐라고 말하든, 완화의료로 늘 통증이 완전히 제거되는 것은 아니다. 오히려 죽어가는 사람에게서 자기 주변환경에 대한 인식을 완전히 앗아가서, 그에게 살아 있다는 것은 오직 계속 숨을 쉰다는 것만을 의미하게 되고 그 외에는 다른 아무것도 상상할 수 없게 되는 지경까지 이를 수도 있다. 그뿐 아니라 육체적 통증 외에 다른 괴로움도 있으며, 모르핀을 아무리 많이 쓴다고 한들 이미 목적이나 만족, 기쁨이 완전히 빠져나간 삶에 그것들을 생생히 되살려줄 수는 없다.

    영국 의회에서도 이따금 누군가가 조력사망이나 자발적 안락사에 관한 안건을 올린다. 2019년에 우리 지역구 의원인 닉 볼스가 이 주제에 대한 논의를 제안했는데, 법률개정 의도는 없이 토론에만 그쳤다. 셰필드 선거구의 폴 블롬필드 의원은 본인 아버지의 죽음에 관한 이야기를 들려주어, 논의에 개인적이고 강렬하며 확연히 감정적인 측면을 더했다. 의원의 아버지는 수술이 불가능한 폐암 진단을 받고 얼마 지나지 않아서 남아 있는 빚을 청산할 얼마간의 돈을 놓아둔 다음, 어떤 약을 과다복용한 뒤 자기 집 차고로 들어가 문을 닫았다. 그는 자동차 배기관에 호스를 연결하고 시동을 건 다음, 연기가 가득한 차고에서 홀로 숨을 거뒀다. 블롬필드의 아버지는 그 누구도 이 일에 연루되지 않도록 이 결정을 자신의 파트너나 가족에게 미리 알리지 않았다. 만약 그들이 그의 계획을 알았는데도 자살을 막지 못했다면, 가까운 사람들은 영국법에 따라 기소될 수도 있고 심지어 수감될 수도 있을 터였다. 폴 블롬필드의 아버지가 외로운 죽음을 택한 것은 바로 이런 법률 때문이다. 종교적 믿음 때문에 블롬필드의 아버지가 한 일이 잘못이라고 생각하는 사람들도 있다. 나는 그들과 생각이 다르지만, 이 문제에 관해 자신의 신조를 따를 사람들의 권리는 물론 존중한다. 하지만 자신들의 믿음을 뒷받침할 증거도 없을뿐더러, 다른 사람들에게는 있지도 않은 영적 믿음을 기반으로 다른 누군가의 결정을 대신 내리려는 권리는 존중해서는 안 될 것이다.

블롬필드는 의회 연설에서 자신의 아버지가 세상을 필요 이상으로 일찍 떠났다는 점에 특별한 회한을 표했다. 시간을 지체하다가는 자신의 죽음을 스스로 계획하고 실행에 옮길 수 없는 상태가 될까봐, 그런 위험에 발목 잡히지 않으려고 빠른 결단을 내린 것이기 때문이다. 이 연설은 유튜브에서 볼 수 있다. 이야기를 들려주는 블룸필드의 목소리는 갈라졌고, 평소 감정을 잘 드러내지 않는 의원들이지만 그와 가까운 곳에 있는 이들은 본능적으로 그의 손을 어루만져주거나 어깨를 힘주어 움켜잡았다. 감동적인 순간이었다. 사람들은 대부분 다른 사람이 사별로 슬퍼하는 모습을 보면 즉각 그 마음을 헤아리고 공감하게 되지만, 블룸필드의 슬픔은 대부분의 성인이 부모의 죽음 뒤에 느끼는 슬픔보다 더 복잡했다. 그의 아버지가 남달리 싸늘하게, 온 세상에서 버려진 것 같은 상태로 삶을 마감했기 때문이다. 그 누구도 일산화탄소가 가득찬 차고에서 홀로 질식사를 선택할 수밖에 없는 상황에 몰려서는 안 된다. 죽음은 피할 수 없지만 죽음을 어떤 형태로 만들 것인지는 우리에게 달려 있다. 누구나 자신이 선택한 때에 친구들과 가족이 곁에 있는 가운데 죽을 수 있어야 한다. 만약 의도적으로 삶을 끝내기로 선택한다면, 그 엄청난 결정을 자기와 가까운 사람들에게 이야기할 수 있어야 한다. 작별인사를 나눌 수 있어야 한다.

 마크의 죽음은 그가 원했을 만한 시간보다 더 일찍 찾아왔다. 그가 유서에서 말한 것처럼, 너무 지체하면 자기 스스로 그 일을 해낼 수 없을까봐 두려웠기 때문이다. 어차피 그는 그 무렵에 죽기를 선택했을 것이다. 생존은 그에게 별 기쁨을 안겨주지 않았고, 그는 어떤 호전도 기대할 수 없었으니 말이다. 그렇지만 그가 자기 삶을 끝내길 원했던 때가 언제였든, 나는 그가 가족에게 작별인사도 하지 않고 혼자서 죽기를 원했을 거라고는 결코 생각하지 않는다. 우리가 그 금요일에 벤의 집으로 떠나면서 그에게 얼마나 일상적으로 작별인사를 건넸는지 생각해본다. 나는 그에게 필요한 게 다 갖춰졌는지 점검했고, 전화와 마실 것이 쉽게 손닿는 곳에 있는지 확인했다. 짧게 작별인사를 건넸고—내가 그의 볼에 입을 맞추었던가? 기억이 나지 않는다—그런 다음 집을 나왔다. 집에서 벗어난다는 마음과 햇빛에 정신이 팔린 채로. 만약 말할 수 있었다면 그는 내게 무슨 말을 했을까? 게다가 우리가 그날 집을 나설 준비를 하며 그의 쟁반과 침대 옆 램프를 가지고 법석을 떨고 있을 때, 그는 이것이 우리의 마지막 작별이라는 것을, 나를 그리고 아이들을 다시는 보지 못할 것임을 분명 알았으리라. 몇 주 전 레이철이 대학으로 돌아갈 때, 그때가 그 아이를 마지막으로 보는 순간임을 그는 알았을까? 혹은 그의 누이가 마지막으로 방문했을 때, 그때가 함께할 마지막 기회였다는 걸 알았을까? 그들이 작별의 입맞춤을 하느라 몸을 숙였을 때 그는 그들을 꽉 붙잡고 놓고 싶지 않은 마음을 어떻게 억누를 수 있었을까? 흐느끼지 않도록, 마치 시선과 사랑만으로도 자신의 존재를 아이들의 피부에 새길 듯이 아이들의 얼굴을 뚫어지게 바라보지 않도록 어떻게 자신을 다잡을 수 있었을까?

오늘날 모든 사람이 과거의 자살에 관해 분명한 사실이라 생각하는 한 가지는, 옛날에는 자살한 사람의 시신을 말뚝으로 꿰뚫어 사거리에 매장해야 했다는 것이다. 모든 사람이 생각하는 많은 것이 그렇듯 이 역시 틀린 사실로, 적어도 그렇게 단순한 일은 아니었던 것으로 밝혀졌다. 19세기까지 법률은 자살자들을 길에 묻어야 한다고 규정하기는 했으나 구체적으로 사거리여야 한다는 부분은 없었다. 그러나 교회와 국가가 스스로 목숨을 끊는 일을 엄격하게 금지하던 시절에도, 사람들은 자살자를 가문의 묘지에 묻지 못하게 하는 매장법의 법망을 자주 빠져나갔다. 18세기에 이르러서는 자살자들이 펠로 데 세felo de se, 즉 자기에 대한 범죄로 유죄판결을 받는 일이 드물어졌는데, 특히 자살자가 공동체에서 명망 있고 친숙한 사람이었던 경우 더욱 그랬다. 대신 심신미약으로 인한 무죄라고 평결이 내려지면 자살자의 가족들은 어떤 재산이든 상속할 수 있었고 시신을 교회 묘지에 매장할 수 있었다.

런던에서 유골 두 구가 발견되었는데, 관판에 새겨진 이름과 날짜, 뼈 분석 결과에 서류 증거까지 추가로 발견되면서 자살자의 것으로 확인되었다. 그런데 이들의 시신은 당시 다른 이들과 다르지 않은 방식으로 매장되었을 뿐 아니라, 각자의 지역사회 중심에 자리잡은 교구 교회에서 고위층 인물들이 매장되는 지하 묘지에 안치되어 있었다. 각각 세인트브라이드교회와 스피털필즈의 성공회교회에서 나온 19세기의 두 유골은 머리에 미심쩍은 총상이 있었는데, 이는 총으로 자살한 경우 전형적으로 보이는 흔적이다. 한 유골은 두개골에 총알구멍이 있었고 다른 유골은 입에 대고 총을 쏜 흔적이 있었다. 그들의 관판에는 아직 알아볼 수 있는 이름이 새겨져 있어서 발굴자들은 그들의 죽음에 관한 역사적 기록을 추적해볼 수 있었고, 두 경우 모두 검시관은 자기 손으로 목숨을 끊은 것이라고 판단했지만 정신이상으로 인한 무죄로 판결이 내려졌음을 알 수 있었다.

자살이 불법이 아니게 된 지는 오래되었다. 하지만 다른 사람이 이 완전한 합법 행위를 실행하는 일을 막지 못하는 것은 일반 대중은 물론 심지어 법조계도 여전히 잠재적 범죄로 간주한다. 2005년에 저널리스트 질 앤더슨은 그로부터 이 년 전 자신들의 시골집에서 남편 폴의 자살을 막지 못했다는 이유로 리즈 형사법원에서 재판을 받았다. 폴은 만성피로증후군을 앓고 있어서 깊고도 풀리지 않는 탈진상태와 통증에 시달렸다. 구 년간의 결혼생활 동안 거의 내내 그 병을 앓았고, 사망한 시기에는 거의 침대에만 누워 지냈다. 병은 사업에도 영향을 미쳐 결국 그들은 파산하고 말았다. 폴은 세 차례 자살을 시도했는데, 질이 매번 그를 병원으로 데려가 그의 목숨을 구했다. 그가 고통으로부터 해방되기를 진심으로 소망한다는 걸 알고 있었음에도 질은 "인생을 마법처럼 만들어준" 남자를 차마 잃을 수 없었다고 말했다. 폴이 마지막 자살을 감행한 2003년, 질이 쇼핑을 하고 집에 돌아왔을 때 폴은 의식을 잃기 직전이었다. 그는 이번에는 진짜로 끝내버릴 만큼 충분히 많은 알약을 먹었다고 말하고는 잠이 들었다. 이번에는 질도 구급차를 부르지 않았다.

"이제 졌다는 느낌이 들었어요." 질이 말했다. "그가 더는 살기를 원치 않는다는 걸 받아들여야만 했어요. 그가 원치도 않는데 억지로 살리겠다고, 병원에서 각종 약물을 주입당하는 그의 모습을 다시 보고 싶지 않았어요."

대신 질은 그의 옆에 누워서 이튿날 아침 아홉시 삼십분경 그가 숨을 거둘 때까지 곁에 머물렀다. 열한시 정각에 질은 그들의 주치의에게 전화했다. 남편을 잃은 질의 크나큰 슬픔을 약간 누그러뜨린 건, 폴이 평화롭고 고통 없이 죽어가는 시간 동안 그와 함께할 수 있었다는 '기이한 행복감'이었다. 하지만 이 주 뒤, 경찰이 집으로 찾아와 살인과 자살 조력 혐의로 질을 체포했다. 자살 조력 혐의는 질이 그 치명적 약물을 입수하거나 투여했다는 증거가 없었기 때문에 철회되었지만, 살인 혐의는 쉽게 벗겨지지 않았다. 질의 변호사는 실제 재판까지 가지는 않을 거라고 믿었지만, 결국 질의 사건은 고등법원까지 올라갔다. 대중의 이목을 집중시킨 매우 괴로웠던 재판 과정을 거쳐 질은 마침내 2005년에 무죄판결을 받았지만, 이미 이 년 동안 범죄자 취급을 받으며 보낸 뒤였다. 질은 여권을 제출해야 했고 매주 경찰에 주간보고를 해야 했다. 재판 과정은 폴의 인생을 샅샅이 훑었고, 말기 질환 진단이 없었다는 점, 질이 폴의 자살을 받아들인 것으로 보인다는 점에 집중했다. 검찰은 질이 의사에게 곧바로 전화하지 않은 점을 계속해서 물고늘어졌다. 폴과 연락을 끊고 지냈던 폴의 가족은 그의 죽음에 대해 공개적으로 질을 비난했다. 폴의 누이는 언론에 이렇게 말했다. "동생이 꼭 죽어야 했던 게 아니에요. 보살펴줄 거라 믿고 자기를 맡긴 한 사람이 믿음을 저버린 거죠. 인간 행동의 어떤 기준으로 보더라도, 우리는 의학적 지원을 요청하지 않은 질의 행동을 도덕적으로 용서할 수 없어요."

질에게 죄책감을 안기려는 사람들 때문에, 그리고 경찰 수사와 형사재판 과정에 따른 고립과 스트레스로 질의 슬픔은 훨씬 더 큰 괴로움이 되었다. 악몽의 끝이었어야 할 것이 또다른 악몽의 시작이 된 것이다.

마크는 내게 그런 일이 일어나지 않기를 원했고, 그 때문에 자신이 그 대가를 안고 갔다. 내가 위안으로 삼는 것은 그가 자신의 마지막을 스스로 선택했다는 점과 그 선택을 내릴 때 이성적인 상태였다는 점이다. 자살을 택하는 대부분의 경우와 달리 그는 정신의 병을 앓고 있지 않았다. 따라다니며 괴롭히는 목소리도 없었고, 그를 집어삼킨 무의미한 절망도 없었다. 그러니 마크는 마지막 순간에 삶이 빠져나가는 감각을, 의식이 천천히 소멸하는 감각을 그대로 의식하며 포용했을 것이다. 그랬기를 바란다.

펜토바르비탈은 고통을 주지 않는 바르비투르산염이며, 충분한 고용량을 복용하고 토해내지 않는다면 예외 없이 효과를 발휘한다. 마크의 컴퓨터에 남은 검색 기록은 그가 자기 삶을 끝낼 가장 확실하고 가장 온화한 방법을 알아내려 꽤 많이 조사했음을 보여주었다. 마크가 그 약이 효과를 내기를 원했다는 걸 나는 전혀 의심하지 않는다. 우리에게 남기는 편지 옆에 그는 만약 자기가 발견되었을 때 아직 살아 있다면 절대 소생 시도를 하지 말라는 요청도 남겨두었다. 이건 도와달라는 절규가 아니었다. 그 약을(알약이었을까? 가루? 용액? 나는 그가 그걸 삼켰다는 것만 알뿐, 그게 어떤 형태였는지는 모른다) 먹은 순간, 마크는 죽기를 원했다. 약을 삼키고 나서 어둠 속으로 떨어질 때까지 그사이에 그는 후회했을까? 언젠가 누군가 금문교에서 뛰어내렸다가 살아남은 모든 사람을 인터뷰하려 시도했다는 글을 읽은 적이 있다. 그들은 모두 다, 공중으로 몸을 던지는 순간 마지막으로 느낀 감정이 후회였다고 말했다. 자기 삶의 모든 문제는 다 해결할 수 있는 것임을, 그러나 금문교에서 뛰어내려버린 일 하나만은 예외임을 너무 늦게 깨달았다는 것이다. 마크에게도 금문교의 순간이 있었을까? 하지만 다리에서 뛰어내린 그 사람들은 우울증을 앓았을 뿐 그 외에는 건강한 사람이었지만, 마크는 아니었다. 어쨌든 죽음은 그를 향해 다가오고 있었고, 그의 문제가 해결될 가능성 또는 남은 생애가 큰 기쁨을 가져다줄 가능성은 눈곱만큼도 안 됐다.

하지만 그런데도 마크에게는 말기 진단이 내려지지 않았다. '스위스로 가는 일'은 그가 선택할 수 있는 방법이 아니었다.

내가 마크의 시신을 발견한 날, 의사인 제부 존은 마크가 어차피 별로 더 살지 못했을 거라고 말해주었다. 그는 중환자치료를 전문으로 하는 마취과 의사로서 상태가 위중한 환자들을 보는 일에 익숙하며, 매일 죽음을 다룬다. 진행성 신경질환 전반에 대한 경험도 상당하다. 그 일을 삼십 년 동안 한 터여서 제부는 병이 진행하는 방식에 관한 직감도 잘 발달해 있다. 자기에게 죽음이 곧 닥쳐오리란 걸 확실히 알았다면 마크는 그냥 자연적인 죽음을 기다렸을까? 아니면 알았더라도 그냥 통증과 괴로움을 빨리 끝내버리기로 결단했을까? 그건 잘 모르겠다. 하지만 의사들이 적어도 마크의 죽음에 관해 이야기를 나눌 수 있도록 좀더 적극적으로 나서주었더라면, 상황이 어떻든 마크가 가능한 한 오래 살아 있기를 바란다는 생각에 우리 모두가 암묵적으로 동의하지 않았더라면 좋았을 것이다. 그러나 마크로서는 이제 더는 견디고 싶지 않다는 심경을 터놓고 말할 수 없었고, 나는 너무도 절망적으로 불행해하는 한 남자를 생물학적으로 뒷받침하기 위해 우리의 나머지 삶을 무한히 유예해야 한다는 생각에 괴로워하고 있음을 털어놓을 엄두가 안 났다. 겨우 몇 달밖에 남지 않았다는 사실을 알았더라면 우리는 서로에게 더 친절했을까?

영국통계청 자료에 따르면 마크가 죽은 해인 2016년에 영국에서 자살로 사망한 사람은 5,965명이었고, 그중 사분의 삼이 남성이다. 40~44세와 90세 이상 남성의 비율이 특히 높았다. 영국 전체에서 지난 몇 년 동안 자살률은 전반적으로 감소하는 추세였지만, 스코틀랜드만 보면 2016년에 자살자가 전해보다 조금 더 증가했다. 2016년에 사람들이 가장 많이 선택한 자살 방법은 통계에서는 한 가지로 분류되는 목조르기나 목매달기 같은 질식이었다. 다음으로 많이 쓴 방법은 유독한 약물 사용, 주로 약물 과다복용이었다. 스스로 가한 골절이나 낙상으로 사망하거나 익사하는 비율은 여전히 낮았지만 꽤 일정한 비율로 유지됐다. 세계보건기구가 2008년에 낸 보고서에 따르면, 어떤 방법을 가장 쉽게 사용할 수 있는지에 따라 국가마다 다른 방법을 사용한다고 한다. 미국에서는 많은 사람이 총으로 자살한다. 홍콩에서는 건물에서 뛰어내린다. 같은 보고서에는 세계적으로 남성은 총을 쏘거나 뛰어내리는 것 같은 돌발적이고 폭력적인 방법을 택할 가능성이 크고, 여성은 약을 쓰는 것처럼 더 조용한 방법을 쓸 가능성이 크다고 나와 있다.

영국에서는 1961년이 되어서야 자살이 범죄에서 벗어났는데, 이는 그때까지는 자살을 시도했다가 실패하면 형사처벌을 받게 되었다는 뜻이다. 하지만 런던에서 발견된 총알구멍이 난 두개골들을 보면 알 수 있듯이, 기독교 교리가 성스러운 땅에 자살자를 매장하지 말라고 엄격히 규정했던 시절에도, 사제와 의사와 이웃 들은 서로 의기투합하여 자살자가 정신에 병이 있었으므로 미리 계획한 치명적 절망의 죄에 대해서는 무죄라고 결론 내리는 일이 많았다. 그렇지만 자살에 의한 죽음이 다른 죽음과 같지는 않았으며, 이는 오늘날도 마찬가지다. 자살이 엄밀히 말해 불법이었던 때조차 자살자를 연민으로 대할 수 있었던 것은, 사람이 자기 손으로 목숨을 끊는다는 건 정신이 일시적으로 혼란에 빠져 균형을 잃은 결과라고 이해했기 때문이다. 자살은 일반적으로 합리적인 행위로 여겨지지 않으므로, 고의로 그 일을 행했다는 사실은 정신의 균형이 무너졌음을 보여주기 충분한 증거였다. 미치지 않았다면 그런 일을 할 이유가 없으니 자살자들은 분명 미친 게 아니겠는가? 정신질환은 절망으로 인한 최종적 행위를 설명해주고 또 변명해주었지만, 사자와 유족 모두에게 낙인을 새겼다.

자살자의 가족과 친척은 친구들이 죽은 사람을 언급하지 않으려 한다는 걸 낌새로 알게 된다. 이는 가족의 수치에 주의가 쏠리는 일을 피하고, 남은 가족들을 난처하게 하지 않으려는 의도다. 많은 사람의 머릿속에서 누군가 자살로 유족이 되었다는 것은 그가 실패했다는 뜻이기도 하다. 죽음을 막지 못한 실패 말이다. 또한 사랑이란 무릇 사랑받는 사람을 행복하게 하고 그의 삶을 개선하는 것일진대, 당신이 사랑한 사람이 차라리 죽고 싶을 만큼 비참했다면 이 상황은 당신에 관해 무엇을 말해주겠는가? 당신이 그를 기쁘게 하기는커녕 불행하게 만든 것은 아닌가? 당신은, 적어도 유족이 되고 버려지고 뒤에 남은 당신은, 곁에 있을 가치가 없는 사람이라는 말이 된다. 유족들도 그 친구들도 이런 생각을 겉으로 표현하지 않을지는 몰라도, 이런 생각들은 분명 어떤 침묵의 밑바닥에 깔려 있고, 위태로운 가장자리를 피해 방향을 돌리고 에둘러 가는 대화의 밑바닥에도 깔려 있다.

16

카파코차

아, 내가 뭘 본 건가. 대부분 사진으로 본 것이긴 하지만, 연구를 하다보면 영화나 텔레비전 속 과도한 피가 난무하는 잔혹한 살인 장면보다 더 참혹한 장면을 맞닥뜨릴 때가 있다. 나는 무덤 밖으로 드러난 시체들을 개들이 물어뜯어놓은 사진도 보았고, 바싹 마른 시체, 화학물질 용액에 담긴 시체, 불에 탄 시체 사진도 보았으며, 이백오십 년 동안 납으로 내벽을 댄 관 속에 있던 시체가 어떤 모습인지도 안다. 방부보존의 절차를 연구한 일은 새로운 앎에 눈뜨게 해주었다. 그러나 내가 유일하게 연구를 멈추고 다른 일을 해야만 했던 순간, 그건 역겨움에 대한 반응이 아니라 감정적 타격 탓이었다. 나는 카파코차라는 잉카의 어린이 인신공양에 관한 글을 읽고 있었다. 사료에 따르면 가장 아름답고 육체적으로 완벽한 아이들만이 카파코차 제물로 쓰였다고 한다. 이 아이들은 잉카제국의 방방곡곡에서 수도 쿠스코로 보내져, 그곳에서 보살핌을 받고 자신들이 맡아야 할 역할을 위한 훈련을 받았다. 어떤 아이들은 쿠스코에서 노예나 종교적 역할을 수행하며 남아 있었지만, 카파코차 제의를 올릴 때가 되면 사람들은 남녀 한 명씩 두 아이를 골라서 제의를 올릴 높고 중요한 장소로 각각 보냈다. 아이들은 때로는 몇 주나 몇 달에 걸쳐 제의 장소를 향해 쭉 올라갔다. 마침내 제의 장소에 도착하면 사람들은 아이들에게 술이나 마약을 먹인 다음 죽여서 땅에 묻거나 묘실에 안치해 신에게 제물로 바쳤다. 스페인 연대기 저자들의 역사 기록은 고고학적 증거로 교차검증되었다. 카파코차를 행하는 장소는 보통 춥고 건조한 고지대였으므로 어린 희생자들의 미라로 만들어진 시체가 고스란히 보존되어 있는 경우가 많다. 자료를 읽던 내 마음을 무너뜨린 것은, 너무 어려서 스스로 음식을 먹거나 쿠스코에서 먼 곳까지 걸을 수 없던 아이들은 엄마가 업고서 젖을 먹여가며 데려갔다는 내용이다. 무릎을 턱까지 끌어당긴 채 죽어 있는 아이들의 오싹할 정도로 완벽하게 보존된 얼굴을 보는 것보다도 이 생각이 더 견딜 수 없었다. 물론 상실에는 위계가 없다. 아무도 다른 사람이 어떤 고통을 겪는지 알지 못한다. 그러나 자기 자식을 죽음에 내놓아야만 하는 일이란 어떤 것일지, 그 마음을 헤아리기 위해 필요할 상상의 도약은 나로서는 도저히 엄두도 낼 수 없는 것이었다. 삼십 년 전, 옛날 사람들의 감정은 우리의 감정과 다를 수 있다는 점에 관해 처음으로 읽고 생각했던 일이 떠올랐다. 이 잉카의 어머니들은 자기 자식이 산신 아푸스의 품안에서 더 행복하고 더 좋은 미래를 맞이할 거라고 생각했을까? 영광스러운 일이라고 느꼈을까? 그들의 아이들은 운이 좋은 아이들이었을까? 아니면 그저 남자들, 잉카의 통치자와 조정, 신관의 권력에 도전할 수 없었던 것일까? 그들은 분노를, 죄책감을, 또는 영원한 무너짐을 느꼈을까? 모든 사람이 죽음 앞에서 느끼는 슬픔은 온전히 자신만의 것이며, 나의 감정을 투사하는 것은 종종 어리석고 빗나간 일인 경우가 많다. 그래도 나는 늘 그렇게 내 감정을 투사하고 만다.

카파코차 아이들은, 그 부모들은 기꺼이 희생한 것일까? 그들은 자기 공동체가, 가족이, 그들 없이도 더 번성할 수 있도록 훨씬 더 좋은 일을 하고 있었던 걸까? 시드니 카턴이 그랬던 것처럼, 훨씬 더 좋은 안식을 확신했던 것일까? 그들이 정말로 믿었던 건 뭘까? 다음에 일어날 일에 대한 믿음과 의심이 그들의 머리와 가슴 속에서 서로 우위를 다투지는 않았을까?

루스 피츠모리스는 『어쩌면 끝이 정해진 이야기라 해도』에서 암에 걸린 사람들을 부러워했다는 이야기를 들려준다. 피츠모리스는 남편의 운동신경질환에 얽힌 자신의 경험을 다룬 이 책에서, 암에 걸린 사람과 신경질환에 걸린 사람을 대하는 사회의 대조적인 태도를 묘사한다. 가장 명백한 사실은, 많은 암이 치료가 가능하지만 운동신경질환은 그렇지 않다는 점이다. 또한 사람들이 아는 병에 걸리는 일에는 다른 이점도 있다. 암은 누구나 아는 병이다. 2014년에 미디어에서는 작은 항의 소동이 일었다. 췌장암 협회의 캠페인에, 차라리 유방암이나 고환암, 전립선암에 걸렸으면 좋겠다고 말하는 췌장암 환자들이 등장했기 때문이다. 그들이 말하고자 하는 요점은 유방암은 췌장암에 비해 상대적으로 사람들이 잘 이해하고 치료에도 잘 반응하며 요즘에는 치료되는 경우도 아주 많은데, 그에 반해 췌장암은 예후가 몹시 나쁘고 평균 생존율도 진단 시점부터 사 개월에서 육 개월밖에 안 된다는 점이다. 상황이 이러하니 췌장암에 걸린 사람들은 치료 가능성이 더 높은 다른 흔한 암에 걸렸으면 좋았겠다는 바람을 표현하는 일이 많다. 하지만 유방암에 걸린 사람들과 '덜 심각한' 암들로 목숨을 잃은 이들의 친지들은 그런 말에 내포된 고통의 위계에 이의를 제기했다. 그런 암들도 여전히 치명적인 경우가 많으며, 한 종류의 암에 대한 인식을 높이려는 캠페인이 다른 암의 고통이나 위험성을 축소하는 방식으로 그 목적을 달성해서는 안 된다고 지적했다. 유방암에 걸린 그 누구도 자기가 유방암 진단을 받은 게 행운이라고 느끼지는 않는다. 하지만 영국 광고표준위원회는 그 캠페인에 쏟아진 비난을 지지하지 않았다. 위원회는 췌장암의 평균여명이 유방암이나 고환암에 비해 매우 짧으며, 췌장암을 위해 모금되는 자선금 액수도 훨씬 적다는 점(2014년에 나온 보고서에 따르면 2012년에 유방암 관련으로는 4,100만 파운드가 모금된 데 비해 췌장암 관련으로는 450만 파운드만 모금되었다)을 언급했다.

이와 유사하게 루스 피츠모리스는 운동신경질환에 비해 암은 예측이 가능하고 치료 프로토콜도 잘 알려지고 잘 확립되어 있으며, 여러 치료법 가운데 선택할 여지도 있고 연구 프로젝트와 신약 임상시험에 대한 자금 지원도 잘 이루어진다고 느꼈다. 그는 어떤 식으로도 암에 걸린 사람들이 운이 좋다는 말은 결코 하지 않았다. 하지만 나는 피츠모리스가 어떤 마음이었을지 전적으로 이해가 갔다. 아니, 마크의 상황에 비하면 운동신경질환에 걸린 사람들조차 훨씬 특권적 위치에 있다는 생각이 들었다. 그의 글을 읽으면서 나는, 솔직히 쩨쩨하다고 인정할 수밖에 없지만, '적어도 당신들은 진단이라도 받았잖아'라고 생각하고 있는 나를 발견했다. 의사들이 적어도 언제 무슨 일이 벌어질 건지는 알고 있었잖아. 당신들에게는 여러 지지단체가 있었고, 운동신경질환이 있는 사람들에게 그들이 뭘 기대해도 되는지 알려줄 수 있고 그들을 위해 무엇을 해주어야 하는지 아는 간병인들과 자원봉사자들이 잔뜩 있었지. 우리한테는 불확실성의 황야밖에 없었다고.

매리언 쿠츠가 뇌종양으로 떠난 남편 톰의 죽음에 관해 쓴 글을 읽으면서도 비슷한 마음이었다. 그게 얼마나 옹졸하고 비뚤어진 생각인지는 잘 안다. 자기 인생의 사랑이었던 남편이 죽은 것이다. 게다가 그때 그들에게는 아주 어린 아이가 있었다. 하지만 그 글을 읽는 내내 나는 쿠츠가 받은 모든 지원에 눈이 휘둥그레졌다. 병원과 간병 체계는 대체로 그들에게 맞게 잘 작동했다. 톰의 일반의 주치의는 그를 알고 있었고, 그 부부를 도와줄 간병인들과 치료사들이 대기하고 있었다. 무엇보다 톰을 진료예약일에 병원에 데려다주는 지역 친구들의 큰 네트워크가 있었다. 매리언은 톰이 방사선치료를 받는 몇 주 동안 그를 병원에 데려가줄 당번—당번이라니!—명단을 짤 수 있었다. 그들의 집은 언제나 방문객으로 가득했고, 아니면 그들이 외출했다. 톰이 최후의 몇 주 전까지는 그럭저럭 운신할 수 있었기 때문이다. 매리언은 유족이 된 많은 사람들처럼, 톰이 병을 앓는 동안 산사태처럼 몰려온 음식과 선물에 파묻혔던 경험에 관해 이야기한다. 호스피스에서 보낸 톰의 생애 마지막 며칠 동안 그들의 방은 친구와 친척으로 가득했다. 매리언이 겪은 모든 일과 매리언이 잃은 모든 것을 생각하면 가슴 아파하는 게 마땅하며, 실제로도 가슴이 아프다. 하지만 동시에 부럽기도 하고 약간의 수치심도 느껴진다. 우리에게는 지역 친구라고 할 수 있는 이들이 별로 없었고, 이사한 뒤로는 더 적어졌다. 원래도 마크는 그리 사교적인 사람이 아니었다. 수년에 걸친 침묵의 우울증 시기를 지나고도 이어진 관계는 상처라곤 받을 줄 모르는 무덤덤한 친구들과의 가장 굳건한 관계뿐이었다. 나와 아이들을 위한 지원 네트워크가 좀더 있었더라면 좋았을 텐데. 그리고 이제 와 생각하면, 매리언 쿠츠가 톰을 위해 그랬던 것처럼 내가 그를 위해 좀더 자극을 줄 수 있는 세상을 만들 수 있었더라면 얼마나 좋았을까 싶다. 그를 휠체어에 태워 집밖으로 데려나가려고 더 노력했더라면. 우리집은 심각한 신체장애가 있는 사람에게 그보다 더 나쁠 수 없는 집이었다. 우리는 왜 다시 한번 이사할 생각을 하지 않았을까? 어딘가 세를 낼 수도 있었을 텐데. 나는 봄이면 이따금 정원에 핀 수선화와 수레국화를 꺾어 그의 방에 가져가곤 했다. 하지만 그의 침실 벽을 친구들과 가족이 그린 그림으로 장식하지는 않았다. 내가 더 노력할 수 있었고, 더 많은 일을 할 수 있었으리라는 걸 알고 있다. 다만 그 모든 게 너무 어려웠고, 나를 너무 피곤하게 했다. 나는 그가 얼마나 고통에 시달리고 있는지, 그의 삶이 이제는 얼마나 아무 보람도 없는 삶이 되었는지 잘 알고 있었다. 나의 연민은 모두 그를 향했어야 마땅했건만, 나는 자기연민의 포대기에 자신을 감싸 어르며 울분만 키웠다. 나에게 매리언 쿠츠는 새 파트너의 매혹적인 전 파트너처럼 하나의 힐난이자 내가 언제까지나 가닿을 수 없는 하나의 기준이었으며, 그에게는 있었지만 내게는 없었던 것 때문에, 그는 했지만 나는 하지 못했던 일 때문에 아무 죄 없이 내 시샘과 앙심의 표적이 된 존재였다.

구질구질한 자기연민과 시샘의 감정은 마크가 죽은 뒤에도 전혀 나아지는 기미가 없었다. 그가 죽은 지 석 달쯤 지났을 때 나는 웍스˙에 가서 페인트 롤러와 할인중인 분갈이용 상토를 네 포대나 샀다. 당연히 혼자였다. 상토 포대는 너무 무거웠고, 나는 끙끙거리며 그걸 평판카트에 올렸다. 차가 있는 곳까지 카트를 밀고 갈 수는 있었으나 그 무거운 포대를 들어 트렁크에 싣는 일은 내 체력의 한계치까지 나를 몰고 갔다. 내 주변에는 드라이버나 정원용 장갑 같은 것을 사러 짝을 지어 온, 나보다 나이 많은 중년 부부들이 아주 많았다. 어찌어찌 포대들을 전부 차에 싣기는 했지만, 끌어올리는 과정에서 그중 하나가 잠금장치에 걸려 찢어지는 바람에 트렁크 안에 상토가 잔뜩 흩뿌려졌다. 나는 운전석으로 들어가 문을 닫고 울었다. 이 울음은 단순히 내가 슈퍼마켓 계산대 앞에 줄 서 있을 때 종종 겪던 눈물이 핑 도는 그런 순간

•   건축과 인테리어, 정원일 등에 필요한 재료를 판매하는 대형 매장.

이 아니었다. 이건 혼자라는 데 대해, 제대로 일을 처리할 수 없다는 데 대해, 그 주차장의 모든 여자에겐 있지만 나에게만은 없는 것, 바로 옆에서 함께 일할 누군가가 없다는 데 대해 작심하고서 있는 힘껏 토해낸 울부짖음이었다. 아니다. 사실 이유는 그보다 더 구체적인 것이었다. 그렇게 느껴서는 안 된다는 걸 알고 있었지만, 그리고 평생 고수해온 페미니즘의 원칙에도 어긋났지만, 내가 느꼈던 건 물건을 들고 날라줄 남자, 고장난 걸 수리할 줄 아는 남자, DIY 작업을 해주는 남자의 부재였다. 내가 원했던 건 남자였다. 그 단계에서 원한 것은 사랑이나 동반자 관계를 위한 남자도 아니었고, 섹스할 남자도 아니었다. 나는 상토 포대를 트렁크에 넣어줄 남자, 샤워기를 고쳐줄 남자, 차를 손봐줄 남자, 울타리를 다듬고 화재경보기를 교체해줄 남자를 원했다. 나는 내 역량으로는 감당이 안 되는 상황에 있었는데도 나를 구해줄 사람이 아무도 없었다. 나는 내가 하는 일에 제대로 준비도 되어 있지 않았고, 경험도 기술도 지식도 없었다. 때로는 힘이 달리거나 키가 모자라서 안 되는 일도 있었다. 게다가 내가 자라면서 늘 지녀왔고 여전히 지지하는 평등에 대한 모든 믿음에도 불구하고, 어머니가 'Y염색체가 할 일'이라고 부르던 일들은 처음에는 시도할 엄두도 내지 못했다. 이때가 가장 밑바닥이었다.

갓 들어선 과부의 세계에서 나는 유난히 내가 혼자이고 사회와 보조를 맞추지 못하고 있음을 뼈저리게 느끼게 만드는 장소들이 있다는 걸 알게 됐다. 내게는 그 일을 잘 아는 유능한 남자들의 세상이라 여겨졌던 DIY 매장이 그중 하나였다. 슈퍼마켓,

아니, 더 정확히는 슈퍼마켓 계산대도 그런 곳이었고. 내 신경을 긁는 것은 부부들이었다. 함께 쇼핑하고 함께 물건을 포장하는 부부들. 나는 모든 물건을 황급히 봉지에 담으며 스트레스를 받았다. 누가 나를 괴롭히는 것만 같았으며 자칫하면 눈물이 쏟아질 것 같았다. 내가 얼른 물건을 다 담고 가기를 기다리는, 아무것도 모르는 부부들도 미웠다. 동시에 샘도 났다. 친구들을 만나러 가는 일이나 파트너 없이 사교 모임에 나가는 건 아무렇지 않았다. 원래 우리는 그런 데 짝지어 다니던 부부가 아니었다. 하지만 아이들의 행사에 혼자 참석하는 건 오늘날까지도 속상한 일이다. 학교 행사와 콘서트, 학부모 모임에 거기서 내 아이에게 관심 있는 사람이 나 혼자뿐인 채로 참석하는 일 말이다. 내 눈에 다른 모든 아이는 부모와 조부모, 친척들의 밀집대형에 둘러싸인 것처럼 보인다. 내 아이에게는 말을 주고받을 사람이 아무도 없어 콘서트 프로그램을 들여다보며 외우고 있는 나뿐인데.

마크의 생애 마지막 해에 나는 예기치 않게 내 차 안에서 안식처를 발견했다. 문화지리학자 마르크 오제는 '비장소non-places'에 관해 말했다. 지리학적 특정성이 거의 또는 전혀 없는 곳, 장소와 장소 사이의 경계. 공항, 역, 고속도로 휴게소 같은 곳들. 나에게는 내 차가 나의 비장소가 되었다. 차 밖에서 나는 세계에 속한다. 거기서는 내가 항상 짊어져야 할 책임이 있다는 걸 안다. 현관문을 열고 들어서는 순간, 나는 즉각 아이들과 파트너에게 필요한 온갖 것들, 집과 집 관리의 끝없는 요구에 직면했다. 사무실에는 이메일과 채점거리, 마감 기한, 끊임없는 추천서와 보고서와 검토 요청 등이 있었다. 하지만 차 안에 있는 동안은 나는 아무에게도 속하지 않았다. 그 누구도 내가 다른 어떤 일을 할 거라 기대할 수 없었다. 때로는 비이성적 수준으로 여겨지지 않는 한도 내에서 최대한 천천히 차를 몰면서, 도착 시간을 조금이라도 더 늦출 수 있도록 신호등이 빨간불로 바뀌기를 기원했다. 때로는 대학 주차장에 차를 세워두고 앉아서 혹은 집으로 차를 몰고 가면서 그날치의 정신력을 그러모았고, 그 힘으로 좌석벨트를 풀고 차에서 내려 얼굴에 쾌활하고 침착한 표정을 입히고는 현관문을 열고 무엇이든 그 문 뒤에 기다리고 있을 일을 마주할 채비를 했다.

우리는 마크가 죽으리란 걸 몰랐지만, 어쨌든 나는 오랫동안 마크의 죽음에 대비했다. 다른 사람들의 경험에 관한 글을 읽었는데, 대부분 갑작스러운 죽음에 맞닥뜨린 충격에 관한 글이었다. 나는 어떤 일들이 일어날 수 있을지 항상 생각했지만, 의사들은 우리에게 그런 얘기를 전혀 하지 않았기 때문에, 내가 그 큰 재앙 같은 일을 입에 올린다는 건 어쩐지 배신처럼 느껴졌다. 옛날에는 왕의 죽음을 상상하는 것조차 참수로 벌할 반역으로 간주했다. 이제는 내가 그 반역자였다. 마음속의 역심을 말하기보다 나는 다른 말할 거리를, 따분한 것들을 찾았다. 내 인생은 따분한 것 빼면 아무것도 없었다. 나는 '깔끔한' 사별을 원했고, 혹 그게 안 된다면 사별이 임박했는지 아닌지만이라도 확신할 수 있는 명확함을 원했다. 하지만 우리는 여기에도 거기에도 속하지 않았다. 갑작스레 이별한 것도 아니었으며, 정확히는 죽음을 예상한 것도 아니었다. 그것은 우리만의 특정한 연옥, 우리의 비장소였다.

그리고 내 감정은 다른 사람들이 묘사하는 감정과도, 주변 사람들이 내가 느낄 거라고 상상하는 감정과도 달랐다. 카파코차에 관한 내 연구가 보여주었다시피, 죽음과 상실에 맞닥뜨린 사람들이 항상 우리가 예상하는 방식으로 반응하는 것은 아니다. 그리고 나 역시 그런 사람들의 무리에 들어간다. 다른 누구도 이런 말은 하지 않으므로 수치스러움 때문에 입을 다물고 있었지만, 2016년 봄이 되자 나는 이제는 어떤 식으로든 끝이 나기를 원했다. 나아진 마크를 기대하는 건 더는 불가능해 보였다. 나는 내 삶과 내 시간에 대한 통제력을 되찾기를 갈망했다. 현재 살고 있는 정말로 뭣 같은 인생 말고 다른 종류의 인생을 갈망했지만, 마크가 이런 상태로 있는 한 도저히 그런 인생은 가능하지 않을 것 같았다. 우리는 함께 있는 게 행복하지 않았지만 헤어질 수도 없었다. 마크가 나 없이도 거동할 수 있는 수준으로 회복하지 않는 한, 이런 상황을 끝낼 길은 죽음뿐인 듯 보였다. 병원에 진료를 받으러 갈 때면 나는 레이트 박사가 우리에게 희망이든 절망이든 간에 명확성이라는 위안을 주길 바랐고, 증상이 처음 나타나고 몇 년이나 지났는데도 여전히 우리를 줄에 매달아 끌고 다니는 듯한 이 상황을 끝내주기를 바랐다. 물론 그게 레이트 박사의 의도가 아니었다는 건 안다. 하지만 레이트 박사는 명랑한 말투로 우리가 시도해볼 수 있는 다른 치료법 이야기만 했고, 아주 만족한 목소리로 마크에게 없는 질병이 뭔지 말했다. 암의 신호는 전혀 없어요! 크로이츠펠트야콥병 검사에서는 음성 결과가 나왔어요! 그리고 마크에게서 쇠퇴하지 않은 모든 부분에 관해서도. 손의 근육긴장은 여전히 좋군요! 정말 잘됐어요. 레이트 박사는 이게 우리가 듣고 싶어할 이야기라고, 모든 것을 고려할 때 그야말로 좋은 소식이고 위로라고 생각했다.

17
땅의
인류학

　화석생성론은 생물이 어떻게 죽고 부패하여 땅속에 묻히거나 화석이 되는지를 연구하는 학문이다. 프랑스의 고고학자 앙리 뒤다이는 화석생성론적 접근법으로 인간 유해를 연구하는 방법을 개발하고, 이를 죽음의 고고학archaeothanatology 또는 땅의 인류학anthropologie de terrain이라 불렀다. 땅의 인류학은 모든 뼈의 위치, 뼈와 주변 요소들의 공간적 관계를 꼼꼼하고 정확하게 기록하여 매장의 정확한 순서와 매장 상태를 재현할 수 있다. 부패로 만들어진 패턴과 인간의 의도적 행위로 만들어진 패턴을 구별함으로써, 우리는 옛사람들이 죽음과 사자를 통제하던 여러 관습을 밝혀낼 수 있다. 뒤다이와 제자들은 어떤 매장이 원래 매장된 장소에 그대로 있는 1차 매장인지 아니면 원래 매장 장소에서 옮겨진 2차 매장인지 구별하는 기술, 그리고 시체를 주변 흙으로 덮었는지 아니면 시체가 (심지어 지금은 관이 보이지 않는다고 해도) 관 같은 빈 공간에 놓여 있었는지 구별하는 기술을 개발했다. 뭔가로 둘둘 감겨 있거나 단단히 싸여 있던 시체는 그냥 놓아둔 시체와는 무너지는 방식이 다르다. 뼈를 제자리에 고정하는 인대는 예측 가능한 순서에 따라 부패하므로, 인간 유골에서 관절이 연결되거나 분리된 정도를 보면 어떤 교란이 매장 이후 얼마 지나지 않아 연조직이 아직 썩지 않았을 때 일어났는지(밸러둘에서 매장되었다가 파헤쳐져 커다란 외국 배 밑에 던져진 기독교인들의 시체에 일어났던 일처럼), 또는 매장 후 오랜 시간이 지나 뼈들이 서로 흩어진 뒤에 일어났는지(자연적으로 분리되어 특정 패턴으로 배열된 파리 지하 묘지의 유골들처럼) 알 수 있다. 때로 나는 고고학자가 아니라 그냥 무슨 일이 어떻게 일어났는지 이해하지 못하거나 정확히 기억하지 못하는 한 사람으로서, 몇 가지 물질적 흔적에 의지해 아주 최근에 일어난 일을 재구성할 때가 있다. 계단에 놓인 꾸러미는 내게 택배가 도착했음을 알려준다. 메모, 보고서, 택시, 이 모든 게 기억의 빈틈을 메우는 걸 도와준다. 내 일상 속 땅의 인류학이다.

 2016년 5월 7일 토요일 아침. 나는 집 앞 계단에 앉아 구급차를 기다렸다. 남동생에게 전화해 아이들에게 말해주라고 해야 할까, 아니면 경찰이 다녀간 뒤, 마크의 시체를 가져간 뒤까지 기다려야 할까? 날씨는 여전히 아름다웠다. 집 앞 벚나무가 꽃잎을 흩날려 연분홍색 작은 꽃잎들이 소용돌이를 그리며 진입로 위를 떠다녔다. 태양은 내 얼굴과 팔을 따뜻이 데워주었다. 기이하게 초연한 느낌을 불러온 건 완벽한 5월 아침과 방금 일어난 일의 막중한 성격 사이의 부조화였는지도 모른다. 나는 계단 위에서 기다렸다. 거긴 집안도 집밖도 아니었다. 중의적 의미에서 문턱 위, 비장소였다. 레이철이 운전 필기시험에 통과했다는 문자를 보냈다. 나는 답을 보내지 않았다. 나는 울지 않았다. 이상하게도 생생한 고요함의 막간이었다. 색종이 조각처럼 흩날리는 벚꽃잎, 새들의 노래, 따뜻한 날씨, 기다림. 토요일 아침에 들리는 익숙한 소리들. 철로 건너 어디선가 노면파쇄기의 드릴이 진동하면서 학교 종 같은 소리를 냈다. 도심 근처에 있는 우리집에서는 날카롭게 울리는 구급차나 경찰차 사이렌소리가 자주 들린다. 나는 점점 크게 들릴 구급차 소리를 기다리고 있었지만, 구급차가 도착했을 때 그 차는 경고등도 사이렌도 켜지 않고 왔다.

구급차가 우리집 진입로로 꺾어들어왔고, 바로 뒤에 경찰차 한 대가 따라왔다. 나는 차문이 열리고 닫히는 소리를 들으며 계단 위에서 움직이지 않았다. 구급대원 두 명이 무거운 소생용 장비를 가지고 나타났다.

나는 그들을 올려다보았다. "그건 필요 없을 거예요."

목격자 진술서: 2016년 5월 9일
본인은 현재 링컨셔 경찰에서 근무중인 경찰관이다. 2016년 5월 7일에 처리한 사건과 관련해 진술서를 작성한다.
2016년 5월 7일 토요일 오전 9시 36분에 무전기로 갑작스러운 사망신고를 처리하라는 명령을 받고 출동했다. 같은 날 오전 9시 46분 현장 도착. 내가 도착했을 때 구급대원들이 막 도착하여 현장에 있었다. 도착하니 집의 앞문이 열려 있어 주택 안으로 진입. 세라 탈로라고 이름을 밝힌 여성과 이야기를 나누었다. 세라는 자신이 마크 플루체닉의 아내라고 말했다.

세라가 집 뒤쪽에 자리한 이층 침실을 보여주었고, 거기서 한 남자가 병원에서 쓰는 종류의 침대에 누워 있는 것을 볼 수 있었다. 침대는 방 가운데 놓여 있었고 침대 머리판은 방의 왼쪽 벽, 발판은 오른쪽 벽을 향해 있었다.

세라가 그 남성이 자신의 남편 마크임을 확인해주었다. 세라 본인은 전날 저녁 집에서 떠나 있었으며 9시 15분에서 20분경 집에 돌아왔다가 마크가 사망했음을 알게 되었다고 했다. 마크는 이미 몸이 차갑고 경직되어 있었으며 피부는 회색이고 윤기가 없었다. 구급대원은 마크가 사망했음을 확인해주고, 우리가 오기 몇 시간 전에 죽은 것 같다고 했다. 침대 옆으로 가서 마크에게 부상이 있는지 확인했다. 마크는 침대에 등을 대고 바로 누워 있었으며 회색 티셔츠 차림이었고 하체에는 아무것도 입지 않았다. 노란 깃털이불을 덮고 있었다. 침대 옆에 소변주머니가 걸려 있어서, 마크가 도뇨관을 차고 있다는 사실을 알았다. 소변주머니에는 소변이 일부 차 있었다.

침대 오른쪽에 서랍 세 개가 달린 서랍장이 있었다. 가운데 서랍은 완전히 빠져서 바닥 위에 놓여 있었다. 맨 위 서랍과 맨 아래 서랍은 열려 있었는데 여러 종류의 약이 들어 있었다.

침대 오른쪽에 바퀴가 달려 있고 침대 위로 올릴 수 있는 사이드 테이블이 있었다. 그 위에는 라벨이 없는 원통형 플라스틱 용기가 놓여 있었다. 그 옆에 유선 A4 용지 두 장에 쓴 편지가 있었는데, 마크가 쓴 것으로 보였다. 편지에는 친구들과 가족에게 보내는 글이 적혀 있었다. 같은 날 10시 25분 유서를 수거했고, 10시 30분 플라스틱 용기를 수거했다. 플라스틱 용기는 증거물 봉지에 넣었고, 이후 그랜섬 경찰서 임시 물품 보관실에 등록해두었다.

침대 왼쪽 흰색 캐비닛 위에 '펜토바르비탈' 약물에 관한 정보를 출력한 A4 용지가 놓여 있었다. 마크는 유서에서 자신이 이 약을 먹고 생을 끝낸다고 언급했다. 같은 날 10시 35분, 이 출력물을 수거했다.

세라는 마크가 정확히 진단을 받지는 않았으나 뇌척수염으로 여겨지는 진행성 신경질환을 앓고 있었다고 설명했다. 해당 지역 지역사회 돌봄단과 마크의 아내가 그를 돌보고 있었다. 세라는 마크가 외출이나 일상적 활동을 할 수 없어 생활하기 매우 곤란한 상태였다고도 설명했다.

세라는 내가 마크의 약을 모두 수거하는 것을 도왔는데, 일부가 침실 서랍장에 있었으며 대부분 아래층 주방 찬장에 있었다. 해당 약물은 모두 수거해서 그랜섬 경찰서 임시 물품 보관실에 등록했으며, 폐기할 예정이다.

켈리라는 이 여자 경찰관은 나를 앞방으로 데려가 소파에 앉혔다. 내게 차를 가져다주겠다고 제안했지만, 나는 차를 마시고 싶지 않았다. 그때 나는 울지도 않았고, 스스로 아주 이성적인 상태라고 느꼈다. 마크가 죽으면 어떻게 될까 머릿속으로 상상해본 터였는데, 지금 실제로 그 일이 일어나고 보니 내가 상상했던 상황과 거의 똑같았다. 나는 경찰관의 질문에 답하며 지난 이십사 시간 동안 있었던 일과 지난 몇 년의 상황을 최대한 잘 설명했다. 구급대원들이 내려와 서류를 작성했는데, 이제는 그리 서두르지 않았다. 켈리 순경은 다시 이층으로 올라가 보고를 위해 현장을 기록했다. 다시 내려왔을 때 그는 이제 마크의 시신이 옮겨질 테니까, 가서 작별인사를 하고 싶다면 지금 하는 게 좋겠다고 했다.

그의 침대 옆에 서자 내 안에서 슬픔이 밀고 올라오는 게 느껴졌다. 슬픔과 죄책감, 그리고 무엇보다 그가 겪은 모든 일과 결국 다다른 결과에 대한 연민이었다.

"오, 여보." 내가 입 밖으로 낼 수 있는 말은 이게 다였다. 그리고 "미안해. 내가 너무, 너무 미안해".

나는 장의사가 떠날 때까지 동생 벤에게 전화하지 않았다. 켈리 순경은 나를 혼자 남겨두고 가는 게 신경 쓰이는 듯했고, 차를 만들어주겠다는 제안도, 누군가에게 전화해 함께 있어달라고 요청하라는 제안도 내가 다 거절하자 좀 당황한 것 같았다. 이윽고 켈리 순경도 떠났다. 아이들에게 말해야 한다는 건 알고 있었다. 나는 비겁하게도 레이철이 묵고 있는 집 사람들에게 전화해

레이철에게 소식을 전해달라고 부탁했다. 이어서 그날은 호숫가 소풍이 예정되어 있었지만 다들 아직 출발하지 않았기를 바라며 벤에게 전화했다. 아직 출발하지 않은 모양이었다.

"벤."

"응, 누나."

"벤."

"그래, 나 벤이야."

나는 잠시 말을 멈췄다. 괜찮은 단어가 떠오르지 않았다.

"마크가 죽었어."

나는 벤에게 무슨 일이 있었는지 간략히 설명하고, 애덤과 그레그에게 전해달라고 부탁했다. 나중에 알고 보니 벤이 두 아이를 한방으로 데려가 소식을 전했고, 벤의 아내 케이티는 자기 아이들을 다른 방으로 데려가 이야기했다고 한다. 이리하여 나는 내 딸과 아들들에게 마크가 죽었다는 소식을 어떻게 전해야 할지 적당한 말을 찾는 난처한 상황을 피할 수 있었다. 감정적으로 강렬한 순간, 이를테면 충격적인 소식을 듣는 일은 기억 속에 유달리 뚜렷이 남는다. 다이애나 왕세자비가 죽었다는 소식을 들었을 때, 혹은 항공기 두 대가 세계무역센터를 들이받았다는 소식을 들었을 때 누구나 자기가 어디에 있었는지 기억하는 것은 바로 그 때문이다. 내 친구 헬렌의 남편은 밖에서 자전거를 타다가 갑자기 예기치 못하게 사망했다. 헬렌은 그 사실을 경찰이 집으로 찾아왔을 때에야 알았다. 딸들에게 그 소식을 전하러 위층으로 올라가면서, 내가 말을 똑바로 전해야 해, 하고 생각했던 걸 지금도 기억한다고 했다.

말이란 그런 것이다. 우리는 젖은 점토로 모양을 만들듯 말로써 만사의 모양을 만들지만, 그걸 가마에 넣고 구우려는 의도는 전혀 없다. 하지만 말들은 말이 되어 나온 것을 굳혀서 고정하는 성질이 있는데, 이는 무서운 일이 될 수도 있으며 때로는 무에서 유를 만들어내기도 하고 유를 무로 만들어버리기도 한다. 나는 이런 말의 속성과 씨름한다. 내 안에 말들이 너무 가득하기 때문이다. 하지만 내가 그걸 모두, 내 모든 말과 감정을 내보낸다면 당신은 그 속에 푹 잠길 것이다. 나는 오랫동안 마크와 그의 죽음에 관해 뭐라고 말해야 할지 알지 못했다. 너무 많은 말이 있는 것 같고, 전혀 조리 있게 정리되지 않는 것 같아서였다. 나는 항상 그 유출을 절제하고, 나오려는 말을 자제하려 노력했다. 아이들 앞에서는 특히 더 그랬다. 이 댐이 무너지면 모든 홍수 중에서도 가장 거대한 홍수가 일어날 거야, 하고 생각했다.

나는 내 여동생 조와 마크의 여동생 수전에게 전화했다. 마크의 부모님은 두 분 다 돌아가셨으니, 마크의 누이와 그 아들이 그의 유일한 가족이었다. 다른 친구들과 다른 일들은 더 미뤄둘 수 있었다. 나는 울지 않았다. 차를 마시고 싶지 않았다. 나는 계단 위에, 햇빛 아래 계속 앉아 있었다.

이제 그는 죽었어, 하고 나는 생각했다. 이건 뭘까? 난 지금 어떻지? 예전에는 배우자의 죽음이 어떤 느낌일지 안다고 생각했다. 그 절망으로 미칠 것 같은 괴로운 고통을. 아버지가 돌아가셨을 때, 그 감정은 사별의 슬픔이었다. 우리에게서 앗아가고 벗겨가기만 할 뿐, 고갱이에 아무것도 남겨두지 않는 슬픔. 텅 빈 안락의 자와 풀다 만 십자말풀이 속에 기다리고 앉아 있는 슬픔. 그 슬픔은 십 년이 지난 지금도 정원에서 잡초를 뽑고 있을 때, 달리기를 하고 있을 때 불시에 나를 덮친다. 나는 민망하게도 별안간 산울타리 옆에서 흐느껴 울기 시작하고, 울음은 숨을 가누기 어려울 만큼 거세진다. 사별의 슬픔은 예전과 같은 당신의 삶이지만, 이 삶에는 뭔가가 없다. 줄어들어가는 삶. 그 슬픔은 껍질을 벗겨내거나 속을 텅 비워버리고, 그래서 아프다. 그 슬픔 안에는 즐거운 건 하나도 없지만, 모종의 순수성이 있다.

하지만 이 죽음은 뭔가 달랐다. 이건 사별의 슬픔처럼 느껴지지 않았다. 내가 살면서 다른 친척이나 친구의 죽음으로 경험했던 슬픔과는 다른 느낌이었다. 그러나 때때로 나도 모르게 눈물이 얼굴을 적실 때가 있었고, 그럴 때면 그 눈물이 나를 씻어 정화해주는 느낌이 들었다. 대체로 내 눈은 말라 있었고 나는 기진맥진한 상태였다. 몇 주 정도는 음식을 먹고 싶은 마음도 들지 않았다. 머리가 살짝 어지러웠고, 꿈을 꾸는 것처럼 비현실적인 느낌이 들었다. 위안을 찾아 들어온 그레그가 내 옆자리에서 뒤척거리는 동안 나는 도통 잠들지 못했고, 여름 새벽 일찍 잠에서 깨면 생각했다. 이젠 어쩌지?

18

사별의 슬픔과
헤드헌터의 격분

"시기적절한 죽음은 없습니다." 얼마 전 삼촌의 장례식에서 랍비가 한 말이다. "하지만 사람들이 다른 죽음보다 더 잘 받아들이는 죽음은 있지요." 마크는 오늘날의 영국 남자치고는 젊은 나이에 죽었지만,• 실질적으로 의미 있는 삶을 살았을 만큼은 충분히 나이가 들었다. 그의 장례식에서 누구나 '호상'이라고 말할 만큼 오래 산 것은 아니지만, 그보다 더 일찍 떠날 수도 있었다는 점을 생각하면 그나마 다행스럽다. 그는 카파코차의 제물이 아니었다. 그러나 예상되었던 죽음이라고 해서 덜 슬픈 죽음이라는 법은 없고, 나이가 많은 사람이라고 해서 덜 그리운 것도 아니다. 사

• 마크 플루체닉은 1953년 11월 11일생이고 2016년 5월 7일에 사망했다. 사망 당시 만 62세.

별의 상황에서는 적합한 말과 적합한 생각이 도움이 될 수 있고, 비종교적 장례식을 주례하면서 그런 말과 생각을 찾아내는 것이 나의 일이다.

마크가 죽기 사흘 전, 나는 그랜섬에서 어느 장례식의 주례를 맡았다. 그 장례식을 잘 기억하는 건, 사망한 여인인 조앤 길리버가 이례적이게도 생애를 몇 주 남겨두었을 때 나를 만나 장례식에 관해, 자신이 어떻게 기억되고 싶은지에 관해 이야기하기를 원했기 때문이다. 조앤은 누구의 기준으로 보나 좋은 인생을 누렸다. 해외여행도 많이 다녔고, 헌신적인 남편과 건강하고 성공한 세 자녀가 있었으며, 은퇴기에도 충만하고 모험적인 삶을 살았다. 언제나처럼 장례식의 대부분은 조앤의 인생과 성격에 관해 이야기하는 시간이었지만, 나는 가능하다면 유족에게도 안심과 위안을 줄 수 있는 말을 찾아내야 했다.

"그 무엇도 조앤의 부재를 메울 수 없고, 이 구름 뒤에는 어떤 밝은 빛도 기다리고 있지 않습니다." 나는 유족에게 말했다. "하지만 우리는 조앤의 불처럼 밝고 강렬한 불이 꺼졌을 때조차, 아직 살아서 타오르고 있는 불꽃들을 조앤이 피워놓았음을 기억할 수 있죠. 조앤은 여러분의 마음속에, 기억 속에 살아 있습니다. 조앤의 손길이 닿지 않았다면 달라졌을, 혹은 더 나빠졌을 삶 속에 조앤은 살아 있습니다. 자녀들과 손주들 안에 조앤은 살아 있습니다.

이제 우리의 과제는 조앤의 열의와 온기가 준 영감을 안고 우리 삶으로 돌아가는 것, 그리고 다른 이들에게 손을 내밀어 조앤이 우리의 삶을 밝혀주었듯 그들의 삶을 밝혀주는 일입니다. 화단에 화초를 심는 봄날 아침이면 조앤을 생각하세요. 활기차게 테니스를 치고 나서 시원한 음료를 마시러 달려갈 때면 조앤을 생각하세요. 친구들과 모여 이야기하고 웃을 때 조앤을 생각하세요. 그럴 땐 조앤을 위해 잔을 드세요. 하지만 계속 말하고 웃어야 합니다. 우울한 침묵이나 경건한 침울보다는 그것이야말로 조앤의 정신일 테니 말입니다."

그때 나는 그 말이 마음에 들었지만, 며칠 뒤가 올 때까지는 그 깊은 의미를 실감하지 못했다. 조앤의 장례식은 수요일에 열렸다. 화장장에서 곧바로 헬퍼즈 정비소로 가서 맡긴 차를 찾고 목요일인 그레그의 생일을 위해 주문해둔 자전거도 찾아왔던 기억이 난다. 그리고 바로 그 주 토요일에 마크가 죽었으니, 슬퍼하고 애도할 공간뿐 아니라 미소 짓고 농담할 여유도 갖는 것이 중요하며 슬픔을 느껴야 하는 만큼 희망과 기쁨을 느껴도 된다는 것이 얼마나 중요한지 이해할 기회가 내게는 아주 빨리 찾아온 셈이다. 막상 겪어보니 배우자의 상실이 어떠하리라던 나의 예상과는 달랐다. 나는 내가 줄곧 울고 슬픔에 짓눌릴 거라고 상상했다. 많은 사람이 그 일에 대해 각자 예상하는 바가 있을 것이다. 마크의 장례식 전에, 내가 조문객이 필요로 하는 종류의 과부가 되어야 한다고 생각했던 것도 기억난다. 그러니까 그들이 자신의 슬픔을 표현할 수 있도록, 그들이 이입할 감정으로 나의 슬픔을 그들에게 전해주어야 한다고, 슬픔의 피뢰침이 되어야 한다고 말이다. 내가 올바로 애도하고 있지 않다고 걱정하고, 사람들이 내가 미소를 짓거나 그가 없는 미래의 계획을 세우는 걸 보면 충격을 받을 거라고 걱정하는 사람은 나 혼자만이 아니다. 장례식 주례자로서 나의 역할은 짧고 명확히 한정되어 있다. 나는 죽음 직후의 충격 속에서 위안을 주는 존재가 되기를 바라지만, 대개는 장례식이 끝남과 동시에 유족과 나의 관계도 끝난다. 조앤의 경우에는 꼭 그렇진 않았다. 조앤의 남편 브루스는 며칠 뒤 내게 감사의 이메일을 보냈다가, 남편이 세상을 떠났으므로 답장이 늦어질 거라는 나의 부재중 메시지를 받았다. 그는 본인도 깊은 슬픔에 빠져 있는 와중에 아주 친절한 답장을 써 보냈다. 강해지세요, 하고 그는 썼다. 그로부터 사 년 뒤, 나는 바로 그 말을 록다운 기간에 소규모로 진행된 브루스 본인의 장례식에서 다시 돌려줄 수 있었다. 브루스와 조앤의 자식들은 각자 자기만의 상실을 경험했다. 물론 모든 사람의 슬픔은 각자 다르지만, 어쩌다보니 그들을 위로하려다가 의도치 않게 나도 그들의 이야기에서 마음의 평화를 얻었다. 장례식 주례자로서 내가 할 수 있는 최선은 돌아가신 분을 명예롭게 기리고 유족의 말에 제대로 귀기울이는 것이다. 눈물이 부끄러운 것이 아니라는 것을, 또한 웃음도 부끄러운 것이 아니라는 것을 그들이 알았으면 좋겠다.

마크가 죽은 후 겨우 일주일 사이에 친구 세 명이 나에게 상담사를 만나보라고 강력히 권했다. 세 친구가 모두 장기간 상담을 받으면서 도움을 받았다는 건 알고 있었지만, 셋 중 사별 경험이 있는 친구는 한 명뿐이었다. 세 친구 다 몹시 힘든 유년기를 보냈고 아직도 미치광이 같은 부모에게 시달리고 있었으며, 셋 다 힘든 가족관계를 성인기까지 이어가고 있었다. 이 시점에 아버지는 돌아가신 지도 몇 년이 지났고 어머니는 치매 때문에 나를 알아보지도 못하셨지만, 나는 운이 좋게도 안정적이고 다정한 가족과 함께 좋은 유년기를 보냈다. 그러니 내가 알기로, 나에게는 해결할 필요가 있는 유년기의 상처는 전혀 없었다. 하지만 사별의 세계에서는 상담이 어디에나 존재하며, 실제로 현대 서구 세계에서는 더욱 일반적인 일이 되었다. 내가 거기에 저항감을 느낀 데는 두 가지 이유가 있었다.

첫째로 누구에게 가야 할지 전혀 알 수 없었다. 온라인에 치료사 명단이 있었고, 이름과 함께 미소 짓는 사진과 그 사람의 관심 영역을 설명한 여러 문장이 있었다. 다들 이 사람들 가운데서 도대체 어떻게 골랐던 걸까? 그들은 모두 무슨 인터넷 데이트처럼 서로 잘 맞는지 알아보기 위한 시험 대화를 제안하고 있었고, 필요하면 내 마음에 드는 사람을 찾을 때까지 여러 차례 시도해보라는 말도 들었다. 그렇다면 시험 세션이 끝날 때 "아, 당신은 내 타입이 아니네요"라고 말해야 한다는 건가? 생각만 해도 마음이 불편했다.

더 큰 문제는 내가 상담에서 정확히 뭘 원하는지 잘 모르겠다는 것이었다. 당시 나는 모든 일을 고려했을 때 문제없이 지내고 있다고 생각했다. 믿을 수 없을 만큼 피곤했고 미래가 불확실했으며 일하는 것도 귀찮았지만, 이런 건 내 상황과 최근에 일어난 일을 생각하면 당연하고 적절한 반응 같았다. 공황발작이 일어나는 것도 아니었고 죽은 그를 발견한 순간을 끊임없이 재생하지도 않았다. 내가 꾸는 꿈들은 마크가 나오는 꿈이었지만 악몽은 아니었다. 술은 좀 과하게 마시고 있었을지 모르나 문제가 될 정도는 아니었다. 아마 그랬을 것이다. 뭘 물어봐야 한다는 거지? 상담사에게서 어떤 종류의 도움을 받아야 하는 걸까?

내가 선뜻 나서지 않은 것은 예전에 한 상담사를 만나본 경험 때문이었다. 그로부터 삼 년 전, 나는 직장 상담 서비스를 통해 두어 번 상담을 받았다. 마크는 병들어 있고 우울증에 걸린 상태였으며 아이들과 사이가 좋지 않았고, 부분적으로는 그 때문이기도 했겠지만 아이들도 나름 각자의 곤란을 겪고 있었다. 나는 마크에게 화가 나 있었고, 어떻게 하는 것이 최선인지 확신이 서지 않았으며, 아이들을 보호하지 못하고 있다는 무력감을 느꼈다. 미래에 마크에게 무엇이 필요할지 알 수 없었고 그 미래가 어떤 것일지도 알 수 없었다. 내가 내 일에 대해서도, 상태가 점점 나빠지는 어머니에 대해서도 충분히 생각하거나 에너지를 쏟지 않고 있다는 점 역시 신경이 쓰였다. 내가 만난 여자 상담사는 정장 바지에 물결치는 듯한 꽃무늬 상의를 입고 있었다. 그는 내가 말하는 동안 기다리고 있다가 몇 가지 질문을 했는데, 어떤 충고도 하지 않았고 자기 의견을 말하지도 않았다. 나는 이 점이 답답했다. 두번째 세션이 끝나갈 무렵에는 내가 처한 곤경을 이야기하다보니 눈물이 솟고 분노가 차올랐다. 그제야 상담사는 만족하는 것 같았다. 그러니까 이게 진전이었던 모양이다. 상담사는 내게 마크의 예후를 언제 알게 되느냐고 물었다. 나는 자주 하던 답변

대로, 우리가 다음번 스캔 또는 다음번 검사 결과를 기다리고 있으며 그때는 어느 정도라도 명확히 알게 되기를 바란다고 말했다. 상담사는 다음 세션은 그 결과가 나올 때까지 기다렸다가 그후에 하는 게 좋겠다고 했다. 그리하여 나는 앞으로 어떻게 계속해가야 할지 여전히 깜깜한 채로, 내 마음 상태에 대한 새로운 통찰도 전혀 얻지 못한 채 상담실을 나섰다. 내가 눈물이 솟고 분노가 치민다는 건 이미 나도 알고 있던 일이었고, 그게 바로 상담을 받아보기로 마음먹은 이유였다. 그 경험으로 도움을 받았다고 느끼기는커녕, 내가 명확한 문제 상황을 갖추지 못한 자격 미달의 내담자라는 인상만 받았다. 만약 마크가 말기 진단을 받았다면, 상담사는 '예견된 슬픔' 프로토콜을 내게 적용할 수 있었을 것이다. 만약 마크가 회복했다면 일반적인 관계에 관한 상담으로 넘어갈 수 있었을 테고. 나는 다루기 난처하고, 무릎과 팔꿈치도 제대로 가누지 못해 어둠 속에서 허우적대고 발길질만 해대는 사람이었다.

마크의 죽음 이후 일이 년 안에 받게 될 상담 역시 그와 다를 바 없을 거라고 생각했다. 나는 사별 범주에 들어갈 것이고, '애도 작업'을 하게 되겠지. 이 표준적 절차 역시 내게는 맞지 않을 터였다. 나는 내가 알았거나 글로 읽었던 다른 유족들의 반응과 내 반응 사이에서 차이를 느꼈다. 암으로 인한 죽음, 교통사고, 갑작스러운 심장마비. 이에 대해 상담이 무엇을 해주겠는가? 내가 원한 건 실질적인 도움이었다. 앞마당의 웃자란 레일런드측백을 뽑아줄 사람, 복도 바닥의 습기 문제를 해결해줄 사람을 원했다. 나는 상담을 받는 대신 그 돈으로 육 개월 동안 잔디를 깎아줄 사람을 구하고, 마크가 쓰던 방을 다시 장식할 미장이와 페인트공을 부르기로 했다.

마크는 병을 앓는 동안 정신과검사도 두 차례 받은 적이 있지만 상담 제안은 받은 적이 없었다. 첫번째 검사는 내가 상담사를 만났던 때와 거의 비슷한 시기에 받았다. 내가 계속 강권한 탓에 마크가 마지못해 우울증에 관해 진찰을 받아보기로 했을 때, 일반 주치의가 지역의 NHS* 정신 건강 서비스에 마크를 의뢰해주었다. 그날 진찰에서 마크가 작성한 자기평가 설문지가 지금 내 앞에 놓여 있다. 그는 지난 이 주 동안 시달린 여러 감정이나 행동 문제에 대해 점수를 매겨야 했다. '우울하거나 처지거나 절망적인 기분'과 '자신이 실패자라거나 자신 또는 가족을 실망시켰다는 느낌' '차라리 죽는 게 낫다는 생각'에 마크는 가장 높은 점수를 매겼다. 위험 평가에서는 자살 고려, 자살 계획, 자살 방법 궁리의 모든 단계에 예스라고 답했고, 당장 자살하는 걸 막는 건 아이들에게 미칠 영향에 대한 두려움뿐이라고 썼다. 나는 이 설문지도, 그날 진찰 후 받은 편지도 그가 죽기 전까지는 보지 못했다.

마지막 몇 주 동안 그는 분명 몹시 외로웠을 것이다. 내게는 우리에게 일어나는 일과 내 기분을 이야기할 숨구멍을 열어준 세라나 다이앤 같은 친구들의 감정적 지원이 있었지만, 마크에게는 그 같은 배출구가 없었다. 그는 친구관계를 거의 유지하지 않았고, 그 관계들의 성격도 대체로 남성적이었다. 그들은 함께 뭔가

---

* 무상의료를 제공하는 영국의 국영 의료 서비스 제도인 국민 보건 서비스.

를 실행할 사람들, 세상사와 정치에 관해 이야기하거나 농담을 주고받을 사람들이었지, 감정과 인간관계와 자기 자신에 관한 이야기를 나눌 수 있는 사람들은 아니었다. 자살 예방을 최우선 과제로 여기지 않는 상담사나 정신과 의사를 만났다면 도움을 받을 수도 있었을 것이다. 그런데 이런 측면에서 우리는 서로 아주 다른 사람들이었다. 나는 당시 벌어지던 상황에 관해 우리가 아는 거의 모든 사람에게 터놓고 말하고 싶어했지만, 마크는 사적이고 방어적이었다. 생의 마지막 단계에 그는 예전에 자기를 존경했던 사람들이 자기 모습을 보는 걸 원치 않았다. 마크가 대학에서 일할 때 그의 사무실에서 일했던 직원 두 사람이 전화를 걸어 언제 문병을 가야 편할지 물었지만, 마크는 못 오게 했다. 그에게는 속을 털어놓고 말할 사람이 나밖에 없었다. 하지만 누군가의 말을 잘 들어줄 수 있으려면 서로 감정적 거리감이 있어야 하고 상대방이 말하려는 그 일이 자신과 무관한 일이어야 하는데, 나는 바로 그 필수 요건을 만족하지 못하는 사람이었다. 게다가 말할 것도 없이 나는 그가 지닌 문제의 일부이기도 했다.

마크가 의도적으로 자기 병을 숨긴 건 아니지만, 그는 사람을 만나 대면하는 일도 거의 없었고 개인적인 일에 관해 천성적으로 잘 말하지 않는 성격이었기 때문에, 한동안 만나지 못했던 사람들은 대부분 그의 죽음에 충격을 받았다. 병에 걸렸다는 사실 자체를 몰랐던 사람들도 있었고, 병세가 얼마나 심각했는지 알았던 사람은 몇 명밖에 안 됐다. 우리 같은 연배와 배경의 많은 사람이 그렇듯이, 우리도 어느 지역에도 뿌리를 깊게 내리지 않고 살아왔다. 친구들은 대부분 일하다가 만난 사람들이었는데, 마크가 은퇴한 시기에 우리는 다른 도시에 살면서 통근했으므로 그 인맥들도 금세 쪼그라들었다. 아이들과 나를 제외하고 마크의 마지막 몇 달 동안 그를 보러 왔던 사람들은 그의 누이 수전, 내 친구 두 명, 그의 전처 힐러리와 우리 친구 사이먼과 핌뿐이었다. 다른 친구들은 그가 병에 걸린 초기, 아직 걷고 말하고 정상적으로 기능하는 척할 수 있던 시절까지만 그를 봤다. 마크는 가족과 의료진 외에는 아무에게도 자기가 얼마나 끔찍한 상태인지 알리는 걸 원치 않았다. 그가 죽은 이튿날, 나는 십여 명의 친구에게 이메일을 보내 소식을 전했고 다른 이들에게도 전달해주기를 부탁했다. 그 이메일과 페이스북 포스트, 친구에게서 친구에게로 전해진 전화 통화는 그들의 여름날 아침에 운석처럼 떨어져 아무 경고도 없이 평화를 깨트리고 그들을 바닥에 주저앉게 했을 것이다. 첫 며칠 동안 받은 메시지들은 대부분 당혹스러움을 표현한 것들이었다. "믿을 수가 없어." "우리는 마크가 아픈지도 몰랐어요." "너무 큰 충격이어서 받아들여지지가 않네요." "믿을 수 없어요." "믿어지지 않아." "못 믿겠어요." 그들은 여름날 그저 가볍게 거닐고 있었을 뿐인데 갑자기 나뭇잎들이 부스럭거리고 얼굴에 바람이 한줄기 불어오더니, 그들의 친구가, 계획이 있었고 예리한 정신을 지녔으며 어린 자식들이 있는 친구가 갑자기 그들 앞에서 죽어버린 것이다. 그저 잘 지내는 줄 알았던 사람이, 이제는 죽었다면서.

　내 친구들 중 몇몇은 내가 만났던 상담사와 같은 생각이었다. 분노를 안에 담아두기보다 꺼내놓는 게 좋다는 생각 말이다. 그들은 내가 통제된 방식으로 감정을 밖으로 내놓지 않는다면, 그러니까 행주로 손을 감싸고 압력솥의 신호추를 천천히 빼지 않는다면, 더 큰 해를 입힐 수 있는 상황에서 펄펄 끓는 뜨거운 증기가 폭발하듯 터져나올 거라고 생각했다. 그러나 마크가 투병하던 동안에는 분노와 비참함을 쏟아내는 것도 내 내면에 가득한 감정을 줄이는 데는 아무 소용이 없었다. 나는 화가 죽처럼 부글부글 끓고 있는 마법사의 가마솥이었고, 끊임없이 분화하는 화산이었다. 아주 참을성 많은 친구 앞에서 울어젖히고 나자, 그후로는 그저 더 울고만 싶었다. 한번 이성을 잃고 분노를 터뜨리면 그 격한 분노는 내 혈액 속에 한동안, 때로는 몇 주 뒤까지도 남아 있었다.

박사과정 첫해에 처음으로 오크니를 길게 방문하고 돌아온 나는, 지도교수님에게 권력관계에 초점을 맞춰 변화하는 장례관습을 연구하는 것으로는 이제 충분하지 않은 것 같다고 말했다. 감정을 연구하는 건 어떨까요? 부모가 자기 자식을 묻은 방식을 살펴보고 나서, 그들이 세운 추모의 기념물을 무엇보다 사회적 지위를 높이기 위한 시도, 장례의 형식을 통해 남보다 한 단계 올라서려는 것으로 해석하는 건 지나치게 냉소적인 관점이 아닐까요? 지도교수님은 내게 감정의 고고학, 상실의 고고학이란 어떤 모습이 될지 시간을 좀 두고 생각해보라고 했고, 문화인류학자 레나토 로절도의 어느 에세이를 읽어보라고 했다. 로절도는 필리핀의 일롱굣 부족 안으로 들어가 민족지학 연구를 해온 사람이었다. 로절도가 글에서 다룬 사람들은 예전 어느 시점에 헤드헌터*로 유명했던 이들이다. 로절도가 나이 많은 일롱굣 남자들에게 머리를 자르고 싶어하는 이유가 뭐냐고 묻자, 그들은 슬픔에서 나온 격분이 자기들을 그런 행동으로 내몬다고 답했다. 오랫동안 로절도는 이 간단명료한 진술을 이해할 수도, 설명할 수도 없었다. 그러다 개인적 비극이 닥쳐와 그에게 새로운, 원치 않았던 이해를 안겨주었다. 역시나 전도유망한 문화인류학자였던 그의 아내가 낭떠러지 가장자리에서 발을 헛디뎌 추락사한 것이다. 로절도는 이 끔찍한 파국의 충격과 고통 속에서, 분노가 자기 삶에 얼마나 구석구석 퍼져 있으며 얼마나 요란하게 들끓는지 깨닫고 깜짝 놀랐다. 로절도의 에세이 『사별의 슬픔과 헤드헌터의 격분Grief and a headhunter's rage』은 이후 감정의 고고학을 탄생시킨 에세이로 자리매김했다. 사별은 놓치고 제의에만 초점을 맞추던 전통적 인류학의 접근법이 얼마나 미흡한지 증명하고, 자신들이 기록하는 이들의 삶에서 감정적인 측면은 '깔끔히 걷어내버리는' 민족지학자들의 행태를 비판하는 글이다.

마크가 투병하던 비참한 시기에 내 감정의 저수지에서 분노가 그렇게 큰 부분을 차지한다는 건 미처 예상하지 못한 일이었다. 스트레스, 슬픔, 두려움, 우울을 느낄 거라고 예상했지만, 실제로 마크의 생애 마지막 몇 주 동안 나의 곁을 한결같이 지킨 가

* 일부 문화권에서 적의 머리를 잘라 전리품처럼 모아두는 전사.

장 충실한 동행은 분노였다. 항상 폭발하기 직전이던 격분이 나의 동력이었다. 마크는 독실한 분노 신봉자였다. 그는 "그게 슬픔보다 나아" 하고 말했다. "자기회의보다 낫고 절망보다 낫지. 화를 내" 하고 나를 부추기곤 했다. 마크는 평생 화가 나 있었다. 정부에게, 대기업에게, 경영진에게, 미국인들 또는 이스라엘인들에게, 자본주의에, 멍청한 사람들에게, 축구에, 개들에게, 헛소리에, 세상의 상태에 대해. 대개는 그럴듯한 근거가 있었다. 그는 자기 분노를 스스럼없이 표현했고, 나도 함께 분노하기를 원했다. 마크만큼 분노가 느껴지지 않는다면 내 의견을 말하지 않는 게 낫다는 걸 나는 일찌감치 깨우쳤다. 그랬다가는 말싸움으로 번질 게 뻔했고, 그러면 그는 기운이 뻗치고 나는 진이 빠졌으니 말이다.

2014년쯤 되자 수년간의 분노가 내 내면에서 부글부글 삭아 쓴맛을 내기 시작했고, 그 분노의 대부분은 정당하든 그렇지 않든 마크에게 집중됐다. 나는 그의 고통에 대해 두려워하면서도 깊은 연민을 느꼈고, 우리의 상황과 그의 행동에 좌절감을 느꼈으며, 나 자신의 무력함에 화를 참을 수 없었다. 그래도 여전히 그를 사랑했던 것 같다. 나는 어둠 속 공포의 저택 안, 유령의 집 안에 있었는데, 그 안에 나 말고 또 무엇이 있는지, 뛰어내리면 어디에 떨어지게 될지, 다시 맑은 공기를 마실 수 있는 곳으로 가려면 어떻게 돌아가야 하는지 전혀 알지 못했다. 너무 지치고 너무 바짝 줄아들어서 마크의 모든 의견을 더는 참을성 있게 들어줄 수 없었다. 나는 조화를 찾으려는 노력을 멈추고 분노를 드러냈다. 부끄럽게도 아이들에게까지 쉽게 이성을 잃고 폭발했다. 집에 돌아왔을 때 아이들이 아침 먹은 걸 아직 치워놓지 않았거나 별것 아닌 일로 불평을 늘어놓으면 나는 말로 아이들을 후려쳤고, 그렇게 생떼부리는 세 살배기처럼 점점 더 광분하다보면 이내 심장이 쿵쾅거리고 이를 악물고 있는 자신을 깨닫게 되곤 했다. 말 그대로 제 머리칼을 움켜쥐고 잡아당기며 뽑아내려 하는 최악의 모습까지 보였다. 이쯤 되면 가급적 자리를 떠야 한다. 집밖으로 성큼성큼 걸어나가 크게 호흡하고 분노의 아드레날린을 신체활동으로 돌려, 마음이 가라앉고 폭발한 자신에 대한 후회가 몰려올 때까지 움직여야 한다. 그러고 나면 슬그머니 돌아가 사과하고, 다정하게 굴려고 노력하곤 했다. 낡아서 느슨해진 내 솔기 틈새로 비어져나온 속을 다시 욱여넣고, 뜯어진 자아의 조각들을 다시 이어붙여 계속 나아갈 수 있도록 나를 추슬렀다.

내가 마크를 더 참을성 있게 대했더라면 좋았을 것이다. 그에게 직접 분노를 터뜨린 일은 많지 않았지만, 마지막 몇 달 사이에는 그런 일이 네댓 번 있었다. 이때는 내가 얼마나 스트레스를 받고 있는지 보여주려고 일부러 그랬다. 나는 그가 알기를 바랐다. 이제 당신도 알겠지? 당신 때문에 내가 얼마나 힘들어하는지 보이지? 어느 날 우리는 마크의 새 병원용 침대가 배달되기를 기다리고 있었다. 높이가 조절되어서 머리와 어깨를 받치고 침대에서 앉아 있을 수 있게 해줄 침대였다. 자동으로 압력을 조절해 욕창을 예방해줄 에어매트리스도 장착되어 있었다. 만 박 유골 9의 간병인들이 직면했던 문제에 현대 과학기술이 내놓은 해결책이었다. 마크가 배달기사에게서 전화를 받고는 나와 상의도 없이 바로 그날 오후에 새 침대를 가져오게 했다. 이는 곧 예전 침대를 분해해서 차고로 치워두어야 한다는 뜻이었다. 새 침대가 들어올 자리를 비워두어야 하니 기사들이 도착하기 전에 끝내야 했는데, 시간은 한두 시간밖에 안 남았고 그 일을 할 사람은 나 말고는 아무도 없었다. 나는 마크를 휠체어에 앉히고 침대보를 벗기고 프레임을 해체했다. 하지만 킹사이즈 매트리스를 방안에서 꺼내 온 다음 계단으로 가지고 내려가 차고로 옮기는 일은 너무 힘에 부쳤다. 매트리스의 옆면을 받치고 든 채로 균형을 잡으려 애썼지만 무게 때문에 계속 벌렁벌렁 넘어갔고, 나는 그 밑에 깔린 채 똑바로 세우고 다시 위로 밀어올리려고 끙끙댔다. 그러나 그 물건은 내 짐작보다 훨씬 무거웠다. 매트리스가 옆으로 고꾸라지는가 싶더니 벽의 조명 중 하나를 쳐서 전구를 박살냈다. 조명기구의 몸체가 벽에서 몽땅 뽑혀나와 전선에 매달린 채 늘어졌고, 벽의 석고도 부서진데다 벽지도 찢어졌다. 이제 내가 수리해야 할 게 또 생겼는데 나는 고칠 방법도 몰랐다. 그런데 이게 왜 내 일이 되어야 하지? 내 연배의 다른 여자들은 이런 상황에 처하지 않았다. 내 분노는 플라스틱도 녹일 것 같았다. 나는 분노와 눈물이 치밀어오른 가운데 매트리스에, 조명에, 내 인생에 욕을 해댔고, 제대로 해내지 못하는 내 모습을 마크가 본 것을 통쾌해하며, 내가 주장하고 싶은 요점을 분명히 보여주기 위해 감정 폭발의 공연을 펼쳤다. 당신이 나한테 무슨 짓을 한 건지 봤지? 친구나 친척한테 도움을 부탁할 짬도 없고 도와줄 아이들도 없는 시간에 배달 와도 좋다고 하면 어쩌자는 거야? 당신 때문에 내가 어떤 일을 참

아내고 있는지, 지금 내 인생이 어떤 꼴이 됐는지 보여? 이 모든 일을 나 혼자 해내기를 기대하다니 터무니없어. 온당하지 않다고. 내가 울부짖고 분통을 터뜨리는 동안 마크는 말없이 앉아 있기만 했다. 그가 뭘 할 수 있고 무슨 말을 할 수 있었겠는가. 아, 내 꼬락서니라니! 더 우아하게 연기했더라면 얼마나 좋았을까.

그래도 대부분의 시간에는 내 역할을 기억해냈을 때, 계속할 에너지가 있을 때는 어떻게든 맡은 역할을 연기해낼 수 있었다. 핵심은 내가 어떤 감정을 느끼느냐가 아니라 어떤 일을 하느냐라는 걸 깨달았다. 나의 주문은 『이성과 감성』에 나오는 말이었다. 엘리너의 동생 메리앤은, 사랑하는 남자 에드워드가 다른 여자와 약혼했다는 사실을 엘리너가 이미 몇 달 전부터 알고 있었으면서도 비밀을 지켜달라고 한 상대를 존중해 모르는 척하며 아무 불평도 하지 않았다는 걸 알게 되었을 때, 언니에게 그간 어떻게 견뎌왔느냐고 묻는다.

"나의 의무를 다하고 있다는 느낌에 기대서."

엘리너에게 의무를 부여한 건 자신이 친구에게 한 약속, 그리고 자기 어머니와 동생이 자기 때문에 속상해하지 않게 하고 싶다는 바람이었다. 나에게 의무를 다한다는 건 마크와 아이들을 보살피는 것이었다. 나는 억울함과 좌절감, 절망감을 느끼기는 했지만, 그래도 여전히 가족 모두의 식사를 준비하고, 우리에게 필요한 돈을 벌고, 세탁을 하고, 마크의 약을 챙기고, 그의 신체적 필요를 해결해주는 책임을 다할 수 있었다. 마크의 등에 크림을 발라 문질러줄 수 있었고, 그가 씻고 옷을 입게 도와줄 수 있었으며, 화장실을 사용하게 도울 수 있었다. 나는 슈퍼마켓과 약국에 갈 수 있고, 진료 예약을 할 수 있고, 아이들을 각종 활동에 데려갈 수 있었으며, 아이들이 학교에서 필요한 것들을 다 챙겨줄 수 있었다. 마크에게 글을 읽어줄 수도 있고, 그와 잡담을 나눌 수도 있었다. 이런 일에 그가 원하는 만큼 많은 시간을 쓰지는 않았지만. 나의 의무를 다하고 있다고 느낌으로써 나는 상처와 분노를, 염려를 뚫고 계속 나아갈 수 있었다. 영화나 책에서 보면 어두운 시간에 사람들을 지탱해주는 건 사랑이다. 나는 언제나 사랑을 끌어내지는 못했지만, 그래도 여전히 의무는 있었다. 그리고 이야기와 연민도.

시간이 흐르면서, 내가 느끼는 감정을 바꾸지는 못하더라도 내가 행동하는 방식은 통제할 수 있는 경우가 많음을 알게 됐다. 나는 내가 원하는 모습의 나를 상상했고, 마치 관객이 보고 있는 것처럼 그 모습을 연기했는데, 대체로 그걸로 충분했다. 나는 내가 연기하는 연극에 맞는 복장을 차려입었다. 내 대사를 연습하고 인내심과 헌신의 표정을 지었다. 나는 카턴이고, 엘리너다. 내 연기는 탁월했고, 고등학교 연극동아리에서도 가장 뛰어났었다. 나는 몇 시간이고, 때로는 한 번에 며칠까지도 내 캐릭터 속에 머물 수 있었다. 나는 인내의 레퍼토리, 자기희생의 레퍼토리를 개발했다. 거기에 관객이 손뼉 쳐주기를 바랐다. 그들의 호평을 간절히 원했다.

19

무덤
Bj581

두 아들이 체스를 두고 있다. 애덤이 좀더 잘하고 주로 이기는 편이지만 항상 이기는 건 아니다. 그레그도 비슷한 수준으로 잘해서 둘의 게임은 대체로 뜨거운 접전이 된다. 내가 어렸을 때, 말하기 부끄러울 정도로 한참 어린 남동생과 겨뤄 처참하게 패했던 대참극과는 거리가 멀다. 체스판은 쪽매붙임 방식으로 만든 것으로, 가장자리와 어두운색 사각형에는 신비로운 고리 모양의 나뭇결이 살아 있는 호두나무를 쓰고, 밝은색 사각형에는 연한색 나무를 써서 완벽하게 짜맞추고 잘 다듬어 표면이 종이처럼 매끄럽다. 이 체스판과 한 세트를 이루는 기물들은 구식 필통처럼 생긴 나무 상자에 들어 있다. 이 상자에는 미닫이 뚜껑이 달려 있고 가장자리가 벗겨져 돌돌 말린 종이라벨이 붙어 있다. 마크가 어렸을 때 받은 것인데, 삼촌이 준 거라고 했던가? 정확히 기억은 안 나지만 그가 분명 말해주었을 것이다. 상자 뚜껑 안쪽에 마크의 이름이 적혀 있는데, 내가 모르는 필체다. 어쩌면 마크 아버지의 필체일지도 모르겠다.

나는 마크가 블랙커피를 마시고 모던 재즈를 듣는 걸 보고 그가 체스를 대단히 잘할 줄 알았다. 우리가 웨일스의 집에서 레이번 오븐 바로 옆, 체스판보다 아주 조금 큰 포마이카 식탁에 마주앉아 처음으로 체스를 했을 때, 게임이 금방 끝나리라고 생각했다. 놀랍게도 우리는 둘 다 체스를 그다지 잘 두지 못해서 서로 밀리지 않는 상대였다. 마크에게 체스를 두는 즐거움이란 게임의 전략에만 있는 게 아니라 자기 체스 세트의 물성을 촉각으로 느끼는 일에도 있었다. 나는 때로 그가 기물 하나를 잡아서 체스판 옆의 포로수용소에 놓아두는 게 아니라 가만히 그 나무의 곡선과 각을 쓰다듬는 걸 눈치채곤 했다.

애덤과 그레그는 자기네 부모보다 더 훌륭한 체스 플레이어다. 때때로 둘 중 하나가 친구와 온라인으로 체스 게임을 할 때도 있지만, 둘 다 수납장에서 체스판을 꺼내 와 기물들을 상자에서 꺼내고 체스판 위에 늘어놓는 의식 자체를 더 좋아한다. 두 아이에게 체스는 제대로 된 경쟁 게임이지만, 그 체스판은 아버지와 자신들을 잇는 물질적 연결고리이기도 하다. '가보heirloom'라는 단어는 원래 상속자heir에게 물려주는 물건 또는 도구(중세 영어로는 loom)를 의미했다. 고고학자들은 종종 무덤에서 물건을 발견해 가져오고, 보통 그 물건들이 거기 묻힌 사람에게 의미 있거나 그 사람과 관련된 물건일 거라 짐작한다. 우리가 아직 만족할 만한 답을 얻지 못한 질문이 하나 있는데, 바로 부장품이 의미하는 바가 무엇인가 하는 질문이다. 그렇게 근본적인 질문인데도 거의 묻지 않는 질문이기도 하다. 무덤 안에 있는 물건은 내세에서 사용하기 위한 것으로 여겨지기도 하지만, 무덤 주인이 살아생전 어떤 사람이었는지 알려주는 것처럼 보일 때도 있다.

1878년에 스웨덴 고고학자 얄마르 스톨페가 비르카에 있는 바이킹시대 유적지 주변의 묘지에 있는 수천 기의 무덤 가운데 몇 기를 발굴했다. 비르카는 첫 밀레니엄 후기에 번성한 교역 마을이었고,• 여전히 중세 스칸디나비아에 대해 알려주는 매우 유명하고 중요한 유적지 중 한 곳으로 남아 있다. 스톨페가 발굴한 무덤 중 하나인 Bj581에는 높은 지위를 보여주는 부장품이 유난히 많다. 봉분 밑 나무로 만든 묘실 안에 한 사람의 유골이 있었다. 또 무덤 안에는 창 하나, 검 하나, 도끼 하나, 방패 여럿, 게임판 하나, 주사위와 게임용 기물도 여럿 있었다. 이 외에도 최소한 스물다섯 개의 화살촉과 마상용 창 여러 개, 그리고 칼도 하나 나왔다. 봉분을 이룬 재료 속에도 칼이 삼백 개 이상 들어 있었고, 시신을 안치한 받침대에도 창촉이 많이 들어 있었다. 이만하면 무기고나 진배없다. 단독으로 매장된 한 사람은 화려한 옷을 입고 테두리에 은장신구가 달린 모자를 쓰고 있었는데, 이 유골

• 서기 750년경에 세워져 이백 년 이상 번성하다가 975년에 사람들이 떠나면서 쇠락한 것으로 알려져 있다.

과 함께 말 두 마리의 유골도 묻혀 있었으며 그중 한 마리는 마구도 갖추고 있었다. Bj581은 비르카에서도 특히 풍요로운 무덤에 속했다. 무기 일습이 모두 들어 있는 무덤으로는 유일했으며, 비르카 유적지 중에서도 높은 지위를 암시하는 위치에 자리하고 있었다. 말과 화살과 무기 들을 볼 때 이 무덤은 대체로 상위급 전사, 아마도 기마궁수의 무덤으로 해석되었다. 그러다가 2017년에 샬로테 헤덴스티에르나욘손이 유골에 포함된 유전체 및 동위원소 정보의 분석 결과를 발표했는데, 이미 몇 년 전에 상세한 골해부학 분석 결과 제기되었던 견해를 확증하며 세계적인 흥분을 일으켰다. 바로 그 전사가 여성이었던 것이다.

거의 백사십 년 동안 고고학자와 역사학자, '바이킹'을 사랑하는 수많은 비전문가 무리는 Bj581에 묻힌 이가 당연히 남성이라고 생각해왔다. 골해부학이나 유전학을 통한 확실한 성별 분석이 불가능했으므로 부장품을 기반으로 성별을 판별하는 것이 일반적 관행이었기 때문이다. 많은 사람이 그러한 가정의 문제점을 지적했지만—고고학에도 이미 오십 년 전부터 훌륭한 페미니즘 비평이 존재했다—최근까지는 더 나은 방법들이 너무 어렵거나 너무 비용이 많이 들어서 그냥 늘 하던 대로 해오고 있었다. 바이킹시대 매장의 경우에는 무기가 있으면 남자, 보석과 가정용 물품이 있으면 여자라는 게 상식이었다. 하지만 무덤에 무엇을 넣는가 하는 문제에는 훨씬 복잡한 여러 층위의 의미와 복잡성이 있다. 부장품은 사자의 개인 소유물일까? 어떤 상징적 물건이거나 내세의 여행에 필요한 물건일까? 유족들에게 의미 있던 물건인 걸까? 아니면 그냥 부수적인 여분의 물건들? 이를테면 무엇이든 사자가 걸치고 있던 것 중 내구성 있는 부분이라든가, 장례식 연회에서 맥주를 담는 데 쓰였다가 어쩌다 무덤 속으로 들어가게 된 항아리 같은 것들 말이다. 부장품들은 난해하며 해석하기가 쉽지 않다. 그 게임판을 생각해보자. 그것은 무덤 속 사자가 내세에서 게임을 즐기게 하기 위한 것이었을까? 아니면 그 여성 전사의 전략 능력에 바치는 찬사의 표시? 원래 그의 소유물이었을까? 게임판은 이 시기의 무덤에서 많이 발견되어 비교적 잘 알려진 물건으로 주로 지위가 높은 이들, 그것도 남성의 무덤임을 알려주는 물건으로 여겨졌다. 그래서 Bj581도 남성의 무덤으로 보였을 것이다. 검사를 더 해보면 게임판이 묻혀 있는 다른 여성의 무덤도 더 많이 발견될지 모른다.

옛날처럼 흔하지는 않지만 여전히 사람들은 죽은 이의 관 속에 부장품을 넣는다. 어쩌면 보석 장신구를 넣거나 제일 좋아하던 옷을 넣기도 할 것이다. 나는 자기가 즐겨 쓰던 오래되고 낡은 낚시 모자를 쓴 채 묻힌 사람의 이야기를 들은 적이 있고, 토끼 슬리퍼를 신은 채 묻힌 사람 이야기도 들었다. 하지만 대부분 가장 의미 있는 물건들은 묻거나 태우지 않는다. 오늘날 우리는 그런 물건들을 계속 지니고 있다.

아이들이 체스 게임을 하는 체스 세트는 Bj581 속 게임판과 기물의 후손이다. 그건 마크의 체스판이었다. 지금 이 체스판은 앞방 수납장 제일 위 칸, 우리가 '아빠 상자'를 두는 곳 가까이에 놓여 있다. 아빠 상자는 카드와 편지, 오려서 철해둔 신문기사 모음, 오래된 잡지 등 아이들이 보고 싶어할 만한 것들을 모아둔 나무 상자다. 그 안엔 마크가 어린 시절 갖고 놀던 장난감으로 크기 15센티미터 정도에 거의 대머리가 된 곰인형도 있다. 나는 마크가 내게 보낸 편지나 내가 그에게 보낸 편지, 우리 사이에 오고간 선물들은 아빠 상자에 넣어두지 않는다. 아직은 아이들에게 보여주기엔 너무 나의 사적인 물건으로 느껴져서다. 어쩌면 우리 모두 더 나이가 들면 그 안에 넣어둘지도 모르겠다. 아빠 상자는 일단 지금은 일종의 기념비이자 시신이 없는 무덤이지만, 그래도 기억의 장소임은 분명하다.

20

틀니의
역사

박사과정을 시작하기 전 겨울, 나는 인도에 있었다. 1930년대 제국주의 시절 원대한 모험심을 품은 모험가들이 다녀갔을 법한 그런 발굴 현장이었다. 줄지어 늘어선 텐트들 사이로 인디애나 존스가 성큼성큼 걸어다닐 것만 같았다. 대부분 인도 고고학 조사국을 위해 일하는 전문가들이 제대로 된 침대와 책상, 욕조가 갖춰진 커다란 텐트에서 생활했고, 하인들이 욕조에다 하루에 두 번씩 뜨거운 물을 채워주었다. 우리는 마하라슈트라 동부에 있는 여러 시기가 혼재된 대규모 유적지에서 발견물을 기록하고 단면도를 그리며 하루하루를 보냈다. 일용직으로 고용된 마을 일꾼들이 와서 구덩이를 파고 우리가 편안히 지낼 수 있도록 시중을 들어주었다. 이들이 할일에는 텐트장 뒤 배드민턴장 바닥에 분필로 매일 새로 선을 그리는 일, 우리의 식사를 준비하는 일, 차이가 담긴 컵이나 때로는 군것질거리로 달달하고 기름기 많은 잘레비˙를 현장에 가져다주는 일도 포함됐다.

일꾼들의 마을은 유적지와 우리 야영장에서 200미터 거리밖에 안 되었는데, 어느 토요일 점심시간이 다 되어가는 시간에 처음으로 그 마을에 가보았다. 무슨 일인가가 벌어지고 있었다. 밴드가 인도의 팝송을 요란하게 연주하는 소리가 들렸다. 그 전해에 큰 인기를 끌어 어디서나 들리던 히트곡 〈엑 도 틴Ek Do Teen〉˙˙이었다. 그쪽을 보니 다채로운 색깔의 옷을 입은 수많은 사람이 복작거리며 모여 있는 게 보였다. 무리의 가장자리에서는 아이들이 술래잡기를 하거나 바닥에 앉아 장난감을 가지고 놀고 있었다. 궁금증이 야영지와 마을을 가르는 흙길로 나를 이끌었다. 가까이 가서 보니 사람들이 손에 컵과 달콤한 과자를 한가득 들고는 주변 사람들과 먹어도 먹어도 모자란 것 같은 아이들에게 나눠주고 있었고, 가까이 가니 나에게도 건네주었다. 군중의 중심에 뭔가가 있었고, 사람들은 대부분 그 중심을 향해 서 있었다. 나는 무슨 종교 축제인 모양이라고 생각했다. 가운데에는 축제를 맞이해 꽃과 향수로 단장한 어떤 신상이 서 있을 터였다. 나는 더 자세히 보려고 군중을 뚫고 다가갔다. 웃고 떠들고 단것을 먹는 파티의 중심에는 관대가 있었고, 천수국꽃과 솜을 높이 쌓아놓은 사이에 나이 많은 여인의 시신이 놓여 있었다. 나는 유가족과 친

˙   밀가루 반죽을 튀겨 시럽을 입힌 인도의 간식.
˙˙ 힌디어로 '하나, 둘, 셋'이라는 뜻.

구들, 이웃들을 어깨로 밀치며 낯선 사람의 장례식 맨 앞자리까지 나아갔던 것이다. 소스라치게 놀랐고 무안해졌다. 그렇게 내밀한 의식에 함부로 끼어들어 빤히 쳐다보고 단것들을 입안에 쑤셔넣고 있었다니. 나는 얼굴이 새빨개져 더듬더듬 사과의 말을 전하고 그 자리를 뜨려고 돌아섰다. 내가 말을 건넸던 사람—유적지에서 봐서 안면이 있는 일꾼이었다—은 내 말을 이해하지 못했지만, 다른 남자가 나를 안심시켜주었다. 그 누구도 불쾌해하지 않았으며 여기서는 누구나 환영받는다는 말이었다. 돌아가신 분은 손주들을 다 보았을 만큼 충분히 오래 살았으니, 이는 슬픈 죽음이 아니라고 했다. 나는 장례식이 무엇인지, 사별에 대한 적절한 감정 표현이 어떤 건지 안다고 생각했지만, 둘 다 잘못 알고 있었던 것이다.

나의 사별은 슬픈 일이기만 한 것도 아니었고, 나의 경험은 다른 사람들이 내가 겪을 거라고 예상하는 것과도 다른 듯하다. 아무래도 과부 역할을 제대로 못하고 있다는 느낌이 든다.

마크가 죽고 두 달쯤 지났을 때, 나는 상상을 초월할 정도로 피곤했다. 모든 에너지가 고갈된 상태여서 우리 가족의 목숨을 유지할 정도로만, 복지 서비스의 달갑잖은 관심을 피할 정도로만 장을 보고 요리하고 청소하며 일상을 질질 끌고 가듯이 간신히 유지하고 있었다. 마크의 병과 죽음, 그해에 일어났던 일들로 다들 지쳐 있던 터라 나는 아이들을 데리고 일주일 동안 크레타섬에 다녀오기로 했고, 교육적 활동이나 문화탐방 프로그램 같은 건 하나도 넣지 않았다. 유일한 계획은 수영하고 책 읽고 자고 먹고 카드 게임을 하는 것이었고, 실제로도 그렇게 했다. 나는 이레 동안 일곱 권의 책을 읽었다. 그중 한 권이 폴 칼라니티의 『숨결이 바람 될 때』다. 신경외과 의사였던 칼라니티는 서른여섯 살에 폐암 진단을 받았다. 그는 누가 봐도 특출한 사람으로 의학뿐 아니라 문학과 철학에도 열정이 대단했으며, 다양한 학과의 여러 학위를 갖고 있었다. 이렇듯 얼핏 완벽해 보이는 인생과 개인적 성공의 연속은 곱지 않은 시선을 받기 십상으로 보인다. 그러나 그럴 수 없고 그래서도 안 된다. 이 모든 황금 같은 행운에 맞서는 커다란 사실 하나, 바로 인생이 막 피어나기 시작할 때 그가 말기 암에 걸려 세상을 떠났다는 사실 때문이다.

신경외과 의사들이 다 칼라니티 같은지 궁금했다. 다들 그렇게 이례적으로 목적의식이 강하고 지적이며 박학다식한 인본주의자인가. 그런 사람으로 작가이자 신경외과 의사인 헨리 마시도 생각난다. 그들이 하는 일이 신경외과 의사들로 하여금 삶과 죽음의 문제, 즉 무엇이 사람을 그 자신으로 만드는지, 무엇이 애초에 우리를 인간으로 만드는지에 관해 깊이 고찰하게 만드는지도 모르겠다. 레이트 박사가 일하는 모습을 보던 기억이 난다. 자기 일과 환자에 대한 그의 각별한 헌신은 일반적인 수준을 뛰어넘었다. 존 래드클리프 병원에 입원해 있던 시기에 마크는 레이트 박사가 아침에 제일 먼저 나오고 밤에 제일 늦게 퇴근하며, 주말에도 종일 병원에 있는 적이 얼마나 많은지 알아챘다. 레이트 박사에게 파트너나 가족이 있는지 없는지는 모르겠지만, 만약 있다면 그들이 레이트 박사를 볼 시간이 많지는 않을 것이다.

지금 레이트 박사에게 편지를 쓴다면 나는 무슨 말을 할까? 먼저 감사를 전하겠지. 마크는 내가 만난 이들 중 가장 냉소적인 남자였지만, 그런 그조차 레이트 박사가 우리에게 얼마나 많은 시간을 내어줬는지, 근무시간이 아닐 때 연락해도 얼마나 잘 받아주었는지를 생각할 때면 감동으로 눈물을 흘렸다. 레이트 박사와 전문 간호사 메리 쿼크는 집에 있는 우리에게 전화를 걸어 상황이 어떤지 확인하고는 했다. 레이트 박사는 내게 자기 개인 전화번호까지 알려줬고. 하지만 나는 예후와 불확실성의 문제도 제기하고 싶다. 폴 칼라니티가 말했듯이, 자신에게 남은 시간이 얼마인지 모른다면 어떻게 계획을 세울 수 있겠는가? 일 년? 이 년? 십 년? 물론 원인과 일반적 진행 과정이 잘 알려진 병이라도 사람에 따라 그 병이 어떻게 진행될지를 정확히 예측하기는 어렵다는 건 나도 알고 있다. 하지만 권위 있는 이들에게서 어떤 일들이 예상되는지를, 아니, 일어날 수 있는 일들의 범위만이라도 전해들을 수 있었더라면, 우리가 주도로로 돌아가는 중인지 아니면 숲속 어딘가에서 우리의 여정이 끝날 것인지 알려줄 만한 신호가 무엇인지라도 알았더라면, 마지막 몇 년을 더 잘 헤쳐나갈 수 있었을 것 같다. 그러나 우리는 어둠 속에서 허우적거리며 걷다가 나무 뿌리에 발이 걸려 넘어지면서도 우리가 어느 방향으로 가고 있는지 혹은 가고 있는 거기에 도착했을 때 그곳이 어떤 모습일지도 알지 못했다. 그 시절에는 의사들이 지도이자 나침반이 되어주어야 했으나, 우리에겐 둘 다 없었다.

무엇보다, 가장 절망적인 상황을 제외하고는 거의 모든 상황에서 목숨의 보전을 최상의 목표로 보는 의료체계에 내가 크게 실망했다는 사실을 레이트 박사에게 전하고 싶다. 프로토콜과 최선의 관행이라는 것을 두어 '자살 위험'을 포착하고 그 누구에게도 자기 삶을 끝낼 통제권을 주지 않는 현실에 내가 아주 경악했음을 분명히 표현하고 싶다. 모든 자살이 정신이상의 결과는 아니다. 그러나 자살을 정신병과 동일한 선상에 놓는다면, 어떤 대가를 치러서라도 막아야만 하는 일로 보는 단선적이고 의료화된 관점으로 이어질 수밖에 없다. 이는 우리 사회가 죽음을 상대로 벌이고 있는 헛되고 불합리한 전쟁의 한 부분이다. 어차피 죽음은 막을 수 없으며, 그저 늦출 수 있을 따름이다.

고통과 우울과 지루함을 견디면서, 위신이 추락하고 (자기가 보기에) 쓸모도 없는 존재가 되어 지적 예리함도 잃어가고 거동도 못하며 지내는 인생, 그런 인생을 질질 끌고 가기 싫다는 마크의 합리적인 바람을 병적인 정신으로 간주하는 세상 때문에, 우리는 마크가 직면한 단 하나의 가장 큰 문제에 대해 어떤 지원도 받을 수 없었다. 만약 그가 무슨 일을 계획하는지 내가 어렴풋이 추측하고 있었다는 게 알려진다면, 나는 그를 저지하지 못한 형사과실범이 될 터였다. 그렇기에 우리는 생의 종말에 접근하는 방식에 관해, 그 종말이 어떻게 올지를 스스로 통제하는 일이 가능할지에 관해 나눈 대화가 우리와는 무관한 일이자 오직 지적인 호기심 차원의 논의일 뿐이며 결코 실제 계획과 관련된 건 아니라는 허구를 유지해야만 했다. 그리고 무엇보다, 무엇보다도 내가 제일 화가 나는 건, 그가 혼자 죽어야만 했다는 사실이다. 그의 인생에서 가장 힘들고 가장 외로웠을 그 순간에, 내가 그의 손을 잡고 그의 인생과 우리가 함께한 인생에 관해 이야기를 들려주고, 우리의 모든 세월과 그가 우리를 위해 해준 일에 대해 감사를 전하고, 그가 마음을 놓을 수 있게 아이들과 내가 결코 그를 잊지 않을 거라고, 그래도 우리는 잘 지낼 거라고 말해줄 수 있었다면 나는 기꺼이 그렇게 했을 것이고 그도 그러길 원했을 텐데도. 마지막에 내게는 그에게 줄 만한 것이 별로 남아 있지 않았지만, 그래도 우리를 하나로 묶어주었고 거기까지 함께 가게 해준 접착제를, 남아 있는 그 접착제를 그에게 주었을 것이다. 바로 이야기와 연민을.

파트너의 죽음만큼 이전과 이후를 확연히 구분 짓는 일도 없다. 다시 생각해보니, 첫아이를 갖는 일은 그럴 수 있을 것 같다. 어머니가 되는 일이 그렇듯이 파트너의 죽음이라는 사건도 단순한 에피소드 하나가 아니며, 심지어 대단히 감정적인 에피소드라는 말도 한참 모자라는 표현이다. 워낙 인생 전체에 구석구석 샅샅이 영향을 미치다보니, 그 일은 일종의 경계선—이전과 이후를 나누는 선, 한쪽에서 반대쪽을 보는 걸 어렵게 만드는 것, 사별로 혼자 남은 사람들이 여전히 온전한 관계를 유지하고 있는 친구들의 대륙에서 뚝 떨어져나왔다고 느끼게 만드는 것—이 된다. 이는 그저 감정적인 고통과는 다르다. 아버지가 돌아가셨을 때 나는 끔찍한 슬픔을 느꼈고, 감정적으로 깊은 영향을 받았다. 나의 감정은 여전히 그렇고, 나는 매일 아버지를 그리워한다. 하지만 아버지의 죽음으로는 내 인생이 그리 달라지지 않았다. 업무 시간을 바꿀 필요도 없었고, 재정 상황도 아이들과의 관계도 바뀌지 않았다. 친구관계를 변화시키지도, 내 가치관을 흔들거나 자신감을 빼앗아가지도 않았다. 나는 깊은 슬픔을 느꼈지만, 장례식 이후로는 어머니를 좀더 적극적으로 보살피게 되었다는 정도를 제외하면 대체로 예전처럼 계속 살아갈 수 있었다. 하지만 마크가 죽자 모든 게 달라졌다. 그건 테르미누스 포스트 퀨이었다. 이제는 내가 아이들의 유일한 보호자였고, 앞으로 계속 이 상황이 이어질 것이며 여기에는 실질적인 결과들이 따르리란 걸 알았다. 아이들이 학교에서 돌아와 집에 있을 때면 애들을 돌봐줄 사람이 집에 없으므로 나는 외출할 수 없었다. 침대에만 누워 있을 때도 마크는 최소한 집안에 어른이 있다는 존재감은 줄 수 있었기에, 나는 급히 나가 볼일을 보고 올 수 있었다. 같은 이유로 내 일에서도 이제는 내가 감당해낼 수 없는 부분이 많이 생겼다. 교수로 일하면 보통 콘퍼런스와 회의에 참석해야 할 때도 있기 마련인데, 마크의 병 때문에 아이들을 밤새 두고 갈 수 없게 되었을 때 이미 그런 일은 내가 현실적으로 할 수 없는 종류의 일이 되었다. 이제는 혼자서 어딘가를 갈 수 있으려면 몇 년은 기다려야 할 터였다. 나는 시간제로 계속 일할 수 있도록 학교와 협상했다.

그리하여 나는 마크가 죽고 두 달 뒤 내 마흔아홉번째 생일에 지중해 해안의 바위에 앉아, 명상 앱이나 자기계발 웹사이트의 커버 사진에서 볼 수 있는, 하지만 더 부피감 있는 파도를 보며 파도 소리를 듣고 있었다. 그때 내가 느낀 건…… 뭐였을까? 엄밀히 말해 슬픈 건 아니었지만, 주로 마크에 대한 연민과 존경의 형태를 띤 애도와 비애감이 큰 부분을 차지했고, 그에게 들려줘야 했을, 이제는 결코 들려줄 수 없는 말을 내가 해주지 못했다는 후회도 있었다. 나는 내가 말실수를 하고 있지는 않은지, 과부로서 할일을 제대로 못하고 있는 건 아닌지, 일을 뒤죽박죽으로 만들고 질서를 어그러뜨리고 있는 건 아닌지 염려스러웠다. 마크의 죽음 직후에 나는 주로 나의 미래와 아이들의 미래를 생각했지, 마크에 관해서는 그리 많이 생각하지 않았다. 하지만 두 달 하고도 보름이 지난 이때는 마크 생각을 많이 했다. 거의 매일 밤 그의 꿈을 꿨다. 자주 꾸는 꿈은 그가 사실은 죽지 않았다는 꿈이었다. 무언가 착오가 있었는데, 우리는 이미 장례를 치르고 이제 우리 삶에 그가 없는 것처럼 살고 있었기 때문에 많은 게 꼬여버렸다. 그의 옷들을 다시 찾아와야 했고 은행에 연락해 그의 계좌를 다시 열 수 있는지 알아봐야 했다. 대부분 매일 밤 내가 마지막으로 하는 생각은 마크의 죽음에 관한 생각이었다. 집에 들어와 "안녕, 나 돌아왔어!" 하고 소리치던 장면을 수십 번 다시 재생했다. 그런 다음 "마크?". 그리고 정적. 아, 마크. 눈물이 차올랐고 정신을 차리려 애썼다. 나의 비애는 그가 겪어야만 했던 일, 그의 육체적 시달림과 감정적 고통에 대해 느끼는 감정이었다. 하지만 그건, 그 시점에는 그가 그리워서 오는 감정은 아니었다. 나는 그가 그립지 않았다. 아니, 아직은 그랬다. 내게 아쉽고 그리웠던 건 내가 가질 수 있기를 바랐던 종류의 인생, 우리가 가질 수도 있었을 사랑으로 맺어진 친밀한 가족 간의 유대였다. 그러나 우리 가족의 삶에서는 이미 오래전부터 그런 유대를 느낄 수 없었다. 정서적 유대는 나를 아이들에게 묶어주고 아이들을 서로에게 묶어주었지만, 마크는 그 그물망 속 한 부분으로 깊이 들어온 적이 없었다. 아이들과 나는 이제 그 어느 때보다 더 단단히 결속된 4인조가 되었다.

때로는 혼자서 어떻게 헤쳐나가야 할지 몰라 휘청거릴 정도로 불안한 마음이 들었다. 그러면 한밤중에 아이들이 깨지 않도록 조용히 울었다. 때로 이 눈물은 불안, 변화에 따른 이질감, 혼자인 상태, 혼자서 미래를 직면해야 한다는 사실 때문에 흐르는 눈물이었지만, 이제 내 미래를 생각할 때면 내가 과부라는 사실과 함께 얼마간의 물질적 안정이 내게 준 자유와 독립성에 대한 안도감을 더 자주 느꼈다. 하지만 두려움도 있었다. 필멸성과 육체의 쇠퇴가 너무나 강렬히 나를 에워싸고 있었으므로, 나 자신의 죽음도, 혹은 더 가능성이 크고 더 나쁜 일로 나의 치매도 가깝게 느껴졌기 때문이다. 나는 죽었거나 죽어가는 사람들 사이에서 너무 오래 살았다. 그래선지 어떤 때는 내 아이들이 자랄 때까지 살아서 곁에 있어줄 가능성이 아주 작을 것만 같았다.

무슨 일이 일어났는지 한 번에 몇 시간씩 잊어버리고 지낼 때도 종종 있었다. 하지만 어떤 때는 그 기억이 나를 완전히 집어삼켰다. 나는 길에서 옆을 지나가는 사람 혹은 도서관에서 내 뒤에 줄 서 있는 사람의 얼굴에 대고 소리치고 싶었다. "이봐요, 나한테 무슨 일이 일어났는지 알아요? 내 남편이 죽었어요! 난 아직 사십대인데 말이에요! 아이들도 아직 어리다고요!" 그가 죽고 두 달 반이 되었던 이때는, 그게 나에 관한 가장 중요한 일 같았다. 사별로 푹 파인 우리의 구덩이 위에는 아직 풀이 자랄 기미도 없었고, 다시 메우는 과정은 이제 막 시작됐을 뿐이었다. 하지만 첫 임신을 하고 이어서 레이철이 태어났을 때도 이런 감정을 느꼈던 게 기억난다. "저기요, 내가 엄마라는 거 알아요? 나한테는 아주 작은 아기가 있는데, 걔가 내 몸에서 나왔다고요!" 시간이 지나면서 일대기를 이루는 그 조각들은 나로 존재하는 일의 정상적인 경험의 부분으로 자리잡는다. 여전히 내 정체성을 이루는 의미심장한 부분들이지만, 가장 중요한 부분은 아닌 것이다. 그러니 시간이 흐르면 내가 과부라는 사실도 내 자아의식에서 조금은 뒤로 물러나, 그저 과거에 일어났던 일 중 하나가 되면 좋겠다. 내 인생에 얼마나 사건 사고가 많았는지, 그리고 최근에는 내 인생이 얼마나 통속극 같았는지 생각해보았다. 죄다 과장스러운 것 같고 그리 고상하다고 볼 수도 없을 통속극. 어렸을 때 나는 내 인생이 사건과 모험으로 가득하기를 바랐고, 단지 위대한 성취와 행복한 휴일만이 아니라 강렬한 감정, 온갖 종류의 사람과 관계로 이루어지기를 바랐다. 온통 햇빛과 튤립과 커스터드뿐인 인생은 한 번도 원한 적이 없었다. 그런 건 사는 것이 아니다. 적어도 풍요롭게 사는 삶은 아니다. 결이 있는 삶도 아니다. 나는 만물이 어떤 느낌인지 알고 싶었다. 사랑스러운 것들뿐 아니라 특별한 것들, 비범한 것들이. 『물개와 수영하기Swimming with Seals』에서 빅토리아 위트워스는 원초적 공포를 되찾고자 하는 욕구에 관해 이야기한다. 어둠 속 위험한 존재들에 대한, 알 수 없는 깊이에 대한, 그리고 최종적으로는 죽음 자체에 대한 공포. 그 공포를 정복하기 위해서가 아니라, 공포의 지도를 만들기 위해서. 나는 걱정이 많은 사람이다. 미래에 관해, 내 가족, 내 건강, 가족의 건강에 관해, 그리고 우리에게 충분한 돈이 있을지, 보일러가 또 고장나지 않을지, 차에서 나는 저 소음은 뭔지 걱정한다. 무엇보다 내가 사랑하는 사람들이 죽을 일을 걱정한다. 나는 그 일이 일어날 수 있는 방식으로 어떤 것이 있을지 꼽아본다. 더 잘 대비하려고 그러는 것도 아니고, 어떤 실용적인 목적이 있어서도 아니다. 그냥 그 생각을 머리에서 몰아낼 도리가 없어서다. 나는 그 땅의 지도를 그리고, 그 해저에 암초와 해구가 숨어 있지 않은지 조사하지 않고는 못 배긴다.

그러니까, 나는 내가 원했던 것을 받고 있나보다. 너무 많은 걸 경험한 삶이 경험이 너무 적은 삶보다는 낫다. 내 인생—가소로운 참새의 가망 없는 비행 같은—은 너무나 위태롭고 너무나 제한적이어서, 구할 수만 있다면 무엇으로라도 이 인생을 채우고 싶다. 기쁨과 환희뿐 아니라 비극과 슬픔, 좌절도 포함해서. 마지막 몇 년이 나에게 어떤 영향을 주었는지, 내가 무엇을 얻었고 무엇을 잃었는지 알려면 몇 달, 어쩌면 몇 년이 걸릴지도 몰랐다. 나는 아직도 모른다. 그 땅이 새로운 지형을 갖추며 정착되었을 때, 내가 그 모든 감정과 지루함과 그 모든 일에 들어간 시간의 형태와 의미를 빚어내고, 어떤 사건들은 잊고 또 어떤 사건들은 재배열하거나 다듬어 좋은 서사를 만들어냈을 때, 그때 나는 어떻게 변해 있을까? 정말이지, 그때 나는 어떤 사람이 되어 있을까? 연민이 더 깊어진 사람, 더 관대하고 더 현명하며 스트레스와 실망을 더 잘 소화할 수 있는 사람이 된다면 좋겠다. 하지만 결국 내가 사랑이란 게 지속될 수나 있는 것인지 의심하는 변함없이 냉소적인 사람, 죽음이나 파국 앞에 놓이지 않은 사람들의 사소한 문제는 참고 봐주지 못하는 사람이 된다면? 혹시 치매나 암에, 혹은 예상한 것보다 훨씬 강력한 역경에 굴복하게 될 때까지 내게 남은 시간이 너무 적다면, 그래서 내가 어떤 사람으로 변할지 알 수 있을 만큼 충분한 시간이 남지 않았다면? 나는 내가 죽어가는 꿈을 꾸었다. 꿈속에서 나는 말했다. "나를 살게 해줘서 감사합니다." 하지만 누구에게 한 말인지는 나도 모른다.

우리가 크레타섬에 갔을 즈음, 나는 마크의 아내로 산 시간의 다섯 배가 되는 시간을 마크의 과부로 보낸 터였다. 하지만 아무리 짧은 기간이라도 그의 아내였기에 지금 나는 합법적으로 내가 과부라고 말할 수 있다. 마크의 죽음으로 우리 둘 다 새로운 캐릭터가 생겼다. 나는 비극적인 젊은 과부가 되어 있었고, 사람들은 자기가 나의 슬픔을 잘 알고 있다고 생각했다. 오랜 친구들, 친척들, 친한 친구들과 내가 모르는 사람들이 보낸 수많은 동정의 카드와 편지는 조금은 다른 마크를 구축해냈다. 그가 아닌 것도 아니고 누군가 다른 사람인 것도 아니지만 미묘하게 다른, 어쩌면 부분적인 마크였다. 사자의 부활에 대한 존 버니언의 은유를 빌려 쓰자면, 마크는 '설탕을 입힌 과일'이었다. 알맹이가 마크라는 건 알아볼 수 있지만, 달달하고 환하고 빛나게 변한 마크 말이다. 그리고 마크의 이야기를 순전히 생의 마지막 국면과 죽음에 관한 서사로만 만들고 있는 나도 알고 보면 그들과 다를 바 없는 짓을 하고 있는 셈이다. 내가 크레타섬에서 일주일을 보낼 때 읽은 또 한 권의 책인 재키 케이의 소설 『트럼펫Trumpet』은 스코틀랜드의 흑인 재즈 뮤지션에 관한 이야기다. 70세의 나이로 사망한 뒤, 그가 결혼도 하고 입양한 아들도 있는 남자로 살아왔지만 생물학적으로는 여자라는 사실이 밝혀진다. 우리는 주인공 조스를 다른 사람들이 하는 이야기와 그에 관한 인상을 통해서만 만나볼 수 있다. 소설은 그의 죽음 뒤 추문의 당사자가 아닌 그저 한 사람의 과부로 취급되길 원하는 아내의 슬픔에 관한 이야기이며, 배신감과 분노를 느끼는 아들에 관한 이야기, 그리고 그의 삶을 선정적으로 풀어내 팔아먹으려 하는 저질 기자에 관한 이야기이다. 이 소설에서도 중심을 차지하는 정체성과 인종, 젠더의 문제는 케이가 주로 다루는 주제다. 나에게 이 소설은 사람들이 세상을 떠난 뒤에 우리가 그들에 관한 새로운 이야기, 새로운 정체성을 어떻게 만들어내는가 하는 이야기이기도 했다. 이 소설의 경우, 쓰레기통을 뒤지는 그 기자의 기사에서 조스는 살아생전의 그와는 전혀 다른 존재가 될 수도 있다. 남자가 아니라 여자가 될 수도 있는 것이다.

크레타섬에서 나는 내가 죽음과 죽어감에 관해 너무 많이 겪었다는 자각이 들었다. 한동안은 살아 있는 존재의 세계에 있고 싶었다. 다음 연구 프로젝트에서는 죽음을 다루지 않기로 마음먹었다. 나중에 다시 그 주제로 돌아갈 수는 있겠지만, 지금 당장은 내 연구가 유골이 아니라 살아 있는 존재에 관한 것이기를 바랐다. 나는 틀니의 역사를 연구할 새 프로젝트에 관해 몇 가지 메모를 해두었다. 그 연구는 유쾌할 것 같았다. 나의 새 철학은 폴 칼라니티의 글에서 가져온 것이었다. "성찰되지 않은 삶은 살 가치가 없다고 하는데, 그렇다면 살지 않은 삶은 성찰할 가치가 있는 것인가?" 나는 아이들이 바닷속에서 장난치며 노는 모습을 지켜봤다. 건강하고 활기찼다. 내 폐에 공기가 들어차는 느낌에, 선크림 냄새에, 목소리와 파도와 누군가의 핸드폰 스피커에서 나오는 유로팝이 섞인 소리에 주의를 집중하려 애썼다. 나는 어둠을 밀어낼 필요가 있었다. 바로 눈앞에 있는 강력한 것들로, 시럽이 발린 작은 페이스트리와 내 얼굴에 내리쬐는 햇빛의 열기로, 그레그가 괜찮으니 밀어보라고 내민 한쪽 눈썹을 레이철이 정말로 밀어버려서 다 같이 웃고 있는 내 아이들로.

이성적으로, 나는 전혀 죄책감을 느끼지 않았다. 이성적으로는 스스로 삶을 마감하는 것이 그 상황에서 마크가 할 수 있는 최선의 일임을 알았다. 하지만 또 한편으로는 그가 계속 살아 있도록 내가 더 노력했어야 하는 게 아닌가 하는 생각도 든다. 혼자서 일을 처리하려 하지 말라고 그를 설득하려 노력했어야 하는 게 아닐까? 그날 밤 그를 혼자 남겨두지 않고 곁에서 제대로 지켜봤어야 했던 건 아닐까? 아, 마크. 나는 내 의무를 다했다며, 그가 나를 그리 다정하게 대하지도 않았고 내가 그를 그리 좋아하지 않았을 때도 그의 곁에 머무르면서 보살폈다며 나를 다독였다.

나는 또 그에게 잔인한 말도 했고 화도 냈다. 그를 돌보는 일이 내게 희생을 강요한다는 걸 그가 알게 했다. 혼자서 집과 정원과 가족을 돌보느라 내가 얼마나 힘들어하는지 그가 꼭 보게 했다. 그런 일이 그리 오래가지 않으리라는 걸 알았더라면, 더 친절히 대할 수 있었을 텐데. 다른 한편으로는 이런 생각도 한다. 훨씬 더 나쁘게 굴 수도 있었고, 그러길 원하기도 했다고. 나는 때때로 도망치고 싶었지만, 그래도 남아 있었다. 그를 보살피고, 그와 이야기를 나누고, 그의 치료를 위해 필요한 일들을 하고, 그러면서 나의 의무를 다하고 있는 거라 느끼며 나와 아이들을 위한 많은 기회를 놓아버렸다. 내 인생의 형태가, 내 가정과 경력과 시간을 보내는 방식이 그의 필요에 따라 결정되도록 허용했다. 나는 많은 일을 참아냈다. 이 이야기에서 나는 악당이 아니다. 그리고 그 역시 악당은 아니었다. 그는 참을 수 없는 압박에 짓눌린 사람이었다. 그가 치른 대가는 터무니없이 과도했다. 한마디로 부당한 일이었다.

우리가 크레타섬에서 돌아온 날, 레이철이 내게 책 한 권을 건네줬다. 최근에 출간된 단편집으로, 몇 달 전 마크가 레이철에게 내 생일날 전해주라고 맡겨둔 것이라 했다. 딱 내가 좋아할 만한 종류의 책 같았다. 책 앞장에 그는 이렇게 썼다. 세라에게. 생일인지 뭔지 축하해…… 사랑 잔뜩과 모든 것에 대한 감사를 담아, 마크. 나는 울었다. 너무나 다정한 선물이어서, 그가 그때 내 곁에 없을 것을 계획했다는 사실을 알게 돼서, 그리고 그가 남긴 게 원망이나 비난의 메시지가 아니어서. 그건 용서처럼 느껴졌다.

◆

21

두번째 유해

마크는 죽던 날 밤에 남긴 편지에서 자기 시신을 존 래드클리프 병원의 연구자들에게 기증해달라고 부탁했고, 나는 부검 후에 병원 사람들이 그의 시신을 수습해 옥스퍼드로 가져갈 수 있도록 조치했다. 레이트 박사와 나는 상세한 내용까지 이야기하지는 않았기 때문에, 그들이 시신 전체를 가져갈 것이고 그들에게서 다시 연락받을 일은 없으리라고 생각했다. 나는 곧바로 레스터 길드홀에서 시신 없는 장례식을 준비했고, 음악과 이야기로, 이어서 많은 음식과 술로 장례식을 치렀다. 그런데 이런 일이 모두 끝난 뒤에, 마크의 시신을 어떻게 하길 원하느냐는 전화를 받고 깜짝 놀랐다. 알고 보니 존 래드클리프 병원에서는 그의 뇌와 척수만 가져갔고 나머지는 아직 주 검시소에서 보관하고 있다는 것이었다. 우리는 이미 장례식을 치렀고, 나는 길드홀에서 했던 예식이 우리가 마크에게 한 공식적 작별인사라고 느꼈다. 단체로 하는 의식을 또다시 열고 싶지는 않았다. 이러한 뜻밖의 상황 전개가 좀 당황스러웠고, 정통 방식으로 일을 처리하지 않음으로써 내가 또다시 일을 망쳐버린 게 아닌가 하는 습관적 불안이 솟아오르는 걸 느꼈다. 마크의 시신이, 어쨌든 그 남은 부분이 난처한 존재가 되어버린 것이다. 마크보다 몇 달 전에 세상을 떠난 데이비드 보위가 따로 장례식을 열지 않고 화장했다는 기사를 읽은 기억이 났다. 그래서 장례식 없는 화장을 전문으로 하는 회사에 전화를 걸었다. 이 회사는 단종되고 남은 재고이거나 주문이 잘못되어 버려질 뻔한 관을 찾아내서 장례식이나 추도예배 없이 화장하는 시체에 사용하고, 지역 내 화장장 가운데 시간적·공간적 여유가 있는 곳을 찾아내서 화장을 진행한다. 그들은 마크의 남은 시신을 더비셔에서 화장할 수 있게 일정을 잡았다. 며칠 뒤 나는 업계에서는 화장한 재라고 부르지만 내게 전화한 화장장 안내인은 내 사랑하는 사람의 유해라고 예의바르게 일컬은 것을 찾으러 더비셔의 화장장으로 차를 몰고 갔다.

그로부터 삼 년 전 인본주의 장례 주례자로 훈련을 받을 때, 코번트리 근처의 한 화장장 안쪽을 견학한 적이 있다. 관이 커튼 뒤로 들어가거나 예배당 밖으로 운반하는 컨베이어벨트에 실려 시야에서 사라질 때 곧바로 소각로로 들어가는 건 아니다. 대개 시신은 그날의 장례식이 다 끝나고 난 저녁에 태운다. 화장장 작업자들이 관을 소각로로 밀어넣고, 목재와 살, 대부분의 뼈가 다 소각될 때까지 불에 태운다. 재가 충분히 식고 나서 커다란 자석으로 금속덩어리(임플란트, 관 부품 등)들을 골라낸 뒤 남아 있는 상당량의 고형물을 '화장용 분쇄기'에 넣으면, 덩어리들과 뼈 파편들이 분쇄되어 원래의 해부학적 형태를 알아볼 수 없는 가루가 된다.

내가 화장장에 마크의 유해를 받으러 갔을 때, 안내데스크에 있던 여성이 커다란 크림색 종이상자를 가져오더니 뚜껑을 열어 그 안에 흰색과 회색의 모래 같은 알갱이들이 비닐봉지에 담겨 있는 걸 보여주었다. 마크였다. 안내인은 다시 상자 뚜껑을 덮고는 결혼 선물을 줄 때 쓸 만한 튼튼한 선물용 종이가방에 상자를 넣었다. 만약 우리가 답례품을 준비할 법한 결혼식을 했더라면 우리 역시 선물을 담는 데 썼을 법한 그런 가방이었다. 상자는 놀라울 정도로 무거웠다. 나는 늘 맥락 없이 따로 떼어져 인용되어 감상적 효과를 내는 데 쓰이는 필립 라킨의 시구 "우리에게서 살아남을 것은 사랑이다"를 생각했다. 하지만 약 2.7킬로그램 혹은 체중의 3.5퍼센트도 살아남는다. 나는 온라인에서 유족이 적합한 용량의 유골단지를 고르는 걸 돕기 위해 체중 대비 화장 후 남는 재의 질량을 알려주는 표를 발견했다. 어린아이의 몸에서 나오는 재의 무게를 나이와 성별에 따라 정리해둔 표도 있어서, 가령 12세 여아의 경우에는 2.25리터 용량의 단지가 필요하다는 걸 알 수 있다. 맙소사.

나는 조수석에 마크를 놓고 집으로 차를 몰았다. 더운 날이었다. 2016년의 5월, 6월, 7월에 대한 기억은 모두 더운 날이었다는 것이다. 나는 주요 간선도로에서 제일 먼저 눈에 들어온 출구로 빠져나가 목적지 없이 작은 시골길을 따라 달리다, 어느 숲에 도착해 웃자란 풀밭 가장자리에 차를 세웠다. 마크를 차 안에 남겨둔 채 산울타리를 넘어 들어가 숲속을 걸으며 작은 시냇물을 따라 올라가다가 비탈진 들판을 만났다. 들판의 반대편 가장자리는 긴 승마용 잔디트랙과 맞닿아 있었다. 나는 햇빛 아래 풀밭에 앉아 나비들을 바라보았다. 문득 그 자리에 클로버가 잔뜩 자라고 있는 게 눈에 들어왔고, 네잎클로버도 많이 보이길래 아이들에게 가져다주려고 몇 개를 땄다. 따뜻한 햇살 속에서 행복함이 느껴졌다. 그러다 다시 불안해지면서 남편의 재를 집으로 가져가는 길이 햇빛과 나비와 네잎클로버의 순간이 되는 것은 적절하지 않다는 생각이 들었다. 나는 차로 돌아와 네잎클로버 하나를 마크가 든 가방에 넣었다. 화장을 주제로 한 아상블라주.

집으로 돌아와 선물 가방을 식탁 위에 올려놓았다. 마크와 나는 재를 뿌리는 일에 관해서는 이야기를 나눈 적이 없었다. 나는 우리에게 특별했던 장소들을 생각해보았지만, 내 친구 알렉스의 아버지가 돌아가셨을 때 당신이 어린 시절에 사랑했던 언덕에 재를 뿌려달라고 부탁했다던 이야기도 생각났다. 그 언덕은 남은 아내나 자식들이 살고 있는 곳과는 제법 먼 곳이었는데도 말이다. 알렉스는 아버지가 관념상 '존재하고 있을' 장소가 없다는 게, 자기가 찾아가 아버지에게 말을 걸거나 혹시 미래에 약혼녀나 아이를 데려갈 장소가 없다는 게 아쉽다고 말했었다. 이 년 전에 나는 레스터에서 추도용 문신을 전문으로 하는 문신 아티스트와 인터뷰한 적이 있었다. 친지나 반려동물의 재를 문신용 잉크에 섞어 그걸로 남은 사람의 몸에 초상화를 그리거나 글자를 새기는 방식이었다. 마크의 기억이 글자 그대로 내 피부에 새겨진다는 생각이 마음에 들었지만, 사실 나는 문신을 할 만한 유형은 아니다. 얼마간 재가 든 가방은 옷장 맨 윗단에, 겨울용 침대보와 내가 머리카락을 염색할 때 입는 낡은 가운 옆에 두었다.

결국 아이들과 나는 웨일스에서 우리가 함께 살았던 첫 집 옆을 흐르는 작은 강에 재의 절반을 뿌리고, 나머지 절반은 우리 집과 좀더 가까운 곳에 있는 삼림지에서 우리가 마크를 기리며 그에게 헌정한 작은 땅에 뿌렸다. 우드랜드 트러스트˚가 그곳에 추모 기둥을 세워주었다. 이후 여러 번 그곳에 갔는데, 매번 그와 이야기를 나눌 수 있다는 게 기뻤다. 주위를 맴돌다 발이 걸려 비틀거리거나 나무 기둥을 상대로 손짓발짓하고 눈물까지 글썽이며 불만을 늘어놓는 모습을 보이기는 했지만 말이다. 그래도 개와 산책하다가 우연히 옆을 지나던 사람들은 세심하게도 그런 나를 못 본 척해주었다.

청동기 독일 땅에서는 때로 화장한 사자의 재를 모아 특별한 화장단지에 넣었다. 사람 얼굴을 닮은 모양의 이 단지들은 어떤 사람을 나타내는 작은 대리물처럼 보였다. 단지의 내용물을 조심스럽게 꺼내본 고고학자들은 안에 들어 있는 뼛조각들이 다리뼈인지 척추뼈인지 두개골인지 등을 살펴본 결과, 그 단지 안에는

˚ 영국 최대의 삼림 보호 자선단체. 전국 곳곳에 보유한 삼림지의 일부를 일정 비용을 받고 추모용 공간으로 사용하게 해준다.

뼈들이 해부학적으로 정확한 순서로 들어 있음을 알 수 있었다. 요컨대 맨 밑에는 발가락뼈가, 맨 위에는 두개골 조각이 있는 식이었다. 단지 안에서 살아 있는 상태의 몸과 최대한 비슷한 형태가 유지되도록 재와 유골을 조심스럽게 담아둔 것이다. 그 청동기 사람들은 삼천 년도 더 전에 점토와 재로 죽은 사람과 닮은 상을 만들어냈다. 나는 그 충동을 잘 이해할 수 있었다. 인류학자 앨프리드 젤은 '허물'이라는 개념을 제시했다. 허물이란 어떤 사람의 역할을 하는 것, 세상으로 나가 그를 대리하는 그 사람의 흔적들과 산물들이다. 마크의 허물에는 그가 발표한 글, 아빠 상자에 들어 있는 선물과 사진과 기타 유품, 그의 체스판, 그 밖에 무덤이 있었다면 들어갔을 부장품들이 포함된다. 그 청동기의 화장단지들도 그런 허물 또는 대리물이며, 우드홀 스파의 숲속 나무 사이에 서 있는 추모 기둥 역시 그렇다.

자살에 따른 사별은 유난히 더 괴로울 거야. 한 친구가 위로 카드에 쓴 말이다. 분명 죄책감과 분노가 아주 클 테니. 당시 나는, 죄책감도 분노도 느껴지지 않는데, 하고 생각했다. 지난 몇 년 줄곧 나를 따라다녔던 화가 마침내 사라진 터였다. 이제 화를 낼 상대가 없어졌는데 누구한테 화를 내겠는가? 그리고 만약 마크가 속죄해야 할 일이 있었다 해도, 그가 거기서 무엇을 더 할 수 있었겠는가? 나는 오래된 원망 같은 걸 표출하고 싶은 마음은 전혀 없었고, 그의 유해를 끌어내고 그 위에 내 보트를 털퍼덕 올려놓고 싶은 욕구도 전혀 없었다. 몇 년 만에 처음으로 내 목을 옥죄고 어깨를 딱딱하게 만드는 울분이 느껴지지 않았다. 그보다는 그저 속이 텅 비어버린 듯 기진맥진하고 아무 의욕도 기력도 없어서, 몇 시간씩 소설을 읽거나 텔레비전을 보는 일밖에 할 수 없었다. 그러다 사이사이 폭발적으로 기운을 내 정리를 했다. 아주 단순한 정리만 할 수 있었지만 말이다. 뭐라도 어려운 일을 해보고 싶은 마음이 들기까지는 일 년 정도가 걸렸다. 움직이고 싶은 욕망, 물건을 정리하고 싶은 욕망은 유산한 후 사진을 대대적으로 정리했던 그때와 같은 마음이었다고 생각한다. 그건 뭐라도 해보려는 충동, 내게 통제할 힘이 하나도 없는 상황에서 뭐라도 통제해보려는 시도였을 것이다.

그러면 죄책감은 어땠을까? 자살 유족이 죄책감을 느끼리라 예상하는 사람은 그 카드를 써 보낸 친구만이 아니었다. 정신과 의사들에게 들려주는 전문적 조언을 종합한 자료를 보면, 사람들에게는 자살에 대해 탓할 사람을 찾으려는 경향이 있음을 강조하고 있다. 표적은 죽은 당사자일 수도 있고, 뭔가를 놓친 의사이거나 자살자를 충분히 도와주지 못했거나 안 그래도 자살 충동이 있는 사람을 어떤 식으로든 벼랑 너머로 밀어버렸다고 여겨지는 친구 혹은 친지일 수도 있지만, 가장 흔한 경우는 유족이 자신을 비난하는 것이니 심리치료사는 그런 상황을 예상하고 있어야 한다는 내용이었다. 보아하니 자기비난은 아주 흔하고, 거기에는 죄책감이 따라오는 모양이다. 심리상담사들은 유족이 자살한 사람과 자기 사이에 있었던 상호작용을 계속 곱씹는다고 배운다. 그들은 이런 의문을 품는다. 내가 달리 할 수 있었을 일이 있지 않았을까? 내가 상황의 심각성을 알아보지 못한 걸까? 내가 시비조였나? 너무 매정했나? 너무 몰아세웠나? 내가 한 말이 그를 낭떠러지 너머로 밀어뜨린 걸까? 그날 아침 우리가 서로 그렇게 퉁명스럽게 굴지 않았더라면, 내가 잊지 않고 굿바이 키스를 해주고 사랑한다고 말해줬더라면, 내가 외출하지 않았더라면 혼자 남은 그가 절망의 소용돌이에 휩쓸려 들어갈 일도 없었을까, 등등. 하지만 내가 자살사별 페이스북 그룹에서 지켜본 바에 따르면, 생존자 사이에서 가장 자주 논의되는 문제는 죄책감과 자기비난이 아니다. 그것은 다름 아닌 낙인이다. 최악은 죄책감을 느끼는 게 아니라, 우리가 죄책감을 느껴야 한다는 다른 사람들의 생각을 느끼는 것이다. 다시 말해서 내 친구가 보낸 카드는 의심의 여지 없이 가장 친절한 의도로 쓴 것이고 나를 이해한다는 걸 보여주려는 의도였겠지만, 결국 내 기분을 더 망쳐놓기만 했다. 그 친구는 내가 죄책감을 느껴야 마땅하다고 생각했을까? 내가 비난받아야 한다고 생각했을까? 내 남편의 죽음은 그를 살려두지 못한 내 실패로 이해해야 하는 일이었을까?

열한번째 생일 이틀 뒤에 아빠 없는 아이가 된 그레그는 마크의 죽음 앞에서 놀라운 감정이입을 보여주었다. "난 아빠가 죽기를 선택했다는 걸 알고 마음이 놓였어요. 아빠가 살고 싶어했는데 살지 못한 거라고 생각하면 더 마음이 아플 거예요."

나는 죄책감을 느끼지 않지만, 죄책감을 느끼는 게 맞는지 알고 싶기는 하다. 왜냐하면 내가 그러려고만 했다면 그의 자살을 막으려 시도할 수도 있었기 때문이다. 나는 마크가 자살을 생각하고 있다는 걸 알고 있었다. 그의 우편물을 확인하고 침대 옆 캐비닛을 뒤져볼 수도 있었을 것이다. 펜토바르비탈이 든 꾸러미를 받지 못하게 할 수도 있었을 것이다. 그가 절대 혼자 집에 있는 일이 없도록 할 수도 있었을 것이다. 그러지 말라고 애원해볼 수도 있었을 것이다.

내가 죄책감을 느낄 이유도, 부끄러워할 이유도 없다고 주장할 수는 없다. 내겐 그럴 이유가 많으니까. 하지만 마크는 나 때문에 죽은 게 아니다. 어쨌든 나는 그의 죽음이 내가 더 철저히 감시하거나 그가 심리적 도움을 받게 함으로써 피할 수도 있었을 비극이라는 생각은 받아들이지 않기로 했다. 나는 이 낙인을 당당히 거부한다. 나는 사람들이 그가 어떻게, 왜 죽었는지 알았으면 좋겠다. 나는 마크와 그의 용기가 자랑스럽다.

마크가 택한 죽음의 방식을 지칭하는 단어가 없다는 것도 문제 중 하나다. 그는 어떤 조력도 얻지 않았으니 그의 죽음은 조력사망이 아니다. 우리에게는 자살 말고 다른 단어가 필요한지도 모른다. 마크는 자살한 게 아니야, 하고 나는 카드를 보낸 친구에게 말하고 싶었다. 그 시점에 우리에게서 희망이 사라진 것은 확실했지만, 그것은 회피나 절망의 행위가 아니었다. 그의 죽음은 용기와 사랑의 행위였다. '자살'이라고 하면 사람들은 다른 면에서는 다 건강한 사람이 극심한 우울증에 무너져서 저지르는 절망적인 행위라고 생각한다. 이런 자살이 비극인 이유는 제대로 된 도움을 받는다면 피할 수 있는 일이기 때문이다. 우울증을 치료할 수도 있을 테고, 상황이 나아져 행복한 인생을 여러 해 더 누릴 수도 있을 것이다. 내 친구 중 또 한 명의 젊은 과부는 바로 이런 비극을 겪었다. 친구의 남편은 도박에 중독됐는데, 가장 가까운 사람들에게도 이를 숨겼다. 그는 빚을 갚으려고 자기 돈이 아닌 돈에 손을 댔다. 거짓말로 핑계를 대어 친구들과 친척들에게 돈을 빌렸고, 동네 모임의 회비도 가져다 썼다. 물론 그는 그 돈을 다시 채워넣을 수 없었다. 그리고 곧 회계감사가 있을 것이며 횡령이 밝혀지리라는 사실도 알고 있었다. 그는 무슨 일이 있었는지, 자기가 어떤 곤경에 처해 있는지 아무에게도, 심지어 아내에게도 말하지 않았다. 대신 휫비로 여행을 가서 휫비 애비 남쪽의 높은 절벽에서 뛰어내렸다. 내 친구는 그날 오후 자기 베개 위에 쪽지를 남겨두었다는 남편의 마지막 문자메시지를 받고 점점 공황이 닥쳐왔던 것을 기억하고 있다. 그는 전화를 받지 않았고, 친구는 뭔가 무서운 일이 일어났다는 느낌이 들었지만 어쨌든 참석 중이던 아들의 학부모 행사에 신경을 쓰려고 애썼다. 친구가 너무 불안해하고 정신이 나간 것처럼 보여, 아들의 담임선생님이 나서서 가족과 경찰에 전화를 걸어주었다. 그날 밤 남편의 시신이 발견됐다. 한 농부가 낭떠러지 가는 길 쪽에 있던 그가 사라진 걸 알고 해안경비대에 연락했는데, 농부가 눈여겨보지 않았다면 시신을 수습하지 못했을 수도 있다. 그의 죽음 이후 그의 재정 상태와 어디까지 사람들을 속여왔는지가 드러났다. 연루된 돈은 결국은 탕감되었다. 십일 년이 지난 지금도 내 친구의 슬픔과 좌절감은 갓 생긴 상처처럼 쓰라리다. "우리가 해결할 수도 있었을 텐데" 하고 친구는 말하곤 한다. 그가 공금에 손을 댔던 크리켓클럽의

회장은 친구에게 이렇게 말했다. "처음에는 그 사람이 한 짓을 알고 화가 났어요. 하지만 생각해보니, 우리는 돈을 좀 잃었을 뿐이지만 당신의 아들은 아버지를 잃었고 그 사람은 자기 목숨을 잃었잖습니까." 그들은 아직 구할 가능성이 있었던 미래를 도둑맞은 것이다.

마크 같은 상황의 사람들은 그들과는 경우가 다르다. 아홉 달 뒤, 마크의 사인 심문에서 검시관은 사망신고를 받고 출동했던 경찰관 및 마크의 시신을 검사한 병리학자와 독물학자가 제출한 보고서들과, 그 상황과 그의 죽음 이전에 있었던 여러 사건에 관한 나의 진술을 검토했다. 그로부터 두어 주 전에 검시관이 나에게 병리학자의 보고서를 보내주었다. 보고서를 보니 기이하게도 병리학자는 마크가 자연사했으며 구체적 원인은 심장기능상실이라고 결론 내렸다. 어리둥절했다. 스스로 생을 끝내기로 결심하고 목숨을 끊기 위해 강력한 약을 먹은 남자가, 우연히도 이전부터 존재했으나 진단되지 않았던 심장병으로 죽을 수 있다는 건가? 두어 달이 지나서야 분명한 정황이 밝혀졌다. 알고 보니 아무도 병리학자에게 마크의 상황을 말해주지 않았던 것이다. 병리학자 입장에서 보면 마크는 침대에서 이유도 알 수 없이 사망한 사람이었다. 펜토바르비탈에 의한 사망은 워낙 드문 일이라, 인체의 펜토바르비탈 농도를 측정하는 표준방법이 존재하지 않는다. 법의학 독물학자들도 구체적으로 요청받을 때만 그 약의 흔적을 조사한다. 일반적인 검시에서는 더 흔한 사인만을 탐색한다. 이 병리학자는 마크의 심장 상태가 나쁘다는 사실을 발견했다. 심장기능

상실로 인한 죽음으로 보는 것이 합리적인 결론일 정도로 울혈이 심각한 상태였다. 마크가 그날 밤 고의로 목숨을 끊지 않았다면, 이후 몇 주나 몇 달 안에 심장이 항복했을 수도 있다.

나는 다가오는 사인 심문이 두려웠다. 그 보고서들을 미리 다 보았으니 놀랄 일은 거의 없었는데도. 링컨셔의 검시법정은 링컨대성당 근처 한 건물, 목재널로 벽을 마감한 엄숙한 분위기의 방에서 열린다. 당일에 가족 참석자는 시누이 수전과 나뿐이었고, 그 외에는 전문가 증인들, 검시관, 검시관의 조수와 서기관이 다여서 법정은 대체로 휑했다. 전문가 증인들은 각자 보고서를 제출했지만, 내 진술서는 검시관의 조수가 낭독했다. 유가족과 친지가 심적으로 너무 불안정해 말하기 어려워하는 상황에 익숙해서인 듯했다. 그런 다음 예상대로 검시관은 자살에 의한 사망이라는 평결을 기록에 올리겠다고 말했다. 내게는 그게 너무 잘못된 일로 느껴졌다. 마크의 죽음이, 자신의 재정적 추문이 밝혀질 것 같자 절벽에서 뛰어내린 사람이나 도저히 우울증에서 벗어날 길이 보이지 않아 차고에서 목을 맨 사람의 죽음과 아무런 차이도 없다는 말인가. 검시관이 내게 평결에 만족하느냐고 물었을 때 나는 왜 그가 그런 평결에 도달했는지 이해한다고 말하고, 하지만 '자살'이라는 단어가 마크의 죽음에 얽힌 여러 특별한 상황을 잘못 전달할 수 있다는 답답한 마음도 전했다. 동정심 많은 이 검시관은 자살평결에 대한 나의 양가적 감정을 곧바로 이해하고, 일반적으로 사망증명서에 기록되는 짧막한 사인 중 하나를 직접 언급하는 대신 죽음에 이르기까지 있었던 일련의 사건을 짧게 설명하는 서술평결 형식으로 바꿔주겠다고 했다. 공식기록과 통계의 용도로 등록된 마크의 사인은 자살이지만, 검시관의 기록에는 좀더 섬세한 뉘앙스가 남아 있을 것이다.

지금은 우리의 과거사를 모르는 사람들을 만날 때면 나는 주로 마크가 진행성 신경질환 때문에 사망했다고 말하는 편이다. 약간 오해를 불러올 수도 있지만, 자살이라고 말하는 것도 똑같이 오해를 불러올 수 있다. 우리에게는 새로운 단어가, 다른 이야기가 필요하다.

자살도 합리적인 일일 수 있다. 때로는 죽는 것이 살아 있는 것보다 나을 때가 있다. 때로 우리는 어떤 삶이 끝나게 둠으로써, 그 순간에 곁에서 손을 잡아주고 사랑을 기억함으로써, 그와 그의 동기를 올바르게 전함으로써, 삶을 명예롭게 한다.

나는 죄책감을 느끼지는 않지만, 상황이 달랐더라면 얼마나 좋았을까 하는 아쉬운 마음은 분명히 있다. 이제 마크의 병과 죽음의 시간을 하나의 이야기로 엮어내고 보니, 이 이야기에서 내 캐릭터가 조금은 더 다정했다면 좋았을 것 같다. 내가 더 친절하고 더 자신 있게 행동했더라면 좋았겠다 싶고, 왜 그러지 않았는지 이제는 기억도 잘 안 난다. 모든 단계에서, 내가 모든 일을 더 잘했더라면 좋았을 것이다. 왜 나는 우리의 관계가 그렇게 틀어지도록 내버려뒀을까? 내가 내 뜻을 더 분명히 주장할 수 있는 사람이었다면, 우리의 사랑을 더 단단하게 만들고 우리에게 폭풍이 닥쳐왔을 때 우리 사랑을 더 잘 지탱할 수 있었을까?

그리고 마지막에 우리가 서로에게 더 솔직했더라면 얼마나 좋았을까. 마크가 자기 계획을 내게 말해줄 수 있었더라면 좋았을 것이고, 그래서 내가 제대로 작별인사를 할 수 있었더라면 좋았을 것이다.

그가 죽을 때 내가 그의 곁에 앉아 있었더라면 얼마나 좋았을까. 그가 의식으로부터, 고통으로부터, 삶으로부터 툭 떨어질 때 내가 그의 손을 잡고 있었더라면. 내가 이렇게 말하는 걸 그가 들을 수 있었더라면. '당신의 사랑에, 당신이 나와 아이들을 자랑스러워했던 마음에 감사해. 내가 당신이 원하는 사람이 되어주지 못했던 시간들이 아쉬워. 부디 나를 용서해줘. 난 내가 원하는 사람이 되어주지 못했던 시간의 당신을 용서할게. 우리가 서로에게 입힌 수많은 작은 상처는 잊어버리자. 당신은 당신의 인생을 살아오며 좋은 일들을 했어. 당신은 사랑받았어. 사람들은 당신을 기억할 거야. 아이들이 행복하고 강하고 충만한 사람으로 자라도록, 당신의 기억을 영예롭게 기리도록 내가 최선을 다할게. 우리는 항상 당신 이야기를 할 거야. 당신은 정말 용기 있는 사람이었어. 고마워. 미안해. 우리는 함께 좋은 시절을 보냈잖아? 우리, 서로 사랑했잖아? 당신, 그 블루벨 기억해, 마크?'

나는 그가 그 꽃의 기억을 떠올리며 숨을 거두었기를 바란다. 눈이 닿는 저 끝까지 그 짙고 찬란한 파란 꽃이 가득했던 그 숲속에서 시공간을 초월한 듯한 경이로움에 할말을 잊었던 우리를 기억하면서.

22

수렵채집인

 이 이야기를 쓰기 시작했을 때 나는 내 기억을 확신할 수 없다는 걸 알고 있었다. 이미 많은 걸 잊어버리기도 했다. 때로는 사진 한 장 또는 말 한 마디에 깜짝 놀라며, 아, 그렇지, 하고 생각한다. 그래, 맞아. 우리가 그랬지. 이렇게 내 기억이 점점 들쭉날쭉하게 희미해진다는 점이 내가 이 책을 쓰기로 한 이유 중 하나다. 지금 보니 내가 쓴 것은 주로 안 좋았던 시절, 갈등과 고통, 우리 둘의 제일 나쁜 모습뿐인 것 같다. 이 기억들은 내가 단어를 가지고 지어올려 단단하게 다진 것들이고, 내가 구축한 서사다. 그런데 벌써부터 이런 의문이 든다. 내가 그 일을 맞게 기억하는 건가? 어떤 기억들은 너무 비통해서 떠올리는 일 자체가 아픔이고, 상실된 것들은 너무 완전히 사라져버린 탓에 그것을 애도하는 일이 고스란히 육체적인 고통이 된다. 어떤 기억들은 거기서 내가 차지하는 부분이 너무 끔찍하게 느껴진다. 내가 너무 게으르거나 이기적이거나 어리석은 탓에 저질러버렸던 말이나 행동, 또는 하지 못했던 말이나 행동이 수치스러웠기 때문이다. 그런 기억들은 빼버리고 싶다는 유혹도 있었고, 내 행동이 좀더 자애롭거나 호탕하거나 재치 있거나 친절하게 보이도록 고쳐쓰고 싶은 유혹도 느꼈다. 진짜 착각이든 나도 모르게 미화한 것이든, 그걸 지적하며 바로잡아줄 사람은 아무도 없으리란 걸 알고 있고, 내 기억을 믿어도 될지 나조차 확신이 서지 않는다. 기억하려 한다는 것은 어차피 연기를 상자에 담으려는 일과 같다. 이는 죽음의 눈을 똑바로 들여다본 우리 모두, 사별로 피폐해진 사람들 모두가 겪는 문제다. 기억은 내 존재를 이루는 전부이며, 지금 마크는 오롯이 기억이다. 기억이 없다면 나는 하나의 자아로 보기도 어려울 것이다. 치매가 잔인하도록 매몰차게 진행되는 내 어머니를 보면 알 수 있듯이. 그리고 아무도 기억해주는 이가 없다면, 어떤 자아가 남게 될까? 어쩌면 당신이 만든 것들 속에 담긴 자아가 남지 않을까. 당신이 유전으로든 다른 방식으로든 자식들에게 물려준 것에 담긴 자아, 그리고 약간의 뼈나 재가. 학술논문, 애덤의 갈색 눈동자, 감자 으깨는 도구에 당신이 만들어 붙여준 '스플론저'라는 이름, 그리고 나무로 된 체스 세트.

　이것은 연민에 관한 이야기다. 연민의 실패와 회복적 성질에 관한 이야기, 연민이 어떻게 좌절되고 상실되는가 하는 이야기, 그러다가 어쩌면 연민을 되찾게 될 수도 있다는 이야기. 내가 더 인내심을 발휘했다면 얼마나 좋았을까 생각한다. 내가 더 친절했다면 얼마나 좋았을까. 잡지에 실리는 그런 간병인, 언제나 자신이 돌보는 사람을 염려하고 자신의 좌절된 희망에 관해서는 절대 생각하지 않으며, 아이들에게 들리지 않도록 욕실에 들어가 문을 잠그고 울어본 일 따위는 전혀 없는 그런 간병인들과 좀더 비슷한 사람이었다면 좋았을 텐데. 내가 사랑만으로 충분한 사람이었다면 좋았을 테지만, 나는 그런 사람이 아니며 과거에도 사랑으로는 충분하지 않았다. 이 이야기에서 내 역할을 풀어낼 방식에는 여러 가지가 있다. 희생자로, 악당으로, 비극적이고 낭만적인 주인공으로. 이 이야기를 어떻게 엮어야 우리 둘 모두에게 공정한 방식이 될지는 나도 잘 모르겠다.

마지막 몇 달의 분노와 좌절, 그리고 우리가 서로 상처 입히고 각자 고통스러워했던 일이 다가 아니라 사랑도 있었다는 걸 기억해내기까지는 시간이 좀 걸렸다. 그 모든 일이 있기 전에 사랑이 있었는데. 그 엄청난 사건에 걸맞은 날이 되는 데 확연히 실패했던 그 햇살 환하고 따뜻했던 5월 아침, 노란 깃털이불이 덮인 침대에서 그 모든 일이 끝나고 수년이 지난 지금, 그것이, 사랑이, 우리 삶의 쓰레기 틈새를 뚫고 솟아오르는 버섯처럼 다시 나타났다. 처음에 우리 사랑이 얼마나 열정과 흥분으로 가득했는지를, 어린 자녀들과 함께한 수년, 여러 번의 크리스마스와 여름휴가와 침대에서 함께 찻잔을 기울이던 많은 시간을 거치며 견고하고 평범해진 그 사랑을 나는 기억해야 한다. 함께 준비하고 함께 먹었던 수천 번의 식사, 처음엔 흥미로워하며 넋을 빼고 듣다가 나중에는 지루해하다가 이윽고 편안한 익숙함으로 받아들이게 된 서로의 일화와 의견에 귀기울였던 수많은 시간. 열정의 순간이 있었고, 다정함의 순간, 분노와 후회의 순간이 있었지만, 대개는 그냥 길고 흔한 평범함 속에서 날들과 달들과 해들이 굴러갔다.

마크가 사랑한 건 이런 것들이다. 중석기의 수렵채집인들, 삼림지, 음식, 자연에서 대가 없이 받는 것들. 습한 가을날 야생 버섯을 찾아다니는 일보다 그에게 더 큰 즐거움을 주는 일은 별로 없었다. 마크의 아버지는 제2차세계대전이 끝난 뒤 청년 시절에 영국으로 왔다. 비톨트 플루치에니크는 끝까지 영국인으로 '귀화'하지 않은데다 지리와 역사의 혼란 속에서 폴란드 시민권도 잃은 탓에 무국적자로 남았다. 마크는 가족이 해외로 여행할 때마다 서류와 비자 문제로 소동을 겪었던 일을 기억했다. 그의 아버지는 마크와 수전에게 전쟁에 관한 이야기는 거의 하지 않았다. 그보다는 더 이전, 강가 물레방앗간 집에서 자란 어린 시절에 관해 회상하는 걸 더 좋아했다. 마크의 아버지는 겨울이면 썰매를 타고 등교하던 일, 방한화에 밟혀 뽀드득 소리를 내던 눈, 강가에서 보던 물총새에 관해 이야기했다. 그 세대의 폴란드 시골 사람들 다수가 그렇듯 그는 자연세계에 편안히 어우러졌고, 자연의 잠재력에 관한 지식을 아무것도 아니라는 듯 술술 풀어놓았다. 어떤 버섯이 제일 좋은 식용 버섯인지, 어디 가면 그걸 찾을 수 있는지 알았다. 어렸을 때는 집 옆에 있는 강에서 수영하는 법과 스케이트 타는 법을 배웠다. 내 유년기의 기억은 솔리헐 아이스링크의 스케이트 대여대 옆 리놀륨 바닥에 물이 고여 있던 장면인데,

마크는 에핑 숲의 얼어붙은 연못에서 자기 아버지에게 스케이트를 배웠다. 나에게 버섯은 테스코에서 사 오는 것이고 보통 버섯과 갈색 양송이버섯 두 종류로 나뉜다. 마크에게 버섯은 어디서나 찾을 수 있는 균류 보물이다. 마크는 자기 아버지처럼 야생 버섯을 척 보면 다 알 정도는 아니었지만, 늘 배우려고 노력했다.

우리는 가방을 챙기고 아이들과 함께 올드 달비 숲으로 채집여행을 가서 온갖 걸 채집해 왔다. 마크는 그물버섯이나 곰보버섯을 찾고 싶어했지만, 우리가 찾은 건 끈적거리는 이상한 연두색 깔개처럼 생겨서 독버섯 같아 보이는 것, 아니면 갈색 비스킷처럼 생겨서 좀더 식용버섯 같은 것 정도였다. 영지버섯도 있었는데 대개는 너무 오래되고 나무처럼 단단해서 가져갈 만한 게 못됐고, 클로슈 모자를 쓴 작은 요정 같은 버섯들이 모여 미니어처 마을을 이룬 듯 보이는 것도 있었다. 우리는 보이는 버섯을 다 채집해서 집으로 가져가 커다란 버섯 도감을 뒤지며 동정同定했다. 대부분은 독버섯으로 밝혀지거나, 그 책에서 흥미롭지만 무서운 표현인 식용 가능 여부 알 수 없음이라는 문구가 붙은 것들이었다. 평생 마크는 야생 식재료 사용에 대해 나보다 훨씬 저돌적이었다. 그 시절 내게는 숲이나 들판에서 채집한 균류에 대한 깊은 의심이 남아 있었다. 어렸을 때는 가게에서 산 게 아니면 어떤 버섯도 먹지 말라고 배웠다. 초등학교 수업시간에 임시 교육용으로 바퀴 달린 받침대에 올려서 교실에 가져온 커다란 텔레비전 앞에 앉아서 영국의 시골이 우리를 죽이려드는 온갖 방법에 관한 계몽용 영화를 보던 기억도 난다. 한 무리의 아이들이 전원의 흔하지만 치명적인 위험에 굴복해 하나하나 죽어가며 점점 수가 줄어든다. 내 기억에 그중 한 여자아이는 흙탕물에 익사할 뻔했던가 트랙터에 치여 죽을 뻔했던가 하는 사고를 당하고도 살아남았는데, 예쁘지만 치명적인 광대버섯을 보통 주름버섯인 줄 알고 먹었다가 희생되고 말았다. 나는 그애와 같은 길을 갈 생각이 없었고, 내 아이들의 간, 심지어 아이들의 목숨을 가지고 그런 무모한 도박을 하는 건 허락할 마음이 없었다. 우리가 정착한 방법은 이런 거였다. 우리가 찾은 버섯으로 마크가 포자 프린트˙를 만드는 일을 비롯해 필요한 모든 절차를 밟아 최선을 다해 버섯을 동정한다. 그런 다음 자기가 제대로 동정했으며 실제로 치명적인 어떤 버섯과도 혼동했을 가능성이 없다고 확신하면, 마크가 그 버섯으로 요리를 해 하나나 두 개를 먹어본다. 열두 시간이 지나도 그가 여전히 멀쩡하면 아이들과 나도 먹어도 되는 것이다.

    우리가 찾아낸 제일 좋은 버섯은 숲속이 아니라 그보다 집에 더 가까운 곳에서 찾은 것이다. 알고 보니 우리집 잔디밭에는 해마다 성 게오르기우스의 날인 4월 23일경에 자라는 탓에 그 성인의 이름을 따 세인트조지버섯이라 불리는 맛있고 풍성한 버섯이 자라는 균환˙˙이 있었다. 그리고 우리집에서 한 집 건너 옆집의 앞 잔디밭에는 죽은 나무둥치가 하나 있었는데, 이 둥치에서 노란색 거품 방울 같은 덕다리버섯이 잔뜩 자랐다. 버섯채집

˙   버섯의 갓을 종이 위에 올리고 유리그릇 등으로 덮은 다음 하루 정도 기다리면, 종이에 포자가 내려앉으면서 만들어지는 무늬. 버섯의 종을 판별하는 데 쓰인다.
˙˙   균류가 원둘레를 그리듯 줄지어 자라는 군생 형태.

자로서 마크에게는 꿈이 있었다. 그는 주름 잡힌 벌집 모양 모자를 쓴 듯한 곰보버섯을, 또 프랑스인들은 셉이라 부르고 이탈리아인들은 포르치니라고 부르는 귀한 그물버섯을 찾고 싶어했다. 마크는 자기 아버지가 그 버섯들이 자라는 장소를 알고 있었는데도 돌아가시는 날까지 그 비밀 장소를 아들에게도 알려주지 않았다고 말했다. 마크가 무엇보다 찾고 싶어했던 건, 아직 어려서 먹을 수 있는 상태인 댕구알버섯이었다. 이 희고 거대한 버섯은 배구공만큼이나 크게 자랄 수 있고, 내내 순백색을 유지한다. 튀김옷을 입혀 튀길 수도 있고 수프나 스튜에도 넣을 수 있으며, 어떤 요리에나 넣어 풍미를 더할 수 있다. 요리 분야의 용어로 말하자면, 들판에서 자라는 두부라고나 할까. 하지만 마크가 유일하게 찾은 것은 아쉽게도 끝물이라 납작하게 쪼그라든 갈색 포자 주머니 상태의 댕구알버섯뿐이었다.

이상한 일은 마크가 세상을 떠난 뒤로 나도 모르게 걷다가 몇 걸음 뒤로 돌아가 방금 본 걸 다시 살펴보는 버릇이 생겼다는 것이다. 저거 혹시 잔디 사이에 수줍게 숨어 있는 민자주방망이버섯 아니야? 공원 군데군데 흩어져 자라는 참나무 사이에서 주름 장식 같은 목을 삐죽이 내밀고 있는 저건 큰갓버섯인가? 이제는 내가 만일을 대비해 항상 주머니에 비닐봉지를 넣어다니는 사람, 혹은 집에 오는 길에 예상치 못하게 발견한 꾀꼬리버섯을 재킷 모자 가득 담아오는 사람이 되었다. 포자 프린트도 이제는 내 담당이 되었고, 나의 깜짝 리소토에 마음이 안 놓여 불안해하는 친지들을 보면 예전의 나를 보는 것 같아 너그럽게 미소 짓게 되었다. 몸을 숙여 버섯을 딸 때, 그리고 커다란 버섯 도감을 자세히 들여다보고 있을 때, 나는 어깨 너머에서 마크가 버섯대 밑의 대주머니를 가리키거나 줄기를 따라 아래로 뻗은 주름살의 형태를 가리키는 것을 느낀다. 그리고 어쩌면 그 뒤에는 내가 한 번도 만나본 적 없는, 외국 억양이 강한 영어로 자기가 젊은 시절에 누비던 거대한 숲에 관해 이야기하는 또다른 남자의 유령이 서 있을지도 모르겠다.

 마크가 죽고 삼 년 뒤, 나는 애덤의 기타 수업이 끝나기를 기다리며 남는 삼십 분을 때우려고 비탈진 목초지와 삼림지대 사이로 난, 여간해서 사용하는 사람이 없는 트랙을 따라 달리고 있었다. 해가 긴 늦여름의 환한 저녁이었고, 언덕 정상에 펼쳐진 삼림지에서 말똥가리 두 마리가 시끄럽게 우짖는 소리도 들렸다. 그때 오른쪽 들판에 마치 딴 세상의 장면처럼 순백의 덩어리들이 곡선을 그리며 늘어서 있는 모습이 시선을 잡아챘다. 이 덩어리들은 마치 외계인의 착륙용 우주선처럼 보였고, 크기는 대부분 내 머리만했다. 너무 하얗고 너무 아름다운 덩어리들이 목초지의 풍성하고 짙푸른 초록 바탕에 있으니 못 보고 지나칠 수가 없었다. 댕구알버섯이었다! 와, 마크, 이것 봐! 여기 있어, 이게 여기 있었네. 내내 여기에 있었어. 나는 울타리를 넘어가 저녁으로 먹으려고 하나를 땄고, 주머니에 넣기엔 너무 컸으므로 두 손으로 받쳐든 채 차까지 달려갔다. 길이 한산해서 정말 다행이었다. 눈물이 펑펑 쏟아져 앞이 잘 보이지 않았으니까.

감사의 말

이 책에 믿음을 갖고 처음부터 끝까지 넓은 마음으로 인도해준 두 사람, 나의 에이전트 커스티 매클라클런과 편집자 질 피츠제럴드켈리에게 감사합니다. 또한 이 책이 완성될 때까지 각자의 역할을 맡아주신 피카도어출판사의 여러분, 특히 로라 카와 퍼넬러피 프라이스에게 감사를 전합니다. 그분들과 더불어 꼼꼼하게 읽어준 내 첫 독자이자 다정한 친구인 레슬리 힐, 세라 캐머런, 리처드 페이, 올리버 해리스, 클레어 앤더슨 덕택에 훨씬 좋은 책이 될 수 있었습니다. 오드리 호닝은 내 글이 한 권의 책이 될 수 있다는 믿음을 심어주었고, 내가 에이전트와 출판사를 찾는 것이 가치 있는 시도라며 격려해주었습니다.
　나의 두 동생 벤 탈로와 조 탈로, 그리고 동생 가족들에게, 그리고 이 책에 자신들의 이야기를 써도 좋다고 허락해준 모든 친구들에게 영원히 감사할 겁니다. 무엇보다 이스트미들랜즈 최고의 아이들 레이철과 애덤, 그레그에게 감사합니다. 너희가 이렇게 훌륭한 어른으로 자란 걸 보면 마크는 정말 자랑스러워할 거야. 또한 이 책에 이름이 나오지는 않았지만 힘든 시절 내내 우리를 지원해주었으며 우리가 가장 암울했던 날에도 기쁨을 찾을 수 있게 도와준 모든 친구, 동료, 전문가 들께 감사드립니다.

이 회고록에서 다룬 시간 이후에 리처드 디어든이라는 사람이 등장하면서 내 인생은 내가 전혀 예상하지 못했던 방식으로 감미롭고 경이로운 시간이 되었습니다. 내가 다른 남자와의 관계에 관한 글을 쓰는 동안에도 그의 사랑과 지성, 생기, 그리고 좋은 동반자로서의 자질은 한 번도 흔들린 적 없었어요. 고마워요, 리처드.

어떤 죽음의 방식
사랑과 상실의 고고학

초판 인쇄	2025년 12월 1일
초판 발행	2025년 12월 16일
지은이	세라 탈로
옮긴이	정지인
펴낸곳	복복서가(주)
펴낸이	장은수
출판등록	2019년 11월 12일 제2019-000101호
주소	03720 서울특별시 서대문구 연희로 28길 3
홈페이지	www.bokbokseoga.co.kr
전자우편	edit@bokbokseoga.com
마케팅 문의	031) 955-2689
ISBN	979-11-94996-06-4 03840

이 책의 판권은 지은이와 복복서가에 있습니다.
이 책 내용의 전부 또는 일부를 재사용하려면 반드시 양측의 서면 동의를 받아야 합니다.
이 책의 일부를 어떤 방식으로든 인공 지능 기술이나 시스템 훈련 목적으로 사용하거나 복제할 수 없습니다.
No part of this book may be used or reproduced in any way for the purpose of training artificial intelligence techniques or systems.

잘못된 책은 구입하신 서점에서 교환해드립니다.
기타 교환 문의: 031) 955-2661, 3580